Leituras Críticas Importam
Alvaro de Azevedo Gonzaga (Coord.)

SILVIA **PIMENTEL**
ALICE **BIANCHINI**

Participação Especial
SIMÉIA **DE MELLO ARAÚJO**
(Feminismos Negros e Decoloniais)

Feminismo(s)

A árvore que ilustra a capa e algumas páginas internas do livro é uma Jasmin-manga (Plumeria rubra) e foi baseada em uma fotografia feita pela autora Silvia Pimentel, em junho de 2020, ao lado da Represa Guarapiranga, encostada na Mata Atlântica. E representa, em toda a sua exuberância, o valor da ancestralidade e a riqueza da diversidade e interseccionalidade femininas.

Leituras Críticas Importam
Alvaro de Azevedo Gonzaga (Coord.)

SILVIA **PIMENTEL**
ALICE **BIANCHINI**

Participação Especial
SIMÉIA **DE MELLO ARAÚJO**
(Feminismos Negros e Decoloniais)

Feminismo(s)

MATRIOSKA
EDITORA

©2021, Silvia Pimentel e Alice Bianchini

Todos os direitos reservados e protegidos pela
Lei nº 9.610/1998.
Nenhuma parte deste livro, sem autorização prévia, poderá ser reproduzida ou transmitida sejam quais forem os meios empregados: eletrônicos, mecânicos, fotográficos, gravação ou quaisquer outros.

Publisher – Editorial: Luciana Félix
Publisher – Comercial: Patrícia Melo
Copidesque e preparação de texto: Pamela Andrade
Revisão: Ana C. Moura
Projeto gráfico e editoração: Marcelo Correia da Silva
Capa: Rafaela Fiorini e Lídia Ganhito

Matrioska Editora
Atendimento e venda direta ao leitor:
www.matrioskaeditora.com.br
contato@matrioskaeditora.com.br
facebook.com/matrioskaeditora
instagram.com/matrioskaeditora

Dados Internacionais de Catalogação na Publicação (CIP)
(Câmara Brasileira do Livro, SP, Brasil)

Pimentel, Silvia
  Feminismo(s) / Silvia Pimentel, Alice Bianchini. -- São Paulo : Matrioska Editora, 2021. -- (Leituras críticas importam ; 1 / coordenação Alvaro de Azevedo Gonzaga)

  ISBN 978-65-86985-31-3

  1. Feminismo 2. Feminismo - Aspectos sociais 3. Feminismo - História 4. Mulheres - Condições sociais I. Bianchini, Alice. II. Gonzaga, Alvaro de Azevedo. III. Título IV. Série.

21-69695   CDD-305.42

Índices para catálogo sistemático:

1. Feminismo : Sociologia   305.42

Maria Alice Ferreira - Bibliotecária - CRB-8/7964

Impresso no Brasil
2021

"Devemos ter coragem para aprender com o passado e trabalhar por um futuro em que princípios feministas serão suporte para todos os aspectos de nossa vida pública e privada. As políticas feministas têm por objetivo acabar com a dominação e nos libertar para que sejamos quem somos – Para viver a vida em um lugar onde amamos a justiça, onde podemos viver em paz. O feminismo é para todo mundo." bell hooks[1]

"A superação da cegueira de gênero, raça, classe e sexualidade, mais do que um desafio, é um imperativo." Silvia Pimentel

---

[1] hooks, bell. *O feminismo é para todo mundo*: políticas arrebatadoras. Tradução Bhuvi Libânio. 1. ed. Rio de Janeiro: Rosas dos Tempos, 2018, p. 167.

Siméia de Mello Araujo

Adriana Gregorut

Amanda Cabral

Déborah Monteiro

Flávia Moura

Isabella Pereira

Larissa Ferraz

Luisa Williams

Maria Mendes

Patrícia Barbosa

Dedicatória

A estas pessoas queridas por todas / todos / todes também presentes neste pequeno livro.

Com carinho,
Silvia e Alice.

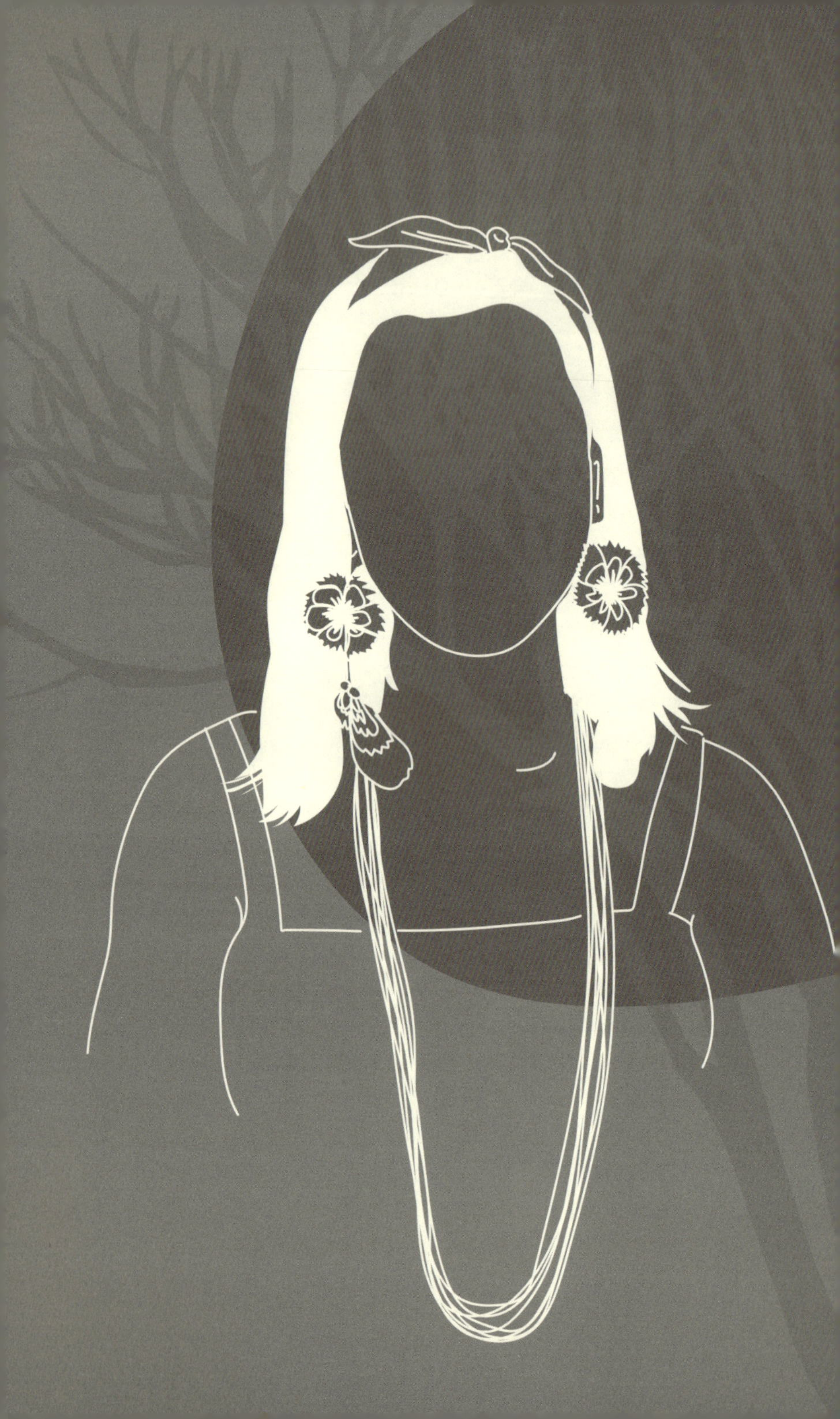

Prefácio

Este pequeno livro representa o esforço de buscar agregar um conjunto panorâmico de ideias e conhecimentos a respeito do movimento de mulheres por sua emancipação. Não se trata de um livro acadêmico, mas, apenas, de uma breve apresentação – sem qualquer pretensão de completude – de conhecimentos a respeito da relevância histórico-existencial humana da luta feminista, seus princípios e valores, teorias e práticas, objetivos, estratégias, experiências, subjetividades múltiplas, diversas e plurais.

Grandes recortes e lacunas existem, mas esperamos que estas não impeçam uma aproximação empática e solidária à nossa luta de mulheres que por séculos fomos inferiorizadas e desrespeitadas em nossa dignidade, autonomia e direitos.

Contamos com a autoria da professora Siméia de Mello Araújo, nos tópicos referentes aos feminismos negros e aos feminismos decoloniais, que enriqueceram este trabalho. Significativo e comovente foi o compartilhamento que fez de suas próprias inquietações sobre a experiência de ser mulher, que vieram a tomar forma apenas quando ela descobriu que seu nome era feminismo. Siméia compartilhou, ainda, outras inquietações que foram surgindo em sua vida pelo fato de ser uma mulher negra no Brasil.

Este livro contou também com a valiosa colaboração de Adriana Gregorut, assistente da disciplina de Filosofia do Direito da Faculdade de Direito da PUC-SP e doutoranda em Direito na FGV, bem como de integrantes do Grupo de Pesquisa em Direito, Discriminação de Gênero e Igualdade, que têm composto a equipe da disciplina optativa Direito, Gênero e Igualdade da Faculdade de Direito da PUC-SP, nos últimos três anos. Assim sendo, agradecemos às jovens feministas, Adriana Gregorut, Amanda Cabral, Flávia Moura, Isabela Pereira, Larissa França Ferraz e Maria

Mendes pela incansável e intensa participação, seja na pesquisa de vários elementos que compuseram o presente estudo, seja na organização e mesmo em redações iniciais dos vários tópicos trabalhados.

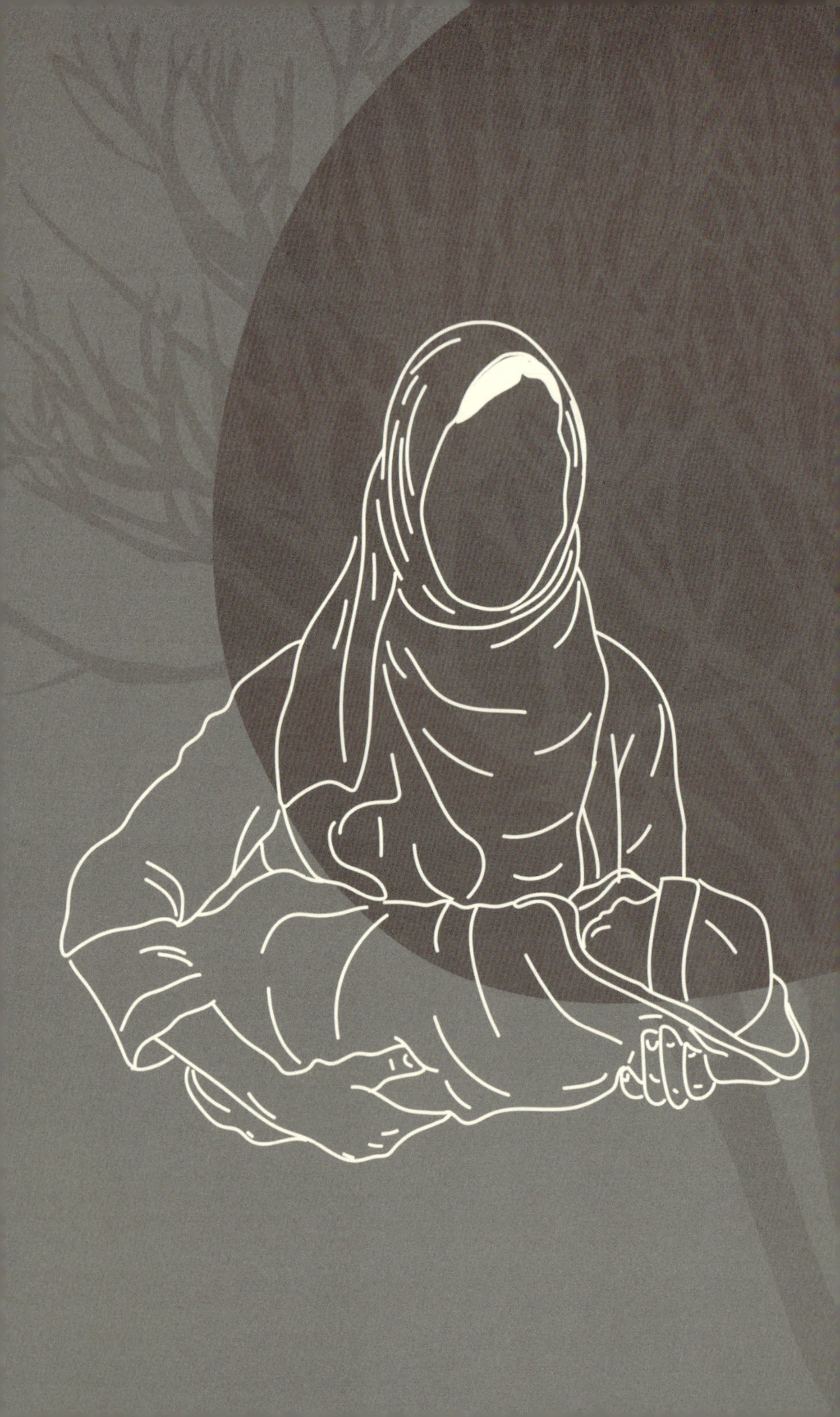

Apresentação da Série

Crítica Ancestral

A série ***Leituras Críticas Importam*** nasce ambiciosa e orgulhosa, ao mesmo tempo. A ambição perpassa a perspectiva de nossas autoras e autores, que assumiram a tarefa de contribuir no debate público brasileiro com temas de fôlego, enquanto o orgulho vem da unificação do novo com a ancestralidade que acompanha cada linha depositada nestas páginas.

As diversas obras que compõem este projeto foram pensadas para que possamos compreender como as ancestralidades construíram e fortificaram um novo pano de fundo que defendemos. O objetivo aqui, seja explícito ou não, é criar uma série em que o criticismo filosófico fosse capaz de alçar novos voos, assumir outras cores, raças, gêneros, identidades e formas que não apenas as falas tradicionais da filosofia eurocêntrica.

Leituras Críticas Importam consiste na dimensão de que a luta por questões estruturais, fundantes, elementares são necessárias e constantes. A série aponta para o direcionamento de que a ancestralidade é mais que uma definição: é um compromisso com as gerações anteriores e com uma tradição que jamais pode ser apagada. Nos textos que conformam esta obra ambiciosa, as ancestralidades não podem ser vistas apenas como uma forma de expressar e legitimar dimensões singulares e simples, mas sim de compreendermos as questões convergentes e divergentes nessas trajetórias, tão necessárias para uma construção democrática, plural e crítica.

A convergência está no núcleo de nossos livros, que buscam reconhecer a existência de uma estrutura construída a partir de racismos contra indígenas, negros, povos e comunidades tradicionais, de discriminações contra as pessoas em situação de rua, pessoas com deficiência, pessoas LGBTQIA+, imigrantes e refugiadas. Está no reconhecimento das formas pelas quais o patriarcalismo é tensionado pelos feminismos; ou na constatação dos privilégios daqueles beneficiados por essa construção social em todas as instâncias dessa sociedade, inclusive no ambiente de trabalho. Na divergência, a necessária compreensão das multifaces que constroem uma dimensão imagética encantadora, brilhante, genial, rica e em caminhos abertos à crítica.

É na ancestralidade, não eurocêntrica, de aprendermos com aqueles que nos antecederam para decolonizarmos os corpos que foram sistematicamente excluídos que podemos tensionar e criticar uma sociedade que se declara pró-democrática ao mesmo tempo que, ao se omitir de maneira contumaz das "Leituras Críticas", é verdadeiramente demagógica. Uma sociedade que precisa ser antirracista, antipreconceituosa e, entre tantas coisas, comprometida com a superação de privilégios.

Cada palavra selecionada nos volumes foi escrita por mãos plurais que se desacorrentaram das dimensões individuais, sem abandonar suas individualidades e subjetividades e, com isso, a série é um convite aos leitores para que tragam suas críticas e reflexões, visando ao constante aprimoramento para um horizonte melhor no amanhã.

Alvaro de Azevedo Gonzaga
Coordenador da série *Leituras Críticas Importam*

Sumário

CAPÍTULO 1
Introdução — 1

CAPÍTULO 2
Insurgências feministas: breves referências históricas — 9
  2.1. Mulheres feministas na história — 10
  2.2. Mulheres e Bruxas: passagem da pré-modernidade para a modernidade — 18

CAPÍTULO 3
Feminismos em ondas: gênero, conceito em construção, desconstrução, reconstrução — 23
  3.1. Primeira onda feminista – Do final do século XIX até meados do século XX — 28
  3.2. Segunda onda feminista – Dos anos 1950/1960 até 1990 — 32
    3.2.1. Vozes radicais pelo empoderamento da mulher na sociedade — *35*
    3.2.2. Feminismo marxista — *41*
  3.3. Terceira onda feminista – De 1990 a em torno de 2010 — 49
    3.3.1. Interseccionalidade — *51*

CAPÍTULO 4
Quarta onda feminista: multiplicidade e transversalidade das pautas feministas – Século XXI, do em torno de 2010 até os dias de hoje — 57
  4.1. Feminismo da Era Digital 4.0 — 67
  4.2. Feminismos negros, por Siméia de Mello Araújo — 77
  4.3. Feminismos decoloniais, por Siméia de Mello Araújo — 96
  4.4. Feminismos populares — 116
  4.5. Feminismos e Teoria da Reprodução Social — 135
  4.6. Feminismo dos 99% – uma crítica ao neoliberalismo — 142

CAPÍTULO 5
Feminismo(s) e Direito — 157
  5.1. Âmbito internacional: global e interamericano — 159

  5.1.1. *Convenção sobre a Eliminação de Todas as Formas de Discriminação contra a Mulher (CEDAW/ONU) (1979) e seu Comitê CEDAW/ONU (1999)* 174
    5.1.1.1. Recomendações Gerais do Comitê CEDAW e alguns exemplos emblemáticos 186
    5.1.1.2. Caso brasileiro emblemático analisado pelo Comitê CEDAW/ONU – Caso Alyne Pimentel Teixeira 198
5.2. Âmbito nacional: resistindo, insistindo e avançando **200**
  5.2.1. *Contribuição fulcral do movimento de mulheres e de feministas juristas brasileiras à igualdade no Direito Civil, em especial na área da família* 208
  5.2.2. *Conquistas acerca do Direito Penal: uma análise sobre as principais discriminações positivas* 212
    5.2.2.1. Novos paradigmas culturais inseridos no Código Penal de 1940 por meio das Leis nº 11.106/2005, 12.015/2009 e 13.718/2018 215
5.3. Lei Maria da Penha: um projeto feminista do Direito **220**
  5.3.1. *Instituições do sistema jurídico brasileiro no enfrentamento à violência de gênero* 230
    5.3.1.1. Delegacia de Polícia 231
    5.3.1.2. Ordem dos Advogados do Brasil 233
    5.3.1.3. Defensoria Pública 236
    5.3.1.4. Ministério Público 238
    5.3.1.5. Magistratura 241

CAPÍTULO 6
Breves considerações finais 249
Referências Bibliográficas 253
Bibliografia Complementar 259
Anexos
 Carta de Mulheres Brasileiras Feministas Antirracistas e Antifascistas em Defesa da Democracia – BASTA, de junho de 2020 288
 ARTICULACIÓN FEMINISTA MARCOSUR – El vírus de la desigualdad y el mundo que necesitamos construir, de junho de 2020 293

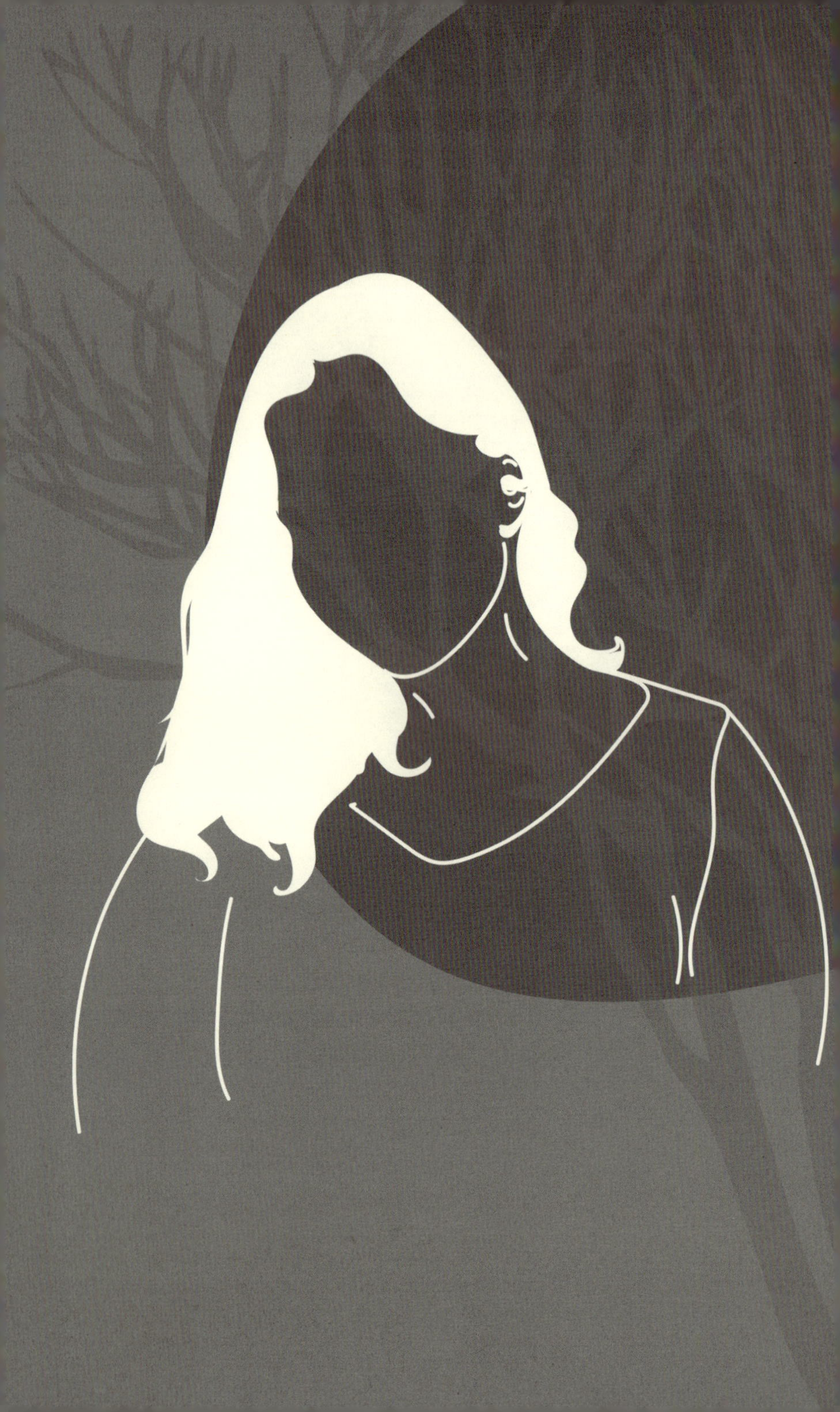

CAPÍTULO 1

Introdução

O feminismo, desde a sua origem mais remota, caracterizou-se por questionar estruturas, discursos e práticas e buscar transformá-las, de forma a emancipar as mulheres de situações de subalternidade. Por isso, sempre foi visto como impertinente[2].

O Iluminismo europeu é, para a história da modernidade ocidental, considerado marco espaço-temporal do pensamento questionador das desigualdades e opressões humanas[3]. Analisando as reflexões dos pensadores iluministas, o filósofo e jurista italiano Norberto Bobbio se coloca a mesma questão que Kant buscou responder: *"se o gênero humano estaria em constante progresso em direção ao melhor"*[4]. Assim como o filósofo alemão, Bobbio propõe uma resposta positiva, mas não sem hesitações. Para ele, a história da humanidade é, em sua maior parte, marcada por períodos de escuridão, havendo, porém, momentos em que sua "face iluminada" aparece, ainda que brevemente[5].

Nesse sentido, o Iluminismo, enquanto movimento do pensamento que buscou questionar, a partir de uma perspectiva humanística, as desigualdades entre as pessoas, poderia ser considerado um desses momentos de luz (como o próprio nome indica), ainda que seja possível identificar insuficiências e cegueiras. Notória foi sua

---

[2] VARELA, Nuria. *Feminismo para principiantes*. Barcelona: Ediciones B., 2005, p. 3.

[3] É indispensável considerar Aristóteles, na Antiguidade, e São Tomás de Aquino, na Idade Média, como dois grandes nomes, dentre outros, que, antes do Iluminismo, trouxeram contribuições indispensáveis para pensar as desigualdades e a ideia de justiça social.

[4] BOBBIO, Norberto. *O terceiro ausente*. São Paulo: Manole, 2009, p. 144.

[5] Bobbio chega a essa conclusão positiva, ainda que hesitante, tendo em mente os princípios e direitos consagrados na Carta das Nações Unidas, de 1945, na Declaração Universal dos Direitos Humanos, de 1948, e na posterior construção do sistema normativo internacional de proteção dos direitos humanos.

incapacidade de perceber que a consolidação das ideias de igualdade e cidadania na Europa alcançou somente parcela da população – homens brancos da nobreza e da burguesia – e se deu em grande parte às custas de uma necropolítica[6] colonial imperialista.

Ainda assim, mulheres contemporâneas ao movimento iluminista foram capazes de, a partir dessa postura questionadora das desigualdades, desenvolver profundas críticas à situação das mulheres na sociedade europeia daquela época. É o exemplo de Mary Wollstonecraft[7], que inclusive rebateu posições discriminatórias de Rousseau na obra *Emílio, ou da educação*[8].

O feminismo é, nesse sentido, o filho não desejado do Iluminismo (Amelia Valcárcel[9]), pois coloca, pela primeira vez, perguntas impertinentes, tais como:

---

[6] Trata-se de conceito desenvolvido por MBEMBE, Achille, *Necropolítica*, São Paulo: n-1 edições, 2020, que traduz a ideia de que *"a expressão máxima da soberania reside, em grande medida, no poder e na capacidade de ditar quem pode viver e quem deve morrer. Por isso, matar ou deixar de viver constituem os limites da soberania, seus atributos fundamentais"* (p. 5). Uma certa ideia de soberania, que se desdobra de alguns autores iluministas (como Thomas Hobbes), é que permitiu o desenvolvimento disso que estamos chamando de necropolítica colonial imperialista, em que coube aos soberanos europeus decidir, em relação aos países colonizados, quem pode viver ou quem deve morrer, bem como a quem cabe ou não a qualidade de cidadão.

[7] Mary Wollstonecraft foi uma intelectual libertária inglesa, cuja obra principal, *Reivindicação dos direitos da mulher*, de 1792, é por muitos considerada o documento fundador do feminismo. Nesse trabalho, Wollstonecraft elabora uma crítica à Constituição Francesa de 1791, que excluiu as mulheres da categoria de cidadania (WOLLSTONECRAFT, M. *Reivindicação dos direitos da mulher*. São Paulo: Boitempo, 2016, p. 7).

[8] ROUSSEAU, J. J. *Emílio, ou da educação*. Tradução para o português. São Paulo: Edipro, 2017.

[9] Apud BELTRÁN, Elena. *Feminismos*: debates teóricos contemporáneos. Madrid: Alianza Ed, 2001, p. 17. Disponível em: https://eltalondeaquiles.pucp.edu.pe/wp-content/uploads/2016/08/Varios-Feminismos-Debates-Teoricos-Contemporaneos.pdf. Acesso em: 5 mai. 2021

- Por que as mulheres estão excluídas da vida pública?
- Por que os Direitos somente correspondem à metade do mundo, aos homens?
- Onde está a origem dessa discriminação?
- O que podemos fazer para combatê-la?

Durante um longo período histórico, foram raras as respostas aos questionamentos anteriormente trazidos, exatamente pelo fato de que as discriminações contra as mulheres não eram vistas como tais.

Tanto é que, após o triunfo da Revolução Francesa – cujos lemas principais foram liberdade, igualdade e fraternidade –, as mulheres que contribuíram para a consolidação do ideário revolucionário não foram contempladas pelas conquistas de direitos. E, o que é mais grave, as insurreições posteriores à revolução, que contestaram o poder estabelecido por meio dela, foram abafadas por métodos violentos, entre eles a pena capital. Há registros de quase 400 execuções de mulheres durante o período do Terror[10].

Entre as mulheres que se destacaram nessa época histórica, além da já citada Mary Wollstonecraft, mencionamos também Olympe de Gouges, que elaborou, em 1791, a Declaração de Direitos da Mulher e da Cidadã. Dois anos depois, foi guilhotinada. A acusação contra ela consistiu no fato de ter ousado desejar "ser homem de Estado", descuidando-se das virtudes próprias de seu sexo. Quando de sua execução, exarou a frase que a consagrou: *"Se as mulheres têm o direito de subir ao cadafalso, também deveriam ter o direito de subir à tribuna"*.

Sobre a experiência de mulheres ativistas nesse período, destacamos trecho de publicação do Comitê

---

[10] GOLDENBERG, Mirian; TOSCANO, Moema. *A revolução das mulheres:* um balanço do feminismo no Brasil. Rio de Janeiro: Revan, 1992, p. 18.

Latino-Americano e do Caribe para a Defesa dos Direitos das Mulheres (CLADEM), em homenagem a Olympe de Gouges por ocasião dos 200 anos de sua morte:

> *As aspirações de igualdade, liberdade e fraternidade que inspiravam a Revolução Francesa foram sendo, em definitivo, apenas conquistas de poucos: homens, brancos, instruídos e com recursos econômicos. Criou-se um "molde" de cidadania, onde as experiências de vida feminina não se expressaram. As mulheres, por decisões políticas tomadas no curso da Revolução, foram consideradas excluídas da humanidade racional, como as crianças e os loucos.*[11]

Considerando tratar-se de um movimento que questionou e ainda questiona a ordem estabelecida do patriarcado, fica evidente o motivo da enorme carga de resistência que ele sofreu e continua sofrendo ao longo de sua existência. Vale ressaltar que, no Brasil, uma leitura histórica das Constituições brasileiras em relação ao *princípio da proibição de discriminação em razão do sexo* mostra o quanto foi e continua sendo difícil a consagração e efetivação substantiva do principal baluarte dos movimentos feministas (igualdade e liberdade = justiça).

Sendo, assim, um movimento teórico e político que questiona a ordem estabelecida, é frequentemente visto como impertinente, gerando resistências baseadas em um conhecimento vulgar – muitas vezes capciosa e ardilosamente repetido – totalmente distorcido sobre o que é o feminismo. Observa-se, inclusive por parte de algumas mulheres, um

---

[11] PIMENTEL, Silvia. *As mulheres e a construção dos direitos humanos.* São Paulo: CLADEM 1993, p. 9.

rechaço à ideia do feminismo, uma ausência de identificação com o movimento, desconhecendo e/ou negando ter sido ele o responsável por grandes mudanças positivas em relação a elas próprias. Deve ser lembrado que é a partir das reivindicações dos movimentos feministas que mulheres têm gradualmente assumido o papel de protagonistas da própria história, transformando suas vidas.

Essas resistências ao feminismo evidenciam a força e a eficácia da ideologia patriarcal, que penetra de forma profunda nas consciências e inconsciências dos sujeitos, inclusive das mulheres, tornando-as, em alguns casos, cúmplices da própria desvalorização. No entanto, a partir da teoria e da prática feminista, mulheres – e alguns homens – vêm denunciando essa ideologia, demonstrando a incoerência e a ausência de uma justificativa racional para a exclusão da mulher do espaço público; reivindicando e obtendo o alargamento, cada vez mais significativo, do lugar que as mulheres ocupam no interior das relações sociopolíticas.

As mulheres, assim, gradualmente estão deixando de reproduzir uma história que as subjuga, para configurar posturas que desmascaram qualquer pretensão de superioridade de um sexo sobre o outro. Esse novo estatuto que a mulher vem galgando tem sido moldado por aquelas que percebem que as diferenças não implicam desigualdades; que compreendem que os traços que caracterizam as diferenças entre homens e mulheres não os colocam em distintas posições hierárquicas de poder. Conforme Boaventura, *"as pessoas e os grupos sociais têm o direito a ser iguais quando a diferença os inferioriza, e o direito a ser diferentes quando a igualdade os descaracteriza"*.[12]

---

[12] SANTOS, Boaventura de Souza. Por uma concepção multicultural dos Direitos Humanos. *Revista Crítica de Ciências Sociais*, n. 48, junho de 1997, p. 21 e 22.

Graças à contestação insistente ao poder instituído é que se pode observar, atualmente, uma transformação paulatina na distribuição dos papéis sexuais. Há, ainda, muito que se fazer, e os movimentos feministas estão conscientes de que não é possível cessar a luta até que se concretize uma situação de verdadeira igualdade a todas as mulheres, considerando-se toda a pluralidade e interseccionalidade de suas existências.

Diversas teóricas e ativistas feministas vêm alertando que, para realmente alcançar essa igualdade, é necessário considerar as múltiplas e diversas experiências de mulheres em contextos específicos. Surge, assim, a percepção de que não existe a mulher universal – geralmente associada à imagem da mulher branca ocidental –, e sim uma pluralidade e diversidade de mulheres que não são abarcadas pelo feminismo inspirado no Iluminismo. Daí, decorre a ideia de que não existe nem é cabível conjecturar a existência de um único feminismo. Devem ser consideradas, dentro desse movimento plural, as inúmeras iniciativas de teorização e ação política que têm como ponto de partida as experiências e subjetividades das mulheres negras, indígenas, trabalhadoras, LGBTI+, idosas, migrantes, refugiadas, mulheres com deficiência, entre tantas outras.

Ainda assim, alguns elementos unem essas diversas iniciativas, de modo que é possível dizer que os múltiplos feminismos, abstraídas suas especificidades, possuem ao menos três objetivos em comum: **evidenciar** a dor infligida pelas discriminações e menosprezo que sofremos apenas pelo fato de termos nascido mulheres; **contestar** as estruturas, práticas e discursos sexistas e discriminatórios subjacentes aos diversos contextos de violência que permeiam as vidas das mulheres; por fim, **transformar** essas estruturas, práticas e discursos, de forma a construir uma sociedade pautada pelos ideais de igualdade e justiça social, com respeito às diferenças.

Aqui, nos propusemos a empreitada de colocar diversas perspectivas feministas lado a lado, para contribuir à tomada de consciência sobre a multiplicidade de maneiras, as quais teóricas e/ou ativistas feministas adotam para compreender a condição das mulheres na sociedade. Buscamos apresentar formas e matizes desse movimento teórico e prático, para além das aparências e de como são vistas por olhos enviesados, bem como de que forma se conectam, se entrecruzam, se tensionam e se complementam.

Como feministas e juristas, nós duas tomamos a liberdade de nos estender mais longamente no capítulo 5, sobre Feminismo(s) e Direito. Entretanto, desde já alertamos que o que conseguimos compartilhar no breve espaço deste pequeno livro representa apenas uma amostra singela de uma realidade muito vívida e criativa.

CAPÍTULO 2

Insurgências feministas: breves referências históricas

2.1. Mulheres feministas na história

Na história da humanidade, inúmeras mulheres ergueram as vozes contra a estrutura patriarcal opressora, suas normas, ideologias, usos e costumes. Muitas vezes, ainda que não de forma organizada, elas se insurgiram com ousadia, afirmando as autonomias e liberdades de pensar e existir. Considerando a invisibilidade das mulheres na história, como nos ensina Michelle Perrot[13], nos motivamos a contribuir com a sua visibilização, homenageando e agradecendo a todas as mulheres que nos precederam e nos iluminaram com ideias e atitudes valiosas, nas pessoas de apenas algumas delas.

Através de um recorte mais ou menos arbitrário, escolhemos alguns nomes para compor um panorama das insurgências feministas, iniciando no século III d.C., saltando para o século XI e, depois, para os séculos XIV a XXI[14].

No século III d.C., Hipácia, matemática e filósofa neoplatônica, foi a primeira mulher a trabalhar na Biblioteca de Alexandria, espaço majoritariamente masculino.

Lecionava a alunos de diversas religiões e não se converteu ao cristianismo quando os romanos conquistaram o Egito, por não concordar com o método de imposição da fé que realizavam. Por sua coragem, foi perseguida e linchada.

Hildegarda de Bingen, nascida em 1098, em uma família nobre do sul da Alemanha, tornou-se monja beneditina, mística, teóloga, compositora, pregadora, naturalista, médica informal, poetisa, dramaturga, escritora e mestra do Mosteiro de Rupertsberg em Bingen am Rhein, na

---

[13] PERROT, Michelle. *Minha história das mulheres*. 2. ed. 5. reimpressão, São Paulo: Contexto, 2017.

[14] Tomamos a liberdade de apenas registrar as fontes dessas informações quando retiradas de livros. Boa parte delas advêm de pesquisa digital.

Alemanha. Hildegarda, apelidada Sibila do Reno, tornou-se autoridade em teologia e, superando barreiras impostas às mulheres, recebeu tal reconhecimento, vindo a ser canonizada pela Igreja Católica.

Nascida em 1363, Cristina de Pisano, poetisa e filósofa italiana, chamava atenção para a misoginia da literatura da época que, dominada pelo olhar masculino, nem de longe refletia as dificuldades vividas pelas mulheres em suas comunidades. Cristina, que morava na França, foi a primeira mulher daquele país que conquistou autonomia financeira por meio das letras.

Famosa, representada em livros e filmes, Joana D'Arc foi personagem importante na Guerra dos Cem Anos, que tem esse nome porque durou de 1337 a 1453. A camponesa francesa, que testemunhou os efeitos devastadores da guerra sobre o vilarejo no qual morava, a destruição das terras, a falta de alimentos, a fome e as doenças, resolveu, aos 13 anos, envolver-se na Guerra contra os ingleses. Joana D'Arc dizia que tinha visões do Arcanjo Miguel, da Santa Catarina de Alexandria e da Santa Margarida de Antióquia, bem como afirmava que seu destino era lutar pela França. Garota ainda, mas muito determinada e corajosa, tornou-se guerreira, tendo sido crucial na conquista de importantes vitórias sobre a Inglaterra. Devido ao grande destaque, foi capturada pelos Borguinhões[15], vendida para os ingleses, aprisionada e acusada de bruxaria. Em 1431, aos 19 anos, foi queimada viva na fogueira da Inquisição. Em 1920, num esforço da Igreja Católica de aproximação com a França, Joana D'Arc foi canonizada e se tornou santa.

---

[15] Os borguinhões eram integrantes do partido francês aliado a João sem Medo, para se opor a Carlos VI quando ele, tido como louco, ascendeu ao trono da França; eram nobres da região de Borgonha.

Na Inglaterra do século XVI, Margaret Tyler foi a primeira mulher a traduzir um romance espanhol para o inglês e a publicá-lo na Inglaterra, chamado *Mirror of Princely Deeds and Knighthood* (*Espelho de façanhas principescas e da cavalaria*, em tradução livre), original de Diego Ortúñez de Calahorra. Na época, praticamente só os homens escreviam e publicavam, tendo como tema, várias vezes, as mulheres. Margaret Tyler foi considerada mulher emblemática e inovadora pelo fato de, no prefácio, ressaltar a relevância das mulheres na literatura, bem como a racionalidade e igualdade de homens e mulheres.[16]

No México, no século XVII, Sóror Juana Inés marcou a história com seus poemas e comédias. Barroca, manejava a retórica elevada, o virtuosismo linguístico, o gosto pela contradição e pelo exagero. Defendia o direito da mulher à educação.

No Brasil, várias mulheres alteraram o rumo da história e se tornaram verdadeiros símbolos de força. Dandara dos Palmares, companheira de Zumbi, teve importante atuação no quilombo no qual vivia e trabalhava na agricultura, na caça e na defesa, além de liderar, com Zumbi, as forças contra os ataques portugueses. Dandara foi extremamente firme e resistente na luta contra a escravidão e, quando o quilombo foi vencido, em 1694, preferiu a morte, jogando-se de um precipício.

No século XVIII, durante o Iluminismo e as revoluções burguesas, duas autoras se destacaram: Mary Wollstonecraft e Olympe de Gouges.

---

[16] TRAVITSKY, Betty S; CULLEN, Patrick (general editors). *The early modern Englishwoman:* a facsimile library of essential works. Part 1. Printed writings, 1500-1640. Vol. 8. Margaret Tyler.

A primeira, inglesa, escreveu, em 1792, *Reivindicação dos direitos das mulheres*, livro tido como primeiro manifesto feminista, no qual ela questionou Rousseau, pelo livro, *Emílio, ou da educação*, tendo reservado capítulo específico para falar da educação das mulheres, no qual defendia que elas deveriam aprender, apenas, a ser boas mães e dedicadas esposas. Mary defendia que todos, meninas e meninos, deveriam ter acesso à educação formal. Sua visão revolucionária impactou-lhe, inclusive, a vida privada. Mary Shelley, sua filha, tornou-se uma das primeiras autoras de livros clássicos, com *Frankenstein*.[17]

Já Olympe de Gouges era francesa, politizada e escritora de peças de teatro. Tornou-se figura polêmica entre os intelectuais da época por ser contrária à escravidão e por suas peças de teatro criticarem a Revolução Francesa. Seu auge na atuação pelas mulheres, entretanto, não se deu pela dramaturgia, mas pela Declaração dos Direitos da Mulher e da Cidadã, escrita em 1793. O documento reivindicava que as mulheres fossem contempladas em seus direitos pela Revolução, mas foi tido como contrarrevolucionário, o que levou Olympe à guilhotina.[18]

Grandes contestadoras surgiram também nas Américas. Nos Estados Unidos, Sojourner Truth foi uma militante pela abolição da escravatura, tendo sido crítica às discriminações e violências contra as mulheres realizadas pelo Estado, pelos homens brancos e, inclusive, por homens negros. Nascida escravizada, Sojourner conseguiu fugir e conquistou a liberdade para si e para a filha, em 1826. Dois anos depois, recorreu à justiça para pleitear a guarda

---

[17] WOLLSTONECRAFT, Mary. *Reivindicação dos direitos das mulheres*. Tradução e notas de Andreia Reis do Carmo. São Paulo: Edipro, 2015.

[18] DALLARI, Dalmo de Abreu. *Os Direitos da Mulher e da Cidadã*, por Olímpia de Gouges. São Paulo: Saraiva, 2016.

do filho, que morava com o pai, e foi a primeira mulher preta a vencer um homem branco numa ação desse tipo. Sua vida foi marcada por atos de liberdade e de resistência.

Outra mulher que atuou na luta abolicionista foi a brasileira Nísia Floresta, nascida em 1810, no Rio Grande do Norte. Aos 22 anos, Nísia escreveu *Direitos das mulheres e injustiça dos homens*, uma tradução livre de Mary Wollstonecraft. Aos 28, de forma pioneira, abriu uma escola de meninas, preocupada com a falta de acesso das mulheres à educação científica. Vale reproduzir suas próprias palavras a respeito disso:

> *Por que [os homens] se interessam em nos separar das ciências a que temos tanto direito como eles, senão pelo temor de que partilhemos com eles, ou mesmo os excedamos na administração dos cargos públicos, que quase sempre tão vergonhosamente desempenham?*[19]

Na Bahia, a participação feminina em lutas libertárias foi importantíssima. Durante a invasão holandesa, as mulheres apoiavam os soldados brasileiros, preparavam a comida e, enquanto eles almoçavam, iam para a luta. Daí resultou o dito popular: "O baiano, ao meio-dia, vira mulher"[20]. Embora a Declaração de Independência do Brasil tenha ocorrido em 1822, esta não alcançou a Bahia, que precisou lutar contra Portugal até 1823, pela própria

---

[19] FLORESTA, Nísia. *Direitos das mulheres e injustiça dos homens*, 1832. Disponível em: http://www.dominiopublico.gov.br/download/texto/me4711.pdf. Acesso em: 8 jun. 2021.

[20] TELES, Amelinha. *Breve história do feminismo no Brasil*. 1. ed. São Paulo: Editora Alameda, 2017.

libertação, contando com a participação muito plural de toda a sociedade.

Nesse contexto, as mulheres foram marcantes e mudaram o curso das batalhas, sendo que a mais conhecida foi Maria Quitéria de Jesus. Esta vestiu as roupas do cunhado e se alistou com o nome de Medeiros, tendo lutado corajosamente no *front* de guerra. Quitéria, que dominava a montaria, a caça e as armas de fogo, ao ser descoberta, não foi desligada por ser muito importante para o Batalhão. Com o final da Guerra, foi condecorada com a "Ordem Imperial do Cruzeiro do Sul" por D. Pedro I e se tornou a heroína da Independência da Bahia.

Outra figura baiana importante foi Maria Felipa, mulher negra que já tinha se livrado da condição de escravizada e que vivia como marisqueira na Ilha de Itaparica. Durante a Independência, Felipa liderou um grupo de 200 pessoas, armadas com facas de cortar baleia, peixeiras, pedaço de pau e galhos, que atearam fogo a 40 embarcações portuguesas que estavam próximas à Ilha.

Em 1880, a aristocrata do Ceará, Maria Tomásia, fundou a "Sociedade das Cearenses Libertadoras", formada por mulheres de 22 famílias influentes e abolicionistas. Já em sua primeira reunião, foram assinadas 12 cartas de alforria e, posteriormente, conseguiram mais 72 cartas assinadas pelos senhores de engenho. Essas mulheres também organizavam reuniões abertas ao público e escreviam textos publicados em jornais, fomentando o debate da abolição dentro do Estado, o que levou o Ceará a libertar todos os escravizados, em 1884, antes da Lei Áurea, de 1888.

Na Polônia, em 1867, nasceu Marie Curie, prova cabal da importância da educação formal para as mulheres. Marie se tornou a primeira pessoa a receber dois prêmios Nobel, o primeiro em 1903, em física, pela demonstração da radioatividade natural, e o segundo em 1910, pela descoberta de dois elementos químicos: Polônio e Rádio.

Outra cientista polonesa, Rosa Luxemburgo, da área das ciências humanas, 4 anos mais nova que Marie Curie, também entrou para a história. Rosa aliou a luta das mulheres à luta operária e é considerada grande militante marxista feminista. Sua teoria de luta política embasada em greves gerais do operariado e sua postura de enfrentamento são reverenciadas até hoje.

Virgínia Woolf nasceu em 1882, em Londres. Aos 10 anos, já dava indícios de ser amante da escrita. A família de sua mãe era de editores, o que, talvez, tenha lhe proporcionado intimidade com livros. Em seus textos, há insinuações de que tenha sido vítima de crime sexual quando menina. A desconfiança dos homens teria se plantado nessa época.

Virgínia era bipolar, distúrbio desenvolvido após a morte da mãe e agravado com a morte de uma irmã e do pai. As constantes variações de humor só não afetaram sua vida literária, quase nunca interrompida.

Era intelectual autodidata e indignada com o fato de não poder frequentar a escola que seus irmãos frequentavam, por ser mulher. Olhava para o mundo com perspectiva de gênero, sendo considerada pioneira feminista. Seus escritos, assim como suas palestras, refletiam sobre as condições das mulheres dentro da sociedade da primeira metade do século XX. Dizia que uma mulher deveria ter independência financeira e um quarto próprio, se quisesse escrever ficção.

Já no século XX, Bertha Lutz[21], filha de Adolfo Lutz, foi bióloga e ativista feminista, cuja atuação foi determinante

---

[21] Ministério da Educação e Fundação Joaquim Nabuco. *Bertha Lutz*. Coleção Educadores MEC. 2010. Disponível em: http://www.dominiopublico.gov.br/download/texto/me4693.pdf. Acesso em: 1 jun. 2021.

para a conquista do sufrágio universal no Brasil. Ela organizou o movimento Federação Brasileira pelo Progresso Feminino (FBPF) e liderou o Congresso Internacional Feminista. Em 1932, o Código Eleitoral reconheceu o direito político das mulheres (de votar e serem eleitas) que, dois anos depois, foi integrado à Constituição de 1934.[22] Cientista renomada, foi escolhida como delegada do Brasil na elaboração da Carta da ONU, de 1945, tendo contribuído muito especialmente ao reivindicar e conseguir que fosse expressamente colocado o substantivo *mulheres* no Art. 8º.

> ARTIGO 8:
> As Nações Unidas não farão restrições quanto à elegibilidade de homens e mulheres destinados a participar em qualquer caráter e em condições de igualdade em seus órgãos principais e subsidiários.

Clarice Lispector recebeu, ao nascer, o nome de Chaya Pinkhasovna Lispector, no ano de 1920, na Ucrânia. Veio com os pais para o Brasil com 5 anos de idade.

Começou a escrever ainda jovem, tendo lançado o primeiro livro aos 19 anos. Seu texto impressiona pela capacidade de se espantar com o corriqueiro. Suas histórias tratam do cotidiano e, no cotidiano, sobretudo da relação com o outro. O outro pode ser uma barata, um ovo, uma pessoa. Suas personagens, complexas e profundas, são mulheres que, assim como ela, compunham a classe média e eram extremamente complexas e profundas.

---

[22] CHAKIAN, Silvia. *A Construção dos direitos das mulheres*: Histórico, Limites e Diretrizes para uma Proteção Penal Eficiente, Rio de Janeiro: Lumen Juris, 2019. p. 156-157.

Clarice possui um papel crucial para a construção da literatura brasileira ao trazer potência subjetiva às personagens. Ela encanta ao descrever seus desejos e frustrações, exigindo do leitor uma atenção especial e uma leitura entregue e disposta à reflexão. Suas personagens, submetidas às condições mundanas, refletem sobre as particularidades de ser mulher na segunda metade do século XX, ainda que, talvez, sejam personagens de qualquer tempo. Faleceu aos 57 anos, vítima de câncer. É uma das escritoras mais citadas na internet e recentemente foi descoberta pelo mundo, tendo sido internacionalizada. Os escritos de Clarice seduzem, aqui e noutros lugares, pelos enigmas que propõem e desafiam a desvendar sobre a vida.

Essas mulheres e tantas outras são prova inconteste de que foram muitas as que não aceitaram viver passivamente, limitadas por papéis patriarcais, em sociedades muito diversas entre si, em termos geopolíticos e culturais, ao longo da história. Elas vêm ocupando espaços desde a antiguidade, com participações históricas em transformações políticas, na arte, na guerra e na ciência. Mesmo que invisibilizadas pelo patriarcado, estiveram sempre presentes. Agradecemos às mulheres de ontem, que tanto nos inspiram e fortalecem.

2.2. Mulheres e Bruxas: passagem da pré-modernidade para a modernidade

Compreender a passagem do sistema feudal para o capitalismo é tarefa essencial para que se possa acessar a origem da opressão das mulheres na sociedade capitalista. Para tanto, recorremos aqui à obra *Calibã e a bruxa – mulheres, corpo e acumulação primitiva*, de Silvia Federici[23], em que a autora elabora uma leitura sobre a transição para o capitalismo, a partir da luta antifeudal. Para a pensadora italiana, essa reconstrução auxilia a:

> *desenterrar algumas das razões pelas quais, nos séculos XVI e XVII, o extermínio das 'bruxas' e a extensão do controle estatal a qualquer aspecto da reprodução se converteram em pedras angulares da acumulação primitiva*[24].

Inicialmente, Silvia Federici[25] busca descrever como se dava a divisão social do trabalho na comunidade servil e como era a relação entre homens e mulheres. Quatro eram os fatores que, de certa forma, limitavam a dependência das mulheres em relação a seus maridos: (i) a sobreposição da autoridade do senhor feudal à autoridade do marido, de modo que era o primeiro que controlava o trabalho e as relações sociais das mulheres; (ii) o fato de que a terra era entregue à família, não sendo de titularidade do marido, de maneira que a mulher podia trabalhar sobre a terra e dispor dos produtos de seu trabalho, não dependendo materialmente do marido; (iii) não havia divisão entre produção e reprodução social, sendo que esta não era desvalorizada, uma vez que ambas as esferas eram vistas como igualmente

---

[23] FEDERICI, Silvia. *Calibã e a bruxa:* mulheres, corpo e acumulação primitiva. 1. ed. Tradução Coletivo Sycorax. São Paulo: Editora Elefante, 2017.

[24] O conceito de acumulação primitiva é extraído do Capítulo 24 de *O capital*, de Karl Marx. Significa o processo – consistente em: (i) expropriação das terras comunais na Idade Média pelo Estado controlado pela burguesia e (ii) submissão dos servos ao trabalho assalariado –, por meio do qual foi possível a primeira acumulação de capital e, subsequentemente, o desenvolvimento do capitalismo.

[25] FEDERICI, 2017, p. 52-53.

importantes para a subsistência da família; e (iv) havia uma prevalência das relações comunitárias sobre as relações privadas e as tarefas domésticas eram socializadas, realizadas de forma conjunta pelas mulheres da comunidade servil.

A organização da produção medieval favorecia essa realidade. Os camponeses eram arrendatários das terras de propriedade dos senhores feudais, aos quais era entregue parte do produto do trabalho sobre essa terra. As famílias camponesas se organizavam em torno do trabalho na terra comunal, sendo extremamente fortes os laços comunitários.

No entanto, os senhores feudais sempre buscaram encontrar meios de expandir a exploração dessas terras e aprofundar as desigualdades de status social. Assim, toda a Idade Média foi marcada por intensos conflitos entre os servos e os senhores feudais, ao ponto de Federici descrever o período como uma grande e longa guerra civil. Os conflitos decorriam principalmente dos antagonismos de classe (nobreza, burguesia e clero), em que os servos tentavam resistir às arbitrariedades dos senhores feudais, em busca de melhores condições de vida.

Essa dinâmica encontra um ponto de flexão determinante quando os serviços laborais dos camponeses passaram a ser substituídos por pagamentos em dinheiro. Isso teve dois efeitos: (i) a gradual quebra dos laços comunitários (uma vez que a relação com o senhor feudal passou a ser individualizada); e (ii) o deslocamento de parte do campesinato para o trabalho assalariado. Esses efeitos foram especialmente sentidos pelas mulheres, tendo em vista que os fatores que contribuíam para a limitação da autoridade do marido foram aos poucos sendo transformados.

Em decorrência disso, muitas mulheres foram forçadas ao êxodo para as cidades, onde a vida era muito mais precária, mas ao mesmo tempo fornecia condições para uma maior autonomia social. Conforme descreve Federici[26], as mulheres foram conquistando acesso a ocupações como professoras e médicas, que posteriormente seriam consideradas masculinas.

Além disso, as mulheres passaram a encontrar nos movimentos de heresia popular uma alternativa às relações feudais e uma *"resistência à crescente economia monetária"*[27], bem como ao poder da Igreja.

Um dos elementos centrais das seitas hereges era o **controle sobre a reprodução**. Para uma família camponesa, ter filhos significava custos, em uma sociedade em que os recursos eram escassos e os camponeses viviam em situação de profunda pobreza. Evitar a procriação era um ato de sobrevivência. No entanto, essa postura era contrária aos desejos da Igreja de controlar o matrimônio e a reprodução[28] e à necessidade dos senhores feudais de contarem com uma quantidade mínima de trabalhadores do campo. Isso se aprofundaria com a transição para o capitalismo, em que a necessidade de trabalhadores assalariados cresce exponencialmente.

As mulheres passaram a adquirir conhecimentos sobre a reprodução e desenvolver métodos de contracepção, exercendo controle sobre a própria função reprodutiva, o que lhes garantiu posição de destaque nos movimentos hereges. Segundo Federici[29], *"as hereges provinham dos*

---

[26] FEDERICI, 2017, p. 64.

[27] FEDERICI, 2017, p. 68.

[28] Sobre esse ponto, veja as palavras de Federici: "A ameaça que as doutrinas sexuais dos hereges representava para a ortodoxia também deve ser levada em conta no contexto dos esforços realizados pela Igreja para estabelecer um controle sobre o matrimônio e a sexualidade que lhe permitia colocar a todos – do imperador até o mais pobre camponês – sob seu escrutínio disciplinar". FEDERICI, 2017, p. 79.

[29] FEDERICI, 2017, p. 84.

setores mais pobres dos servos e constituíram um verdadeiro movimento de mulheres que se desenvolveu dentro do marco dos diferentes grupos hereges".

Inicialmente, essa postura era relativamente aceita pela Igreja. No entanto, após a peste negra, que dizimou boa parte da população, seguiu-se uma crise demográfica, de modo que o controle das mulheres sobre a reprodução passou a ser visto como problemático e, portanto, perseguido.

Isso viria a se traduzir, posteriormente, na caça às "bruxas". A figura da bruxa foi construída como uma caricatura estereotipada da mulher que controlava a própria reprodução e/ou de outras mulheres. Foi inserida no imaginário popular como uma mulher a ser temida, perseguida e eliminada. A perseguição às mulheres hereges fez parte, então, de uma ampla política de confinamento das mulheres ao ambiente doméstico, onde a autoridade do marido – gradativamente reforçada – seria suficientemente eficiente para o controle da reprodução.

O que Silvia Federici aponta com essa reconstrução histórica é que foi necessário para o desenvolvimento do capitalismo eliminar a possibilidade de as mulheres controlarem sua reprodução, a qual se tornou uma questão política de Estado. O Estado deve ter o controle sobre a reprodução, pois é a mulher que pode fornecer para o capitalismo a força de trabalho necessária para a sobrevivência do sistema.

A reconstrução histórica proposta por Silvia Federici permite perceber que, muito antes do surgimento da primeira onda feminista, as mulheres já se organizavam de forma a garantir seu lugar no mundo e melhores condições de vida, e por isso foram violentamente perseguidas.

CAPÍTULO 3

Feminismos em ondas: gênero, conceito em construção, desconstrução, reconstrução

Como todo movimento político-social e teórico, não se pode dizer que o movimento feminista seja resultado de uma linear evolução histórica, pois passa por idas e vindas, avanços e retrocessos, mudanças constantes, com a convivência simultânea de contradições e até de posicionamentos opostos.

Assim, a história do movimento feminista ocidental tem sido narrada como uma sucessão de ondas, que aparecem, alcançam patamares altos, perdem força, desaparecem e reaparecem, transformando-se em outras. Neste capítulo, propomos contar um pouco do desenrolar histórico do movimento feminista ocidental. Isso não significa, porém, que não estejamos atentas para o fato de que esse feminismo ocidental tenha estabelecido e estabelece interações de inspiração, influência e trocas com outros feminismos no mundo.

A metáfora das ondas pode, por vezes, implicar uma falsa compreensão de que, exceto por algumas diferenças históricas, o feminismo representaria a somatória de subjetividades, vivências, olhares, falas e lutas, cujos lugares de origem foram de mulheres da burguesia intelectual branca eurocêntrica e norte-americana. Vale ressaltar que a metáfora das ondas é utilizada para sugerir que cada onda do feminismo pode ser encarada como uma unidade aberta, com especificidades que as distinguem das demais ondas, mas que, ao mesmo tempo, unem-se no mesmo objetivo de emancipação das mulheres.

Além dessa interpretação, propomos aqui compreender as ondas em um complexo mar de experiências, ideias e posições, que se sobrepõem e se chocam, ora em conflito umas com as outras, ora em complementação, ora até em anulação. Em nosso entender, essa percepção se aproxima melhor da dinâmica do movimento feminista, em que é possível ver, por trás das contradições e contrariedades, continuidades entre as diferentes ondas.

Nesse sentido, podemos também constatar que certos lugares de vivências, de olhares, de falas e de lutas que estiveram à margem do debate feminista dominante em determinada onda fundamentam, por vezes, teorias que passam a dominar o debate em uma onda subsequente. Isso nos permite apreender o movimento feminista não apenas a partir da perspectiva do chamado feminismo *mainstream* como o único existente, mas como uma enxurrada dialética de movimentos múltiplos, diversos e contra-hegemônicos.

Apesar de imprecisões da metáfora das ondas, fato é que ela se mostra importante e, talvez, represente maneira bem prática de visualizar a dinâmica do movimento feminista, seus avanços teóricos e práticos, construídos e realizados pela luta de mulheres feministas diversas. Por esse motivo, optamos por apresentar essa narrativa por meio de uma abordagem temporal linear, ainda que busquemos considerar que os elementos do movimento extrapolam esses marcos temporais. Entre cada uma das ondas, verificamos uma mistura de águas que não nos permite demarcar muito especificamente as datas dessas passagens entre as várias ondas.

Vale lembrar a relevância do processo de construção do conceito de gênero ao desenvolvimento das teorias feministas – conceito em constante (des)construção e reconstrução – na dinâmica histórica do movimento. A compreensão do conceito de gênero como um marcador social da discriminação, assim como instrumento de análise social, torna-se nítida, pensamos, quando nos valemos da metáfora da sucessão das ondas feministas.

Em termos históricos, a palavra gênero apareceu antes mesmo que o movimento feminista o introduzisse como elemento-chave. Assim, ao longo dos séculos, o termo foi utilizado em múltiplos sentidos gramaticais, fazendo referência tanto a traços sexuais como a traços de caráter que determinavam homem e mulher. O texto de Joan Scott, por exemplo, cita a definição do Dicionário da Língua Francesa, de 1879, que entendia: *"Não sabe qual é o seu gênero, se é macho ou fêmea, fala-se de um homem muito retraído, cujos sentimentos são desconhecidos"*[30].

Nesse sentido, a expressão "gênero", em sua perspectiva gramatical, significa classe ou categoria que se divide em outras classes, categorias ou espécies que apresentam caracteres comuns convencionalmente estabelecidos.[31] É tema fulcral dos debates do movimento e de teorias feministas, inclusive indo além, com a desconstrução de estereótipos e a afirmação de novos comportamentos e novas identidades. A origem do conceito de gênero e sua distinção do conceito de sexo surgiu no campo médico, baseada em investigações com pessoas intersexuais realizadas por John Money e Robert Stoller. De acordo com o primeiro,[32] *"o comportamento sexual e a orientação sexual do sexo macho ou do sexo fêmea não tem um fundamento inato"*. E, de acordo com o segundo, o gênero se refere *"a grandes áreas da conduta humana, sentimentos, pensamentos e fantasias que se relacionam com os sexos, mas que não tem uma*

---

[30] SCOTT, Joan. Gênero: uma categoria útil para a análise histórica. *Educação e Realidade*, 1995. Disponível em: https://edisciplinas.usp.br/pluginfile.php/185058/mod_resource/content/2/G%C3%AAnero-Joan%20Scott.pdf. Acesso em: 2 jun. 2021.

[31] "Gênero", em: FERREIRA, Aurélio Buarque de Holanda. *Novo dicionário aurélio da Língua Portuguesa*. 2. ed. revista e ampliada, 7. Impressão. Rio de Janeiro: Nova Fronteira, 1986, p. 844.

[32] Seu polêmico experimento ficou conhecido como "O caso de David Reimer".

base biológica".[33] Ainda, para Stoller, o sentimento de ser mulher ou homem é mais importante do que as características anatômicas.

Na primeira onda feminista, gênero ainda era utilizado como "condição natural" e preexistente de ser homem e ser mulher – masculino e feminino. Dessa forma, a palavra gênero era traduzida como nomeação ao conjunto de representações e autorrepresentações que determinavam o comportamento de todos os indivíduos conforme o sexo biológico registrado ao nascer.

Então, conforme as teóricas feministas reivindicavam e aprofundavam os estudos sociais para entender a opressão e discriminação posta pelos homens sobre as mulheres, o conceito de gênero tornou-se terminologia científica necessária para a legitimação acadêmica dos estudos feministas. Assim, transformado na representação dos estudos sobre as mulheres, o conceito de gênero foi reconstruído até vir a ser compreendido, posteriormente, como um marcador social determinante para os fatores políticos, econômicos e culturais de cada sociedade, compondo instrumento de análise social e interseccional sobre a discriminação, dominação e poder.

Mais recentemente, a construção do conceito de gênero foi expandida, quando teóricas feministas em estudos sobre sexualidade e identidade de gênero ganharam espaço na teorização da multiplicidade de identificações e não identificações possíveis na pluralidade e diversidade de cada individualidade. Hoje, a expressão LGBTI+ já está consagrada, sendo interessante registrar que a Comissão

---

[33] STOLLER, Robert; MONEY, John. Sex and gender, 1968; 1952 p. vii, apud FACIO, Alda; FRIES, Lorena. *Género y derecho*. Santiago, Chile: La Morada, 1999, p. 14.

de Direitos Humanos da cidade de Nova Iorque[34] reconhece 31 identidades/expressões de gênero. Portanto, gênero é uma expressão de conteúdo dinâmico, construindo-se historicamente, compondo reivindicações feministas e conquistas humanistas.

3.1. Primeira onda feminista – Do final do século XIX até meados do século XX

> Do final do século XIX até entorno de 1950. Caracteriza-se, no ocidente, pela luta por igualdade de direitos civis e políticos entre homens e mulheres, inicialmente circunscrita à Europa e América do Norte; na extinta URSS, pela luta por igualdade de direitos econômicos, sociais e culturais. Movimentos sufragistas e lutas operárias. Teoria essencialista do masculino e do feminino.

Ainda que reivindicações de mulheres tenham ocorrido na história como mostramos anteriormente, elas passam a ter mais visibilidade e reconhecimento somente a partir do **século XVIII**, em especial com as Revoluções Americana e Francesa. Ainda assim, essas manifestações não estavam politicamente estruturadas de forma a receber o nome de movimentos.

A primeira onda feminista se refere a movimentos articulados, em diversas partes do mundo ocidental, reivindicando o direito ao voto, desde o final do **século XIX**, até a década de 1920.

---

[34] NYC HUMAN RIGHTS. *Gender Identity/Gender Expression:* Legal Enforcement Guidance. Disponível em: https://www1.nyc.gov/site/cchr/law/legal-guidances-gender-identity-expression.page. Acesso em: 8 jun. 2021.

Grande parte desses movimentos acentuaram as demandas em favor do sufrágio feminino por entender que tal conquista poderia ser estratégica.[35] Isso, no entanto, não se concretizou, conforme analisa Branca Moreira Alves:

> Uma vez alcançado o objetivo principal, a luta pelos direitos da mulher perdeu aquele ritmo de urgência que havia animado as militantes a enfrentarem os enormes obstáculos. O voto, que seria apenas um instrumento para outras conquistas, depois de anos de organização concentrada unicamente em sua obtenção, deixou de ser um meio e passou a confundir-se com o próprio fim. Isto ocorreu em todos os países, nos anos que se seguiram à conquista do sufrágio.[36]

Em razão da consolidação do sistema capitalista no século XIX e das grandes transformações decorrentes das duas Grandes Guerras Mundiais, o cenário social e econômico da época se encontrava em intensa transformação, trazendo como consequências modificações na organização dos espaços sociais e de trabalho, transformando os espaços laborais, científicos e culturais, como espaços de acesso feminino.

Os impulsos do movimento sufragista, assim como o liberalismo e o universalismo, compuseram as reivindicações das feministas da época, que possuíam como objetivo o alcance de direitos iguais entre homens e mulheres, fossem

---

[35] CASTILHO-MARTÍN, Márcia; OLIVEIRA, Suely de. (Orgs.). *Marcadas a ferro:* violência contra a mulher – uma visão multidisciplinar. Brasília: Secretaria Especial de Política para as Mulheres, 2005, p. 82.

[36] ALVES, Branca Moreira. *Ideologia e feminismo:* a luta da mulher pelo voto no Brasil. Petrópolis: Vozes, 1980, p. 111-112.

eles o direito ao voto, o direito à educação e ao trabalho. Esse movimento liderado pelas feministas liberais defendia a igualdade, partindo da premissa de uma *mulher universal* e igualmente capaz de executar as atividades intelectuais consideradas como próprias do homem.

A alteração no quadro referente à mão de obra feminina, a intensificação do sistema de produção manufatureira e fabril, aliadas ao desenvolvimento tecnológico, geraram mudanças que repercutiram no trabalho feminino. Em razão da transferência para as fábricas das tarefas antes executadas no domicílio, aumentou significativamente o contingente feminino da mão de obra operária. Os movimentos feministas questionaram a construção das identidades que, ao longo dos séculos, limitou à mulher apenas o espaço privado, cabendo unicamente ao homem o espaço público[37].

Nesse período, ocorreu uma acentuada exploração do trabalho feminino, pois a condição das mulheres e o reconhecimento de seu trabalho eram ínfimos, e elas percebiam apenas a metade do salário que era destinado aos homens. Tentando justificar, ideologicamente, essa superexploração, dizia-se que as mulheres necessitavam de menos trabalho e menos salários do que os homens porque, supostamente, tinham ou deveriam ter quem as sustentasse.

A **primeira onda** contou com o surgimento do movimento feminista de classe – fosse ele marxista, socialista

---

[37] PIMENTEL, Silvia. Gênero e direito. *Enciclopédia jurídica da PUC-SP.* Celso Fernandes Campilongo, Alvaro de Azevedo Gonzaga e André Luiz Freire (coords.). Tomo: Teoria Geral e Filosofia do Direito. Celso Fernandes Campilongo, Alvaro de Azevedo Gonzaga, André Luiz Freire (coord. de tomo). 1. ed. São Paulo: Pontifícia Universidade Católica de São Paulo, 2017. Disponível em: https://enciclopediajuridica.pucsp.br/verbete/122/edicao-1/genero-e-direito. Acesso em: 5 mai. 2021.

ou anarquista – em que as reivindicações se formavam em torno das mulheres trabalhadoras.

Quanto à percepção sobre a discriminação e a desigualdade das mulheres em relação aos homens, a **primeira onda** reconhecia sexo e gênero a partir da *teoria essencialista* do masculino e feminino, abarcando apenas a binariedade.

As profundas transformações nas práticas sociais e mentalidades coletivas que ocorreram na primeira metade do século XX foram pavimentando o caminho para uma nova fase, em que o conceito de gênero passou a ser objeto de críticas, desconstruções e reconstruções.

Em 1949, Simone de Beauvoir, em sua paradigmática obra *O segundo sexo*, elaborou análise que buscou desmistificar a "naturalização" da condição da mulher, expressa de forma notável no trecho a seguir:

> *Ninguém nasce mulher: torna-se mulher. Nenhum destino biológico, psíquico, econômico define a forma que a fêmea humana assume no seio da sociedade; é o conjunto da civilização que elabora esse produto intermediário entre o macho e o castrado que qualificam de feminino*[38].

O argumento central encontra-se na atribuição do caráter sociocultural às diferenças existenciais entre homens e mulheres. Nesse sentido, ser homem ou ser mulher não é um destino determinado biologicamente, mas antes uma construção social.[39]

---

[38] BEAUVOIR, Simone. *O segundo sexo*: a experiência vivida, v. II. Tradução Sérgio Milliet. 5. ed. Rio de Janeiro: Nova Fronteira, 2019.

[39] BEAUVOIR, Simone. *O segundo sexo*: fatos e mitos, v. I. Tradução Sérgio Milliet. 5. ed. Rio de Janeiro: Nova Fronteira, 2019, p. 183.

Embora Beauvoir seja uma referência basilar – tendo lançado a pedra fundamental na construção das teorias de gênero, inicialmente voltadas para a condição da mulher –, não há, em sua obra, formulação de gênero como um conceito.

3.2. Segunda onda feminista – Dos anos 1950/1960 até 1990

> *Vozes radicais pelo empoderamento da mulher na sociedade. Gênero é social e sexo é biológico. Teorias construcionistas sociais de gênero.*

O movimento feminista, até o momento, já havia afirmado a sua posição questionadora e revolucionária frente às desigualdades existentes entre homens e mulheres. O argumento central dessa segunda onda encontra-se na atribuição do caráter sociocultural às diferenças existenciais entre os sexos. Nesse sentido, ser homem ou ser mulher não é um destino determinado biologicamente, mas antes uma construção social.

Apesar de, como mencionado no tópico anterior, a primeira onda caracterizar-se por um movimento universalista, ainda inconsciente sobre a pluralidade e a diversidade das mulheres e das lutas feministas, esse período foi relevante para que a segunda onda representasse a ampliação do movimento feminista em inúmeros grupos de mulheres com as próprias reivindicações. A segunda metade do século XX foi marcada pelas teorias feministas sobre gênero como uma construção social. Em 1975, a antropóloga Gayle Rubin desenvolveu teoricamente, no campo das ciências sociais, a noção da dicotomia entre sexo como elemento biológico, e gênero como elemento advindo da construção social[40].

O período referente à segunda onda foi marcado pelo pós-guerra e a necessidade de reestruturação das sociedades conforme as mudanças políticas e econômicas que se consolidavam. Dessa forma, em Estados chamados de "Primeiro mundo", o sistema econômico capitalista reinventou-se sob o lema do "Estado de bem-estar social", momento em que o capital foi posto sob a regulamentação do poder público[41], com maior controle econômico pelos Estados, ao mesmo tempo que a reconstrução jurídica fundada sobre os pilares da fraternidade e solidariedade ensejavam o nascimento de Estados atentos às questões humanas. Entretanto, a aplicação desses novos ideais econômicos e sociais sobre os Estados do "Terceiro mundo" – ou nações em desenvolvimento – gerou consequências diversas as quais foram, e ainda são, questionadas pelos movimentos feministas.

Assim, na consolidação do sistema capitalista organizado pelo Estado e perpetuador das sociedades de classes, diversas foram as críticas estabelecidas pelas feministas, cada qual fazendo prevalecer específicos questionamentos. Nesse sentido, distintas ramificações do movimento foram firmadas, confirmando o caráter essencialmente pluralista que o movimento de mulheres possui. Assim, sob a percepção de que a discriminação das mulheres possui mais do que um único agente, o movimento de mulheres propôs crítica ampla e simultânea das estruturas sociais, econômicas, institucionais e

---

[40] CARRARA, Sérgio. *Moralidades, racionalidades e políticas sexuais no Brasil contemporâneo*. Disponível em: https://www.scielo.br/j/mana/a/6D5zmtb3VK98rjtWTQhq8Gg/?lang=pt. Acesso em: 5 mai. 2021.

[41] FRASER, Nancy. Feminismo, capitalismo e a astúcia da história apud HOLLANDA, Heloisa Buarque de. (org.). *Pensamento Feminista*: conceitos fundamentais. Rio de Janeiro: Bazar do Tempo, 2019, p. 29.

culturais. Nesse momento, a perspectiva *radical* de reestruturação da sociedade foi proposta pelas feministas, em meio às particularidades das diferentes vertentes que começaram a se acentuar[42].

A segunda onda representou na história do movimento feminista a abertura de novos eixos de ação adequados às particulares discriminações questionadas. Sob o lema "Pessoal é Político", foi popularizada a noção de que todos os aspectos da vida das mulheres são afetados pela situação política e discriminatória da sociedade. Portanto, nessa época, o feminismo radical, o feminismo socialista, o feminismo anti-imperialista, o feminismo negro, entre outros, estruturaram-se para, sobre suas reivindicações basilares, contraporem-se ao patriarcado, sexismo, androcentrismo, capitalismo e, inclusive, aos ideais das feministas liberais.

Brevemente, a ampliação do rol de discriminações que atingem as mulheres representou, na prática do movimento, o reconhecimento de que o gênero é instrumento de opressão social e essencial à manutenção do patriarcado – tal qual propuseram as feministas radicais –, mas foram além e determinaram que a classe, a raça, a sexualidade, a reprodução, a violência de gênero, a cultura, a religião, a economia e a política também compõem as discriminações sofridas pelas mulheres.

Vale ressaltar que, apenas na segunda metade do século XX, as teóricas feministas compreenderam gênero como categoria de análise e instrumento de opressão construído nas relações sociais, a partir das diferenças entre os sexos. *Gênero* passou a ser compreendido como forma de dominação baseada em símbolos culturalmente desenvolvidos que

---

[42] FRASER, 2019, p. 31.

se traduzem, em especial, na divisão binária dos indivíduos e em conceitos normativos androcêntricos[43].

Em seguida, vamos desenvolver subcapítulos, inicialmente, sobre as vozes radicais pelo empoderamento da mulher na sociedade, enfatizando elaborações teóricas que definem o gênero como um constructo social e sexo como dado biológico. Serão abordadas as teorias construcionistas sociais de gênero. E, posteriormente, vamos tratar sobre a teoria feminista marxista, importante vertente que ganha relevância no debate dessa segunda onda e que traz contribuições relevantes à crítica ao patriarcado e ao sistema capitalista.

Estudos históricos revelam que a construção das identidades feminina e masculina, ao longo dos séculos, reservou à mulher o ambiente privado e ao homem o espaço público. Essa dicotomia de lugares e hierarquia existentes entre homens e mulheres é justificada para manter as relações de poder que se estabeleceram em favor dos homens, especialmente por inúmeras teorias essencialistas.

3.2.1. Vozes radicais pelo empoderamento da mulher na sociedade

A reforma dos padrões sociais de comportamento entre homens e mulheres é questionada pelos movimentos feministas desde o séc. XX, consolidada no pensamento de teóricas radicais como Betty Friedan, ao colocarem à prova a passividade dos estereótipos que limitavam as mulheres a serem esposas, mães e donas de casa. Nesse sentido, o entendimento sobre conceito de gênero passou da ideia

---

[43] SCOTT, Joan. Gênero: uma categoria útil para a análise histórica. *Educação e realidade*, 1995. Disponível em: https://edisciplinas.usp.br/pluginfile.php/185058/mod_resource/content/2/G%C3%AAnero-Joan%20Scott.pdf. Acesso em: 2 jun. 2021, p. 67.

de biológico, tal qual o sexo, para ser o ponto chave à reivindicação ao sistema patriarcal e às barreiras de acesso das mulheres ao mercado e à igualdade de direito.

Assim, para o feminismo, gênero é aparato construído pela sociedade, antes mesmo de nascermos, e reiterado ao longo da vida. Cores, brinquedos, roupas, profissões, comportamentos, performances esperadas – ora referem-se ao "feminino", ora ao "masculino". Sexo, por sua vez, é um conceito ligado à biologia. Designa somente a caracterização genética e anatomofisiológica dos seres humanos. Refere-se ao genital e às características específicas e biológicas dos aparelhos reprodutores feminino e masculino, ao seu funcionamento e aos caracteres sexuais secundários decorrentes dos hormônios.

Nesse sentido, o conceito de gênero desenvolvido pelas feministas confere importância capital à socialização como mecanismo de criação e manutenção das desigualdades entre as pessoas. Para tanto, gênero aprimora-se como construção social, e inúmeras teorias sofisticadas sobre o tema foram desenvolvidas a partir da crítica em relação à naturalização das desigualdades entre homens e mulheres. Segundo a jurista feminista Alda Facio, o sistema sexo-gênero atribui características, aptidões e atitudes a cada um dos sexos de maneira tal que aquelas atribuídas ao masculino gozam de maior prestígio e se consolidam em características, atitudes e valores paradigmáticos do ser humano.[44]

Para Teresa de Lauretis, uma das pioneiras na construção do conceito de gênero na perspectiva da teoria da linguagem, o gênero é um aparelho semiótico:

---

[44] FACIO, Alda; FRIES, Lorena. *Género y derecho*. Santiago, Chile: La Morada, 1999.

> um sistema de representação que atribui significado (identidade, valor, prestígio, posição no sistema de parentesco, status na hierarquia social etc.) aos indivíduos no interior da sociedade.[45]

Percebe-se, assim, que foram desenvolvidas diversas reflexões filosóficas e jurídicas, como também pesquisas sobre gênero na área das ciências sociais, tais como história, sociologia, antropologia e ciência política. A criação desses estudos e teorias culminou também na confirmação sobre as diferentes manifestações feministas, ou melhor, em feminismos, sendo algumas dessas teorias ressaltadas a seguir.

Para as *feministas radicais*, por exemplo, questionar a opressão de gênero significava contrapor a generalização do que é ser mulher e do que representa socialmente o feminino, através da reforma da linguagem e dos valores patriarcais. Porém, essa teorização foi bastante questionada por outros movimentos feministas, uma vez que o pensamento radical centralizou o gênero como fonte de toda a opressão sofrida pelas mulheres, desconsiderando as pluralidades e realidades. Dessa forma, a reivindicação radical não questionava outros marcadores sociais como raça, classe e sexualidade, e acabou por reforçar os padrões de sexo-gênero, levando as outras feministas a questionarem a limitação do pensamento

---

[45] LAURETIS, Teresa de. A tecnologia de gênero. Apud HOLLANDA, Heloisa Buarque de (org.). *Pensamento feminista:* conceitos fundamentais. Rio de Janeiro: Bazar do Tempo, 2019, p. 121.

feminista radical e como ele acabaria por reforçar os estereótipos que elas mesmas desejavam combater[46].

Em contrapartida, as teóricas *feministas negras* responderam ao movimento radical com a afirmação de que o movimento feminista majoritariamente branco, privilegiado pela estrutura econômica e social tomava como preocupação apenas as questões concernentes a "amor e sexo". Para tanto, as teóricas feministas negras questionaram a consciência e a representação que o feminismo possuía até então, chamando a atenção para a necessidade de o movimento feminista reconhecer não apenas a mulher negra como parte da sociedade e do feminismo, como também que a raça é condição de discriminação a ser igualmente combatida.

A multiplicação em distintos âmbitos dos estudos de gênero nas décadas de 1960 e 1970 também permitiu o desenvolvimento do ativismo de gays, lésbicas, bissexuais e transexuais, estimulando o debate sobre sexualidades e orientação sexual.

Desse modo, as teóricas *feministas lésbicas* introduziram ao movimento feminista a sexualidade como ponto essencial. Revelando a heterossexualidade compulsória como forma de opressão, essa vertente trouxe à tona a questão sexual como parte indispensável a qualquer revolução ou reconstrução social ao qual o feminismo se propõe, pois a mulher lésbica representa o indivíduo que rejeitou todas as formas de dominação masculina, seja ela política, econômica, social ou sexual. Nesse sentido, é defendido que o sexo e as questões de sexualidade não são e não devem ser

---

[46] SCOTT, Joan. Gênero: uma categoria útil para análise histórica. *Educação e realidade*, 1995. Disponível em: https://edisciplinas.usp.br/pluginfile.php/185058/mod_resource/content/2/G%C3%AAnero-Joan%20Scott.pdf. Acesso em: 2 jun. 2021, p. 64.

restritas ao ambiente privado; ao contrário, representam verdadeira força política de opressão e dominação sobre as mulheres, devendo fazer parte da mudança.

Já no que se refere aos movimentos *feministas de classe*, tanto o feminismo socialista quanto o marxista estruturaram-se no período da segunda onda e representaram forte contraposição ao capitalismo estatal consolidado nas sociedades. Portanto, sob a ótica de que a discriminação de gênero tem fundamento também na inviabilização do acesso de mulheres à educação e aos espaços sociais, o feminismo socialista constitui sua luta na obrigatoriedade dos Estados em fornecer a integração das mulheres em todos os níveis sociais. Para isso, as feministas socialistas levantaram a bandeira sobre diversas reivindicações, questionando a responsabilidade social sobre a educação das crianças, não mais tarefa inerente à mulher; a obrigatoriedade de revisão dos padrões sociais e culturais discriminatórios para a viabilização de mulheres em todas as profissões; bem como a luta pelo reconhecimento do trabalho doméstico e a desmistificação da mulher como "dona de casa".

No Brasil, é marco histórico a luta organizada das mulheres, a partir de meados de 1970, por feministas articuladas à vertente de militantes que privilegiavam a luta contra a ditadura. Essa práxis conflui com a incorporação do conceito de gênero no âmbito acadêmico, somada à influência da literatura emergente estrangeira sobre a emancipação da mulher.

Heleieth Saffioti e Suely Almeida compreendem gênero como uma relação social, que remete os indivíduos a uma categoria previamente constituída e os posiciona face a outros indivíduos pertencentes a outra.[47]

---

[47] ALMEIDA, Suely de; SAFFIOTI, Heleieth. *Violência de gênero*: poder e impotência. Rio de Janeiro: Editora Revinter, 1995, p. 20.

Interessante, ainda, destacar a preocupação da socióloga Heleieth Saffioti, a partir de um olhar feminista, sobre os limites do conceito de gênero, porquanto afastaria o elemento central da desigualdade, o patriarcado:

> *Tratar esta realidade (a mulher na sociedade) exclusivamente em termos de gênero distrai a atenção do poder do patriarca, em especial como homem/marido, 'neutralizando' a exploração-dominação masculina.*[48]

De forma semelhante, o *feminismo marxista*, sob a ótica da luta de classe, questionou a divisão sexual do trabalho, bem como a ausência de suporte ao trabalho feminino, fosse ela na função de esposa, doméstica e/ou mãe, o que também contribui para inviabilizar o trabalho feminino fora de casa. Assim, as feministas marxistas, em crítica à estrutura social capitalista, patriarcal e burguesa de dominação, reivindicaram o reconhecimento da divisão de classe como marcador de opressão das mulheres e a necessidade de um movimento feminista que reconheça a pluralidade de mulheres – em contrapartida aos movimentos que privilegiaram as necessidades de mulheres brancas e burguesas, como o feminismo liberal.

Em síntese, nesse período, o conceito de gênero refere-se preponderantemente ao aspecto sociocultural do ser mulher, captado como algo construído, e não exclusivamente biológico, não meramente dado. Dessa forma, o conceito foi bastante estratégico para a luta das mulheres e conquista de seus direitos, pois a situação

---

[48] SAFFIOTI, Heleieth. *Gênero, patriarcado e violência*. 2. ed. São Paulo: Editora Expressão Popular, 2015, p. 145.

hierarquicamente inferior de subordinação social não pôde mais ser vista como destino, e, sim, como algo construído socialmente.

Portanto, a segunda onda do movimento feminista, ao qual este subcapítulo pertence, pode ser considerada como o período que gerou maior mudança na cultura e consciência social. Ao dar início ao reconhecimento das diversas formas de opressão das mulheres na sociedade, as teorias feministas caminham em direção à crítica da múltipla estrutura social opressora, devendo ser combatida em sua totalidade para uma efetiva reconstrução social em prol da igualdade entre homens e mulheres.

3.2.2. Feminismo marxista

É durante a segunda onda feminista que o feminismo marxista ganha força e proeminência. Trata-se de uma vertente do feminismo que parte da obra de Karl Marx e Friedrich Engels[49], incorporando-a e ampliando-a, para pensar sobre a opressão que sofrem as mulheres no sistema capitalista. Essa base teórica alimentou alguns dos principais movimentos políticos de mulheres ao longo do século XX e tem obtido especial relevo nos debates mais recentes sobre o neoliberalismo, que tem início no final do século XX e se fortalece durante o século XXI.

---

[49] A obra de Engels (ENGELS, Friederich. *A origem da família, da propriedade privada e do Estado*. 8. ed. Rio de Janeiro: BestBolso, 2014.) se tornou ponto de referência para as primeiras abordagens marxistas do feminismo. No mencionado trabalho, Engels traça historicamente o surgimento da família burguesa e o processo de divisão sexual do trabalho, em que a mulher foi forçada à servidão doméstica. Nesse sentido, destaca-se a famosa frase do pensador alemão: "A primeira oposição de classe que aparece na histórica coincide com o desenvolvimento do antagonismo entre o homem e a mulher no casamento monogâmico, e a primeira opressão de classe coincide com aquela do sexo feminino pelo masculino".

As primeiras manifestações políticas feministas associadas ao marxismo e ao socialismo ocorreram no contexto da Revolução Russa de 1917, portanto antes do que indicamos como início da segunda onda feminista. Como se sabe, no início do século XX, a Rússia estava em processo inicial de industrialização, sendo uma economia ainda majoritariamente agrícola. Porém, em razão de seu envolvimento na I Guerra Mundial, os homens trabalhadores do campo e das primeiras fábricas russas foram obrigados a abandonar seus postos de trabalho para integrar o exército que lutava na guerra. Isso significou um aumento expressivo de mulheres trabalhadoras, que passaram a fazer parte da força de trabalho industrial e camponesa.

As consequências da participação russa na guerra logo foram sentidas, com o Estado mergulhado em gastos e a população trabalhadora submetida a condições de extrema precariedade e vivendo em situação de fome e miséria. Esse cenário motivou a mobilização de mulheres trabalhadoras, que reivindicavam a volta de seus maridos do front e ações do governo czarista para suprir o mínimo de condições de subsistência para suas famílias.

Em 8 de março de 1917, mulheres operárias da cidade de Petrogrado organizaram uma greve geral, com a paralisação de 90 mil trabalhadoras. Sua mobilização se espalhou para outras regiões do país, com a adesão de outros setores da sociedade, dando início ao processo revolucionário que daria fim à monarquia russa em outubro daquele ano. Pode-se dizer, portanto, que foi o movimento de mulheres que deu início à primeira revolução socialista que se teve no mundo.

Nesse movimento, nomes como Alexandra Kollontai[50] e Clara Zetkin[51], por exemplo, ganharam relevância. Essas pensadoras foram algumas das primeiras a contestarem as formas de feminismo que reforçavam o sistema de classes sociais. Para elas, era necessário enfatizar a importância das desigualdades econômicas e da divisão social do trabalho para compreender a situação de opressão da mulher proletária, muito diversa das mulheres da burguesia e da nobreza.

No bojo do novo governo bolchevique, Alexandra Kollontai e Inessa Armand[52] estabeleceram, em 1919, o Zhenotdel, o departamento de mulheres dentro do Secretariado do partido bolchevique, que permaneceu em atividade até seu fechamento em 1930 por Josef Stalin.

Por orientação e pressão do Zhenotdel, o partido bolchevique incorporou quatro pontos programáticos que fizeram da legislação do Estado Proletário a mais avançada em todo o mundo até então: (i) a socialização do trabalho doméstico e de cuidados; (ii) a inclusão das mulheres no trabalho assalariado; (iii) a extinção (progressiva) da família; e (iv) a união livre.

A Rússia socialista foi a primeira no mundo a incorporar em suas leis a legalização do aborto, a união livre, o acesso igualitário à educação, a igualdade econômica para homens e mulheres, a instituição de salário independente para as mulheres, o fim da desigualdade de direitos entre

---

[50] KOLLONTAI, A. *A nova mulher e a moral sexual*, São Paulo: Expressão Popular, 2004; KOLLONTAI, A. *Selected Writings*, New York: W.W. Norton, 1981.

[51] ZETKIN, C. *Lenin on the woman question*, Whitefish, MT: Literary Licensing LLC, 2011; ZETKIN, C. *Como nasce e morre o fascismo*, São Paulo: Autonomia Literária, 2019.

[52] ELWOOD, R. C. *Inessa Armand*: Revolutionary and Feminist, Cambridge: Cambridge University Press, 1992.

as crianças (filhas/os "ilegítimos" de casamentos ilegais e os "legítimos" de casamentos legais) e a igualdade em todos os aspectos perante a lei.

É importante notar que, apesar da importância histórica dessas experiências práticas do feminismo marxista, ele permaneceu marginalizado do debate hegemônico até as décadas de 1960 e 1970, quando começam a ganhar proeminência no contexto dos movimentos pelos direitos civis na Europa e nos Estados Unidos. Porém, a característica distintiva dessa retomada do marxismo na inspiração de alguns movimentos de direitos nos Estados Unidos e Europa é sua preocupação com as questões de raça, gênero e sexualidade. A efervescência cultural e política desse período permitiu o surgimento de diversas abordagens dentro do marxismo.

Vê-se, portanto, que o feminismo marxista passa a se aproximar de outras pautas além da questão de classe, em um esforço de articular a análise e a ação política em relação às múltiplas opressões sofridas por mulheres no mundo.

É nesse período que surge o debate acerca do trabalho doméstico, o qual passa a ser visto como trabalho produtivo. Esse ponto será retomado em mais detalhes no tópico 4.2.4, "Feminismos e a Teoria da Reprodução Social". Trata-se também de uma abordagem dentro do feminismo marxista, com desenvolvimentos teóricos mais recentes, a partir dos anos 2000, fase que neste trabalho estamos denominando como quarta onda feminista.

Por ora, é necessário apontar que a discussão acerca do trabalho doméstico inspirou a ação política de mulheres que se organizaram em torno do movimento *Wages for Housework* (Salários para o Trabalho Doméstico), de 1972, incluindo feministas como Selma James[53], Silvia Federici[54] e Mariarosa Dalla Costa[55]. O movimento advogava pela inclusão do trabalho doméstico – identificado como a origem da opressão das mulheres no capitalismo – na economia capitalista assalariada. Segundo essas feministas, tornar o trabalho doméstico um trabalho assalariado permitiria a contestação da ideia de que a atribuição desse trabalho às mulheres decorre de sua natureza.

Em *Mulheres, raça e classe*, Angela Davis[56] traz o componente racial à discussão sobre o trabalho doméstico, apontando para a desumanização das mulheres negras submetidas à escravidão doméstica por famílias brancas. A autora mostra, assim, como é imprescindível uma análise articulada entre raça, classe e gênero para pensar novos modelos de sociedade em que essas opressões não existam. Isso passa por identificar, então, o papel dessas opressões para o desenvolvimento do capitalismo.

Também na década de 1970 surge o Coletivo do Rio Combahee[57], liderado inicialmente por Barbara Smith e formado por feministas negras e lésbicas ligadas ao movimento

---

[53] JAMES, S. *Sex, race & class*, Londres: Merlin Press, 2012; JAMES, S.; DALLACOSTA, M. *The power of women and the subversions of the community*, Berlin: Falling Walls Press, 1975; JAMES, S. *Marx and feminism*, Chestnut Ridge, NY: Crossroads Books, 1994.

[54] FEDERICI, S. *Calibã e a bruxa*: Mulheres, corpos e acumulação primitiva, São Paulo: Elefante, 2019; FEDERICI, S. *O ponto zero da revolução*: trabalho doméstico, reprodução e luta feminista, São Paulo: Elefante, 2019; FEDERICI, S. *Mulheres e caça às bruxas*, São Paulo: Boitempo, 2019.

[55] DALLACOSTA, M. *Family, Welfare and the State:* between progressivism and the New Deal, New York: Common Notions, 2015.

[56] DAVIS, A. *Mulheres, raça e classe*, São Paulo: Boitempo, 2016; DAVIS, A. *A liberdade é uma luta constante*, São Paulo: Boitempo, 2015; DAVIS, A. *Mulheres, cultura e política*, São Paulo: Boitempo, 2017.

[57] COLETIVO COMBAHEE RIVER. Manifesto do Coletivo Combahee, Stefani Pereira (trad.), Letícia Simões Gomes (trad.), *Plural*: Revista de Ciências Sociais, v. 26, n. 1, 2019.

dos direitos civis. Seu manifesto argumentava que tanto o feminismo até então existente quanto o próprio movimento dos direitos civis ignoravam a situação de opressão das mulheres negras. Seria necessário, portanto, reconhecer a existência de múltiplos sistemas de opressão interconectados, os quais deveriam ser combatidos, como parte de uma ação política verdadeiramente anticapitalista, anti-imperialista, antirracista e antipatriarcal. Ressaltamos que as integrantes do Coletivo se identificavam como socialistas e concordavam com a premissa marxista de que o trabalho deve ser organizado em favor de benefícios coletivos, não do lucro privado.

É ainda nesse período que pesquisadoras de universidades norte-americanas e britânicas passaram a se engajar em estudos feministas com fundamento no marxismo, buscando desenvolver o potencial da obra de Marx, em especial *O capital*, para compreender a origem capitalista da opressão das mulheres no mundo contemporâneo. Essas pesquisadoras, tais como Martha Gimenez[58], Rosemary Hennessy[59], Heidi Hartmann[60], Nancy Hartstock[61], Margaret Benston[62], entre outras, se contrapõem principalmente ao feminismo

---

[58] GIMENEZ, M. E. *Marx, Women and Capitalist Social Reproduction*: Marxist Feminist Essays, Chicago: Haymarket Books, 2019.

[59] HENNESSY, R. *Materialist feminism and the politics of discourse*. Londres: Routledge, 2012.

[60] HARTMANN, H. *Gendering politics and policy*: recent developments in Europe, Latin America and the United States, Londres: Routledge, 2014; HARTMANN, H. *Women, work and poverty:* women centered research for policy change, Londres: Routledge, 2006.

[61] HARTSTOCK, N. *Money, sex and power:* Toward a feminist historical materialism, Northwestern: Northwestern University Press, 1985; HARTSTOCK, N. *The feminist standpoint revisited and other essays,* Boulder, CO: Westview Press, 1998.

[62] BENSTON, M. *The political economy of women's liberation*. Boston: New England Free Press, 1969.

socialista norte-americano[63], que era crítico ao capitalismo, mas também ao marxismo por seu reducionismo econômico, desconsiderando a problemática das mulheres.

Vale mencionar, ainda, o feminismo materialista francófono, que tem como principais exemplares os trabalhos de Christine Delphy[64], Collette Guillaumin[65], Monique Wittig[66], durante a década de 1970, e, mais recentemente, Jules Falquet. Estas também se engajaram no debate sobre o trabalho doméstico, já mencionado, especialmente por meio da publicação da revista *Questions Féministes*. Ainda que tenham formação marxista, para essas autoras, o marxismo foi *"o inimigo principal e interlocutor privilegiado"* do movimento. Isso significa dizer que, para elas, o conceito de materialismo significa, ao mesmo tempo, uma proximidade com o marxismo, mas sem aderir completamente, apontando para a necessidade de reformular as principais categorias do pensamento marxista, como classe.

No Brasil, o feminismo materialista tem sido discutido e desenvolvido de forma essencial por pesquisadoras feministas, como Maria Betânia Ávila, da organização SOS Corpo. Destacamos aqui a seguinte ideia desenvolvida por ela:

> *Uma questão central para o feminismo materialista é justamente a desnaturalização da vida*

---

[63] Para as autoras do feminismo marxista norte-americano, o feminismo socialista propõe uma análise dualista – na visão delas, equivocada –, que propõe entender as múltiplas formas de interação entre dois sistemas diferentes e separados: o capitalismo e o patriarcado. Esse ponto será mais bem explorado no Capítulo 4, no item sobre a Teoria da Reprodução Social.

[64] DELPHY, C. *Close to home:* a materialist analysis of women's oppression, London: Verso, 2016.

[65] GUILLAUMIN, C. *Racism, sexism, power and ideology.* London: Routledge, 1995.

[66] WITTIG, M. *As guerrilheiras*. São Paulo: Ubu Editora, 2019; WITTIG, M. *The lesbian body.* Boston: Beacon Press, 1986.

> social e, de maneira central, das relações sociais de sexo, e por decorrência a desnaturalização do que foi hegemonicamente definido na filosofia e nas ciências sociais como um ser "mulher", portadora de um atributo fixo e generalizante constituído de uma essência que emana da própria anatomia e da biologia.[67]

Por fim, não poderíamos deixar de destacar a contribuição essencial de Heleieth Saffioti para a construção do pensamento feminista marxista. Principal responsável pelo desenvolvimento do feminismo marxista no Brasil, Saffioti foi pioneira ao abordar, em sua obra *A mulher na sociedade de classes: mito e realidade*[68], de 1969, não só a questão da opressão das mulheres no capitalismo, mas principalmente os efeitos da política imperialista do centro hegemônico do sistema capitalista sobre a vida das mulheres em países periféricos. A partir de pesquisa acerca da realidade das trabalhadoras da indústria têxtil brasileira, a autora constrói uma análise teórica fundamental sobre a precarização do trabalho feminino no Brasil.

Esta breve introdução sobre os feminismos marxistas buscou apresentar, ainda que de forma superficial, as diferentes correntes do feminismo que podem ser associadas – de forma mais próxima ou mais distante – ao que se chama de pensamento marxista. É possível perceber, no entanto, que mesmo dentro do marxismo encontramos divergências e uma multiplicidade de olhares. A sua

---

[67] ÁVILA, M. B. Nas veredas do feminismo materialista, *In:* ÁVILA, M. B. (org.), FERREIRA, V. *Teorias em movimento*: reflexões feministas na articulação feminista Marcosul, Recife: SOS Corpo, 2018, p. 177-242.

[68] SAFFIOTI, H. *A mulher na sociedade de classes*: mito e realidade, São Paulo: Expressão Popular, 2013.

composição e as relações entre uma corrente ou outra nos permite entender que se trata de um movimento teórico e político heterogêneo, mas com importante potencial analítico e de luta.

3.3. Terceira onda feminista – De 1990 a em torno de 2010

> *Desde os anos de 1990. Na esteira da nova ordem pós-colonial e pós-socialista do mundo e no contexto da sociedade de informação, da pós-modernidade líquida e da política neoliberal. Questionamento radical do sistema binário de gênero.*

A terceira onda do feminismo foi marcada pelo início da ruptura do sistema binário de compreensão de gênero. A crítica que tomou força nesse período questiona os discursos normativos sobre sexo e gênero, principalmente quanto ao caráter hierarquizante e de controle social que a definição binária – mulher/homem; feminino/masculino – possui sobre os indivíduos[69]. Em contrapartida à binariedade, filósofas feministas como Monique Wittig[70] e Judith Butler[71] enfatizam a existência

---

[69] LANZ, Leticia. *O corpo da roupa:* a pessoa transgênera entre a transgressão e a conformidade com as normas de gênero. Uma introdução aos estudos transgêneros. 1. ed. Curitiba: Transgente, 2015, p. 48.

[70] BUTLER, Judith. Atos performáticos e a formação dos gêneros: um ensaio sobre fenomenologia e teoria feminista. Tradução Jamille Pinheiro Dias. Edições Chão da Feira, 2018. *Caderno de Leitura* n. 78, p. 9 (autora faz menção à filósofa Monique Wittig nessa página). Disponível em: https://chaodafeira.com/wp-content/uploads/2018/06/caderno_de_leituras_n.78-final.pdf. Acesso em: 9 jun. 2021.

[71] BUTLER, 2018, p. 9.

de distintas identidades de gênero e a própria desconstrução de gênero[72].

O conceito de gênero foi trabalhado na terceira onda a partir da determinação de que feminino e masculino são mais do que construção social, são a verdadeira *inscrição cultural* da pessoa na sociedade, conforme o sexo biológico previamente dado. As teóricas feministas, como Teresa Lauretis, argumentam que gênero precisa ser lido para além da "diferença sexual", mas em conjunto com os códigos linguísticos e representações culturais que formam o sujeito e suas representações. A discussão sobre a desconstrução de gênero leva em consideração as obrigações e performances sociais imputadas que não correspondem à fluidez e à pluralidade de existências dos seres humanos.

> *(...) O termo "gênero" é uma representação não apenas no sentido de que cada palavra, cada signo, refere-se a seu referente (representa-o), seja ele um objeto, uma coisa, ou um ser animado. O termo "gênero" é, na verdade, a representação de uma relação, a relação de pertencer a uma classe, um grupo, uma categoria. (...) gênero atribui a uma entidade, digamos a uma pessoa, certa posição dentro de uma classe e, portanto, uma posição vis-à-vis outras classes pré-constituídas (...)*[73]

---

[72] PIMENTEL, Silvia. Gênero e direito. *Enciclopédia jurídica da PUC-SP*. Celso Fernandes Campilongo, Alvaro de Azevedo Gonzaga e André Luiz Freire (coords.). Tomo: Teoria Geral e Filosofia do Direito. Celso Fernandes Campilongo, Alvaro de Azevedo Gonzaga, André Luiz Freire (coord. de tomo). 1. ed. São Paulo: Pontifícia Universidade Católica de São Paulo, 2017. Disponível em: https://enciclopediajuridica.pucsp.br/verbete/122/edicao-1/genero-e-direito. Acesso em: 5 mai. 2021.

[73] LAURETIS, Teresa de. *Technologies of Gender*: Essays on Theory, Film, and Fiction. Indiana University Press, 1987, p. 123.

A argumentação sobre a fluidez do gênero é posta em contraposição ao mito do binarismo de gênero, tendo em vista que a divisão "homem/mulher" é uma determinação falsa e imposta sobre os corpos e suas manifestações. Ainda, segundo Butler, o gênero é um estilo corporal, um "ato" ao mesmo tempo intencional e performático que indica uma construção contingente e dramática do significado. Embora o sexo biológico pareça ser dividido entre masculino e feminino, existe um contingente vasto e dinâmico de pessoas que comprovam a falsidade dessa determinação, como o 1,7% da população mundial com algum tipo de intersexualidade, reconhecida e definida pelo Organização Mundial da Saúde da ONU[74].

Tratar de questões como a intersexualidade e a transgeneridade só é possível através da desconstrução da noção de gênero desenvolvida pelas feministas da terceira onda. Fundamental e plural, a evolução do conceito de gênero colabora, não exclusivamente, para a emancipação e direitos das mulheres, mas também contribui para o reconhecimento de grupos marginalizados, como lésbicas, gays, bissexuais, pessoas transgêneras, pessoas intersexuais (LGBTI+).

3.3.1. Interseccionalidade

> *Intersecção de gênero com outros marcadores sociais da diferença e da desigualdade, tais como classe, raça, etnia, geração, orientação sexual, identidade de gênero.*

Nas últimas décadas, em especial, a partir da segunda onda do feminismo, tem-se buscado a desconstrução da

---

[74] PEREIRA, Rodrigo da Cunha. Para além do binarismo: transexualidades, homoafetividades e intersexualidades. *In*: DIAS, Maria Berenice. *Intersexo*. São Paulo: Revista dos Tribunais, 2018, p. 41.

ideia abstrata de mulher universal, elaborada com base no padrão da mulher branca, escolarizada e de classe média. Tal ideia não capta as singularidades e diversidades das bilhões de mulheres do mundo, na medida em que prioriza exclusivamente a dimensão de gênero, deixando de lado outras dimensões sociais – bem como questões históricas, geopolíticas, econômicas, religiosas e, entre outras, culturais – significativas para a identificação e reconhecimento das relações desiguais e discriminatórias existentes entre as pessoas.

Por meio da intersecção de gênero com outros marcadores sociais da diferença e da desigualdade, tais como classe, raça, etnia, geração, orientação sexual, identidade de gênero, procura-se considerar particularidades, opressões, demandas e lutas específicas das mulheres em sua concretude existencial, plural e diversa. As históricas reivindicações da mulher cisgênera, branca, heterossexual, de classe média, a título de exemplo, não abarcaram as especificidades e diferenças das pautas das mulheres negras, das mulheres em situação de pobreza, das mulheres indígenas, como ainda tampouco abarcam aquelas das mulheres lésbicas e transgêneras, mulheres com deficiência, mulheres refugiadas, mulheres encarceradas, entre outras.

No Brasil, autoras negras, como Lélia Gonzalez, anunciavam a interseccionalidade antes mesmo da criação desse conceito. Durante todo o seu projeto intelectual, Lélia tratou de compreender e combater as opressões sociais sofridas pelas mulheres e, principalmente, pelas mulheres negras. Denunciando o caráter estrutural de opressão, a autora inseriu ao pensamento feminista brasileiro questões como as relações raciais e a subordinação da mulher negra à representação cultural, social e laboral, para revelar os estereótipos existentes sobre elas na cultura brasileira[75].

Nesse ponto, cabe recorrer ao paradigmático conceito de interseccionalidade desenvolvido pela professora Kimberlé Crenshaw. Embora não tenha sido a primeira a observar as maneiras pelas quais as diferentes estruturas de poder interagem na vida da população negra, a autora aprofundou as bases teóricas dessa interação que envolve gênero, raça, classe, dentre outros marcadores sociais.

Ensina Crenshaw que a *"interseccionalidade é uma conceituação do problema que busca capturar as consequências estruturais e dinâmicas da interação entre dois ou mais eixos da subordinação"*.[76] Ela trata especificamente da forma pela qual o racismo, o patriarcalismo, a opressão de classe e outros sistemas discriminatórios criam desigualdades básicas que estruturam as posições relativas de mulheres, raças, etnias, classes e outras. Além disso, a interseccionalidade trata da forma como ações e políticas específicas geram opressões que fluem ao longo de tais eixos, constituindo aspectos dinâmicos ou ativos do desempoderamento.

Sobre gênero, raça e classe, são valiosas as palavras da Angela Davis, grande ícone das lutas libertárias antirracista, feminista e contra a opressão de classe:

> *Claro que classe é importante. É preciso compreender que classe informa a raça. Mas raça,*

---

[75] RIOS, Flávia e RATTS, Alex. *A Perspectiva Interseccional de Lélia Gonzalez*, p. 9. Disponível em: https://www.researchgate.net/profile/Flavia_Rios3/publication/325781045_A_perspectiva_interseccional_de_Lelia_Gonzalez/links/5b238affa6fdcc6974652ed6/A-perspectiva-interseccional-de-Lelia-Gonzalez.pdf. Acesso em: 5 mai. 2021.

[76] CRENSHAW, Kimberlé. Documento para o encontro de especialistas em aspectos da discriminação racial relativos ao gênero. *Estudos feministas*, ano 10, setembro 2002. Disponível em: http://fopir.org.br/wp-content/uploads/2017/01/Crenshaw_Kimberl%C3%A9.pdf. Acesso em: 5 mai. 2021.

> *também, informa a classe. E gênero informa a classe. Raça é a maneira como a classe é vivida. Da mesma forma que gênero é a maneira como raça é vivida. A gente precisa refletir bastante para perceber as intersecções entre raça, classe e gênero, de forma a perceber que entre essas categorias existem relações que são mútuas e outras que são cruzadas. Ninguém pode assumir a primazia de uma categoria sobre as outras.*[77]

No Brasil, a grande mestra do feminismo, Heleieth Saffioti, nos alertou:

> *O gênero, a raça/etnia e a classe social, sendo todos fenômenos que estruturam relações sociais, apresentam suas peculiaridades, porque se inscrevem no domínio da história (...) o gênero, informado pela desigualdade social, pela hierarquização e até pela lógica da complementaridade traz embutida a violência (...) condiciona a percepção do mundo circundante e o pensamento.*[78]

As acadêmicas e militantes do feminismo negro brasileiro desempenharam e desempenham importante papel na visibilização da herança escravagista de nossa sociedade que (re)produz padrões de racismo, machismo e de opressão de classe. A filósofa, educadora e feminista, Sueli Carneiro, ao

---

[77] DAVIS, Angela. As mulheres na construção de uma nova utopia. *In: Mulheres, raça e classe.* 1. ed. São Paulo: Boitempo, 2018.

[78] SAFFIOTI, Heleieth; ALMEIDA, Suely Souza. Violência de gênero: poder e impotência, apud PIMENTEL, Silvia; SCHRITZMEYER, Ana Lúcia P.; PANDJIARJIAN, Valéria. *Estupro:* crime ou "cortesia"? Abordagem sociojurídica de gênero, p. 19.

discorrer sobre a especificidade da experiência das mulheres negras, esclarece bem a intersecção dessas dimensões:

> As mulheres negras tiveram uma experiência histórica diferenciada que o discurso clássico sobre a opressão da mulher não tem reconhecido, assim como não tem dado conta da diferença qualitativa que o efeito da opressão sofrida teve e ainda tem na identidade feminina das mulheres negras. Quando falamos do mito da fragilidade feminina, que justificou historicamente a proteção paternalista dos homens sobre as mulheres, de que mulheres estamos falando? Nós, mulheres negras, fazemos parte de um contingente de mulheres, provavelmente majoritário, que nunca reconheceram em si mesmas esse mito, porque nunca fomos tratadas como frágeis.[79]

Djamila Ribeiro, mestra em filosofia política, também reforça a importância da perspectiva interseccional:

> Nos EUA, as mulheres negras começaram a denunciar a invisibilidade dentro do movimento feminista, na década de 70. No Brasil, o feminismo negro começou a ganhar força no final desta década, começo da de 80. O I Encontro Feminista, de 1985, que aconteceu em Bertioga foi um marco da luta das mulheres negras como

---

[79] CARNEIRO, Sueli. Enegrecer o feminismo. A situação da mulher negra na América Latina a partir de uma perspectiva de gênero. Pensamento feminista. *In:* HOLLANDA, Heloisa Buarque de (org.). *Pensamento feminista:* conceitos fundamentais. Rio de Janeiro: Bazar do tempo, 2019, p. 313-321.

sujeitos políticos. Atualmente, fala-se mais da necessidade de um feminismo interseccional que dê conta das várias especificidades de ser mulher. O discurso universal vem sendo combatido com mais força, porque seria excludente no sentido de que as opressões se dão de modos diferentes. Uma mulher branca de classe média não sofre o mesmo que uma mulher negra pobre.[80]

O desenvolvimento do conceito de interseccionalidade, mais centrado, em seu início, no cruzamento das categorias sociais – estruturais e estruturantes – de gênero, raça/etnia e classe, tem se revelado paradigmático e estratégico para lidar com outros marcadores sociais também relacionados à incidência de discriminações, violências e exclusões.

---

[80] RIBEIRO, Djamila. *Afasta de mim esse cálice (cale-se):* o silenciamento de mulheres negras em espaços de militância. Disponível em: http://blogueirasnegras.org/racismo-silenciamento-mulheres-negras-espacos--militancia/. Acesso em: 10 fev. 2017

CAPÍTULO 4

Quarta onda feminista: multiplicidade e transversalidade das pautas feministas – Século XXI, do em torno de 2010 até os dias de hoje

Feminismos plurais, ciberfeminismos, horizontalidades, transversalidades, altermundismo: vários lugares de vivências, de subjetividades, de olhares, de falas, de vulnerabilidades e de lutas.

Acerca das interpenetrações entre as ondas do feminismo, já mencionadas anteriormente, vale mencionar a frase de Nuria Varela: *"Se as ondas feministas não são independentes, mas, sim, estão intimamente relacionadas, podemos ver a dinâmica em que, o que uma propõe, a seguinte o realiza"*.[81] (tradução livre)

Sobre a quarta onda que atualmente vivenciamos, há tantos e tantos aspectos que poderíamos desenvolver, mas, devido à brevidade deste espaço, estabelecemos alguns recortes em subcapítulos. No entanto, antes de entrar nesses vários feminismos, vamos, inicialmente, desenvolver algumas ideias sobre a fluidez do conceito de gênero, o **ciberfeminismo,** a **horizontalidade** dos movimentos, sua **transversalidade** e o **altermundismo,** aspectos tão significativos dessa quarta onda feminista.

a. **A fluidez do conceito de gênero**

Face à fluidez do conceito de *gênero*, estudiosos têm buscado delimitar alguns parâmetros para o tema como: *identidade de gênero* – sentimento de ser homem ou mulher ou algo que abrange ou exclui os dois; *sexo biológico* – a definição sexual é aquela que ocorre em um espectro com genitália, cromossomos, gônadas e hormônios, desempenhando funções específicas; *expressão de gênero* se

---

[81] "Si las olas feministas no son independientes, sino que están íntimamente relacionadas, podemos ver la dinámica en la que lo que una propone, la siguiente lo realiza." VARELA, Nuria. *Feminismo 4.0. La cuarta ola.* 1. ed. Barcelona: Ediciones B., 2019, p. 134.

relaciona ao vestuário, comportamentos, linguagens e outras sinalizações.

O dia a dia das inter-relações pessoais na pós-modernidade caracteriza-se pela abertura para concepções mais fluidas vivenciadas no âmbito do que vem sendo chamado como *revolução do gênero*, cunhando variados termos, quais sejam: agênero, andrógino, binário de gênero, cisgênero, conformista de gênero, expressão de gênero, fluidez de gênero, *genderqueer*, identidade de gênero, inconformista de gênero, intersexo, LGBTI+, linguagem não binária ou neutra, marcador de gênero, não binário de gênero, orientação sexual, pronomes neutros (ex.: todxs, amigues, menines), *queer*, sexo biológico, supressão da puberdade, transexual, transgênero etc. A atual geração reivindica o direito de escolher a nomenclatura mais apropriada para abarcar o que identifica como sua própria identidade.

b. **O ciberfeminismo e a multiplicidade das pautas feministas**

A utilização em massa dos meios tecnológicos de informação e comunicação permitiu que ideias, pensamentos, ações e boas práticas, produzidos em relação à condição das mulheres, pudessem ser disseminados em todos os cantos, propiciando também o fortalecimento: da *interlocução* e diálogos entre os diversos setores do feminismo nacional e internacional; do *conhecimento* e *aprofundamento* de uma pluralidade de pautas; e de maior *fluidez* do movimento, bem como de maior *interseccionalidade*.

Para tanto, vamos nos valer das palavras de Olívia Perez e Arlene Ricoldi[82], que afirmam que a nova onda é **digital** (com uma profusão de debates e mobilizações realizadas pelo meios digitais), **interseccional, fluida** (está sempre em movimento e em transmudação) e **plural** (abrange inúmeras demandas, queixas, reivindicações, propostas de ação).

É indiscutível, na onda atual do feminismo, a **potencialização das vozes das mulheres, a partir do conceito de interseccionalidade – já tão bem trabalhado na terceira onda – que, somando-se às possibilidades tecnológicas,** impactaram intensamente a produção acadêmica e as práticas sociais, ocasionando vários desdobramentos das ondas anteriores.

O uso massificado das redes sociais e da tecnologia potencializou maior alcance e intercomunicação das vozes das mulheres, permitindo uma verdadeira explosão do ativismo digital[83]. Nasce, assim, o ciberfeminismo, destacando-se o "feminismo das hashtags", que, por meio de ações individuais (blogueiras, artistas, professoras, comunicadoras, pesquisadoras) ou coletivas (redes, coletivos e organizações), transformou-se em importante instrumento na difusão de denúncias, pautas e reivindicações.

Como estratégias de ação, intensificou-se a formação de grupos de estudos virtuais, aulas e debates abertos ao público e transmitidos pela internet; protestos convocados nas redes sociais digitais; abaixo-assinados on-line; petições

---

[82] PEREZ, Olívia; RICOLDI, Arlene. *A quarta onda do feminismo?:* Reflexões sobre movimentos feministas contemporâneos. Disponível em: https://www.researchgate.net/publication/332639884_A_quarta_onda_do_feminismo. Acesso em: 5 mai. 2021.

[83] ROCHA, Fernanda de Brito Mota. *A quarta onda do movimento feminista:* o fenômeno do ativismo digital. São Leopoldo, 2017, p. 72. Disponível em: http://www.repositorio.jesuita.org.br/handle/UNISINOS/6728. Acesso em: 5 mai. 2021.

virtuais; rodas de conversas virtuais; envio em massa de e-mails; e, muito especialmente, medidas de combate à violência doméstica pelas redes sociais. Essas iniciativas buscam agregar pessoas e organizações em torno da crítica a estereótipos, discriminações, violências e desigualdades de gênero, das mais diversas ordens, aos quais as mulheres são historicamente submetidas.

O fato de as mulheres, cada vez mais, estarem se expressando e sendo mais ouvidas (escuta ativa) permitiu que certos temas, até então pouco explorados, passassem a ser mais visibilizados e estudados, sendo que alguns deles chegaram a ingressar em agendas sociais e planos de ação governamentais.

Assim, estamos vivendo um período de "turbinação" de pautas relativas às lutas feministas de respeito às diversidades de gênero, raça, classe, etnia, origem geográfica, orientação sexual, identidade de gênero, direitos reprodutivos, questões geracionais, ambientais, entre outras. Por consequência, constata-se também o aprofundamento e a proliferação de estudos acerca do desrespeito, discriminação e violência a tais diversidades, como a misoginia, o sexismo, o racismo, a desigualdade de classe, a xenofobia, a homofobia, a transfobia, a violência obstétrica, a gordofobia e o preconceito etário. Destacamos as belas palavras de Nuria, que bem expressam a riqueza e a multiplicidade das trocas, cada vez mais amplas, entre vozes feministas:

> *O feminismo é polifônico, o som de suas múltiplas vozes se ouve, simultaneamente, em todos os rincões do mundo, em distintos tons e registros. Uma melodia com diversas letras, porém com a mesma música, a de um projeto coletivo*

> e emancipador em que nada de humano lhe é alheio.[84] *(tradução livre)*

Na agenda feminista, criaram-se e/ou intensificaram-se temas como sororidade; empoderamento feminino; "cultura do estupro"; feminicídio; violência de gênero contra as mulheres nos diversos ambientes das esferas pública e privada; direitos sexuais e reprodutivos; condições dignas de maternidade; ampliação do número de vagas em creches; educação sexual nas escolas; acesso a contraceptivos e ao aborto legal; desigualdade salarial; trabalho invisível; carga mental das mulheres; autocuidado; crise do cuidado; feminização da pobreza; tributação com um enfoque na desigualdade de gênero; discussões sobre gênero nos currículos escolares; participação da mulher na política e em outros espaços de poder e decisão; paridade de gênero; violência política; "ditadura da beleza"; representações da mulher na mídia que as subjuga, inferioriza e infantiliza; indústria do sexo; "barrigas de aluguel"; revisão das masculinidades, inclusive discussões sobre masculinidade tóxica, paternidade, participação dos homens nas tarefas domésticas; machismo cotidiano; feminismo lésbico; transexualidade; transgeneridade; ecofeminismo; precarização da vida socioeconômica das mulheres; mulheres sem-terra e sem-teto; multiculturalismo; políticas de distribuição; justiça social; críticas ao neoliberalismo e ao pós-neoliberalismo; mulheres imigrantes; capacitismo; análise das condições de vida das mulheres na cidade (cidades amigas das mulheres); *gaslighting; slut-shaming; mansplaining; manterrupting; bropriating*; entre tantos outros.

---

[84] VARELA, Nuria. *Feminismo 4.0. La cuarta ola*. 1. ed. Ediciones B, 2019, p. 15.

São, na visão de Nuria Varela:

> *agendas múltiplas e pactadas entre um grande espectro de sujeitos políticos, nas quais se articula um conjunto complexo de temáticas concernentes à transformação global das formas de vida em sociedade sob os ideais da emancipação, justiça social, liberdade e não discriminação (tradução livre).*

Essa nova perspectiva continua chamando a atenção para a discriminação de gênero, mas vai além dela, ao valorizar do mesmo modo o princípio da não discriminação com base em elementos da raça, etnia, geração, nacionalidade, classe, religião, entre outras. Vale, aqui, reproduzir as palavras de Marlise Matos,[85] que aponta que o feminismo hegemônico da década de 1990 referia-se a todas as mulheres "diferentes" das mulheres brancas, de classe média, escolarizadas e heterossexuais como "as outras":

> *Trata-se do reconhecimento de "feminismos outros", ou profundamente entrelaçados, e, por vezes controversamente emaranhados com as lutas nacionais e globais para a justiça social, sexual, geracional e racial.*

A internet permitiu ampliação, em larga escala, de ideias, pensamentos, estudos, boas práticas, compartilhamento

---

[85] MATOS, Marlise. A quarta onda feminista e o campo crítico-emancipatório das diferenças no Brasil: entre a destradicionalização social e o neoconservadorismo político. Caxambu, 38º Encontro Anual da ANPOCS [*Anais eletrônicos*], 2014, p. 11. Disponível em: http://www.anpocs.com/index.php/encontros/papers/38-encontro-anual-da-anpocs/mr-1/mr20/9339-a-quarta-onda-feminista-e-o-campo-critico-emancipatorio-das-diferencas-no-brasil-entre-a-destradicionalizacao-social-e-o-neoconservadorismo-politico. Acesso em: 5 mai. 2021.

de recursos, comportamentos solidários, reivindicações, resistências e protestos feministas, com intensa mobilização política, levando à criação de novas reflexões, ao aprofundamento de outras já existentes e a um maior engajamento individual e social em torno das questões das mulheres.

Vale insistir que muitas das questões acima pautadas pelo feminismo surgiram, como pontua Marlise Matos,[86] a partir de uma crítica ao feminismo hegemônico do norte global e da necessidade de um feminismo destradicionalizado, decolonial, despatriarcalizado, desracializado e desheteronormatizado[87].

Novas reflexões e abordagens interessantes têm ocorrido sobre os impactos do trabalho doméstico exercido pelas trabalhadoras, mães, esposas e chefes de família, denominado trabalho invisível das mulheres, em especial, na pandemia da Covid-19, que assola o mundo desde o início de 2020.

Vamos fechar a parte inicial que encabeça este capítulo sobre a quarta onda do feminismo com a sintética e divertida frase de Heloísa Buarque de Holanda, que bem expressa vários desejos feministas:

> *Se você tirar a mulher daquele lugarzinho dentro de casa, o que cai? Cai um pedaço da igreja, cai um pedaço da economia, cai um pedaço da educação, cai para todo lado. Se você mexer com raça, cai*

---

[86] MATOS, Marlise. A quarta onda feminista e o campo crítico-emancipatório das diferenças no Brasil: entre a destradicionalização social e o neoconservadorismo político. Caxambu, 38º Encontro Anual da ANPOCS [*Anais eletrônicos*], 2014, p. 11. Disponível em: http://www.anpocs.com/index.php/encontros/papers/38-encontro-anual-da-anpocs/mr-1/mr20/9339-a-quarta-onda-feminista-e-o-campo-critico-emancipatorio-das-diferencas-no-brasil-entre-a-destradicionalizacao-social-e-o-neoconservadorismo-politico. Acesso em: 5 mai. 2021.

[87] MATOS, 2014, p. 11.

> *mais um pedaço. Se você falar de sexualidade fluída, como ele [B. Preciado] quer, aí cai de vez.*[88]

c. Horizontalidade, transnacionalidade, globalidade e altermundismo do feminismo

Sobre a horizontalidade, transnacionalidade, globalidade e altermundismo do feminismo em que vivemos nessa quarta onda, vamos nos valer de Rebecca Corrêa e Silva e Joana Maria Pedro, para quem:

> *diferentemente das ondas que a antecederam, a proposta mais ousada de uma quarta onda do feminismo [...] é reconhecida pela incorporação dos diversos feminismos de correntes horizontais, como o negro, lésbico e o masculino e os LGBTI+.*

Essa incorporação horizontal passa pelos mais diversos campos e abrange mulheres as mais diversas, como sintetizado abaixo:

> *Hoje vemos não só uma proliferação geométrica de atoras/es que se identificam com o campo feminista e nele disputam espaço e poder; também testemunhamos processos de descentramento no interior desses feminismos plurais. Mesmo que haja maior visibilidade das [mulheres] negras, das jovens e das mulheres dos setores populares e/ou anticapitalistas marginalizadas durante o auge do neoliberalismo, a hegemonia do campo*

---

[88] SOMBINI, Eduardo. Feminismo neoliberal deixa os 99% para trás, diz Heloisa Buarque de Hollanda. *Folha de S. Paulo*, São Paulo, 23 jan. 2021. Disponível em: https://www1.folha.uol.com.br/ilustrissima/2021/01/feminismo-neoliberal-deixa-os-99-para-tras-diz-heloisa-buarque-de-hollanda.shtml. Acesso em: 5 mai. 2021.

hoje é indeterminada ou, no máximo, disputada. Com o crescente "sidestreaming" das ideias e práticas feministas, presenciamos, por um lado, uma multiplicação de feminismos populares na cidade e no campo, como exemplificado no caso Marcha das Margaridas, que agrega milhares de mulheres em um processo mobilizador de abrangência nacional (Silva, 2008; Porto Aguiar, 2011). Por outro lado, as Vadias, a cena "anarca", a "galera do hip hop", as Blogueiras Feministas, as Blogueiras Negras, as "minas do rock" e tantas outras expressões político-culturais lúdicas sinalizam uma popularização do feminismo.[89]

Em relação aos feminismos transnacionais, convém que se diga que as modernas tecnologias de informação e comunicação (TICs), combinadas com a expansão da internet e de sua cada vez maior acessibilidade, diminuíram ou estreitaram as fronteiras entre os movimentos sociais de diversos países, permitindo que a ampliação das discussões e as mobilizações de coletivos, grupos ou organizações feministas possam ser realizadas em conjunto e em articulação em nível transnacional. Isso traz uma ampliação da agenda feminista, por conta da interlocução constante e ininterrupta, fazendo circular o conhecimento, as reivindicações, as lutas, as mobilizações e as boas práticas.

Ao concluir com a breve introdução à quarta onda que será desenvolvida nos subcapítulos a seguir, reiteramos: a **horizontalidade**, a **massificação**, a **diversidade**, a **militância**

---

[89] FERREIRA; GOLFARB; MINELLA; LAGO, 2013, apud ALVAREZ, Sonia E. Para além da sociedade civil: reflexões sobre o campo feminista. Dossiê o gênero da política: feminismos, estado e eleições. *Cadernos Pagu* (43), 2014, p. 43.

digital e a **transnacionalidade** são características singulares do momento atual dos feminismos.

4.1. Feminismo da Era Digital 4.0

Considerando o forte impacto da Era Digital nos feminismos, resolvemos desenvolvê-la um pouco mais, dando ênfase ao surgimento de ampliadas formas de mobilização do movimento de mulheres, bem como de várias, "criativas" e perversas novas formas de opressão às mulheres.

Formas de mobilização

Apesar do alto índice de exclusão digital no Brasil e no mundo, fator diretamente relacionado à desigualdade social, é notório o papel que as novas tecnologias de informação e comunicação (TICs) têm cumprido dentro dos movimentos sociais. Os movimentos feministas, incluídos nos beneficiários das TICs, obtiveram ganhos importantes, principalmente ao longo dos últimos anos. A apropriação do "digital" conferiu uma forma mais democrática de se organizar, pensar e agir.

Como nos ensina Manuel Castells[90], é no espaço da internet que as lutas da esfera pública são potencializadas. Por vezes, os temas que recebem destaque tratam das mesmas pautas já discutidas por movimentos feministas há décadas, mas há também novos objetos de debate e reivindicações que surgem no contexto digital.

Pautas já conhecidas ou não, como veremos mais adiante, passam a ter proeminência em um lugar de dinamismo e rapidez informacional, que possibilita que vozes antes inaudíveis conquistem, enfim, volume e audiência. A questão da

---

[90] CASTELLS, Manuel. *Redes de indignação e esperança:* Movimentos sociais na era da internet. 2. ed. Tradução Carlos Alberto Medeiros. Rio de Janeiro: Editora Zahar, 2013.

democracia vocal da internet é importante, pois grupos que não compunham tradicionalmente as falas principais da sociedade conquistam seu espaço de maneira exponencial.

Um relevante estudo[91] realizado pela Universidade Livre Feminista acerca do uso da internet por mulheres de movimentos populares[92] nos apresenta duas formas de militância na internet. A *primeira* delas considera a internet apenas como um meio de comunicação que possibilita a potencialização das redes, movimentos, coletivos e atividades presenciais, de um modo geral. Dessa forma, a militância feminista se desenvolveria não em debates on-line, mas através da utilização das plataformas e redes sociais para a disseminação de convites para eventos e circulação da informação, sem a promoção de debates mais ou menos aprofundados, mas somente com o chamamento para os debates presenciais.

A *segunda* forma vislumbra o digital como um espaço de debate político e, portanto, de disputa. Para além da divulgação de eventos presenciais, o grupo que se posicionou dessa forma tem adotado uma atitude mais presente nas redes. O cerne de sua atuação seria atingir pessoas próximas ou desconhecidas com temas novos ou já objetos de debate, produzindo e reproduzindo conteúdos que fomentassem discussão. Destaca-se o seguinte trecho do estudo, que sintetiza um dos pontos principais da ocupação do espaço digital:

> *A internet tem sido vista por algumas autoras e autores como uma arena que possibilita a*

---

[91] BRANCO, Sophia; LIMA, Cristina (orgs.). *Nas rodas e nas redes:* uso da internet por mulheres de movimentos populares. Brasília: CFEMEA – Centro Feminista de Estudos e Assessoria, 2020.

[92] Os feminismos populares foram tratados no tópico 4.4 da presente obra.

vocalização de grupos oprimidos historicamente. Essa é uma interpretação partilhada por estas militantes. Na internet, elas encontraram conteúdos com os quais se identificavam e também foram encontrando espaço para falar das suas próprias experiências.[93]

Trazemos abaixo alguns exemplos de como esses movimentos feministas digitais têm se espalhado pelas redes, de maneira organizada e consistente[94]:

a) Hashtags e campanhas virtuais: mobilizações em torno de questões como assédio, violência contra as mulheres, desigualdade social, racismo e relatos de situações de machismo e violência sexual (#meuprimeiroassedio, #chegadefiufiu, #euempregadadomestica e #meuamigosecreto, por exemplo);

b) Espaços digitais exclusivos de mulheres: criação de espaços seguros para compartilhar vivências e receber apoio de outras mulheres, como grupos em redes sociais direcionados à maternidade lésbica, à venda de produtos e serviços feitos por mulheres, à saúde sexual das mulheres, entre outros;

c) Mobilizações políticas: organização de atos através das redes, iniciando ou divulgando pautas, como #EleNão, movimento que levou milhares de mulheres às ruas;

d) Mecanismos de denúncia: uso das TICs para facilitar o acesso à justiça e à conexão entre vítimas

---

[93] BRANCO; LIMA, 2020, p. 95-96.
[94] CARVALHO, Flora. Riscos e resistências para mulheres na internet – Possibilidades práticas do ciberfeminismo na era digital. *Instituto de Referência em Internet e Sociedade,* Belo Horizonte. 25 março 2019. Disponível em: https://irisbh.com.br/riscos-e-resistencias-para-mulheres-na-internet-possibilidades-praticas-do-ciberfeminismo-na-era-digital/. Acesso em: 5 mai. 2021.

de violência, por exemplo, e uma rede de mulheres dispostas a ajudá-las a realizar uma denúncia ou a sair de um relacionamento abusivo. Surgem iniciativas baseadas em robôs e outros programas que recebem relatos de episódios de violência de gênero e direcionam, por exemplo, para uma pessoa capacitada a atuar nessa situação; e

e) Coletivas ciberfeministas: iniciativas que surgem com o intuito de fomentar discussões e apresentar pautas para a construção de uma internet feminista, em um espaço seguro.

Formas de opressão

Ademais da compreensão das novas possibilidades que o uso das TICs trouxe ao movimento feminista, em termos de mobilização, é necessário falar da internet como um espaço para novas e velhas opressões. Para isso, deveremos compreender as tecnologias como um meio de potencialização de desigualdades, uma vez que refletem as disparidades já existentes na sociedade.

Um tema que ilustra essa transposição de preconceitos por meio das redes é o racismo algorítmico. De maneira simplificada, os algoritmos são como receitas, ou seja, comandos e instruções que deverão ser aprendidas e seguidas por máquinas[95]. As TICs, assim como a maioria dos espaços de prestígio social e intelectual, são comandadas, majoritariamente, por homens brancos, reflexo claro de uma sociedade racista e patriarcal.

Entendendo os algoritmos como receitas escritas, de um modo geral, por tais homens brancos, fica evidente

---

[95] NUNES, Pablo. *O algoritmo e racismo nosso de cada dia*. Revista Piauí, São Paulo, 2 jan. 2021. Disponível em: https://piaui.folha.uol.com.br/o-algoritmo-e-racismo-nosso-de-cada-dia/. Acesso em: 5 mai. 2021.

a correlação entre produto e autor. Sobre isso, Mariana Valente e Natália Neris explicam[96]:

> *Estudos nessa linha trouxeram ao centro do debate a relação entre tecnologia e masculinidade nos planos simbólico e material. Vale lembrar que, no fim do século XIX, na Europa, a ascensão da profissão do engenheiro, ocupada por homens brancos de classe média, centralizou também nesses sujeitos a noção social de exclusividade do saber técnico – um processo em que a tecnologia foi sendo construída como o terreno da masculinidade, da força corporal e da conquista individual, ao passo que a feminilidade passou a ser associada à inaptidão para a tecnologia – e esses processos vão sendo invisibilizados, ao passo que as diferenças vão sendo naturalizadas e biologizadas, ou seja, tomadas como se fossem da "natureza biológica" das coisas.*

O tema do racismo algorítmico tem sido amplamente debatido, de maneira aplicada, no que tange às tecnologias de reconhecimento facial. Grande parte do banco de imagens de tais programas é composta por homens brancos. Portanto, as máquinas são ensinadas a reconhecer pessoas por essas características. Não à toa, uma série de questões tem sido levantada com relação à falta de usabilidade de produtos digitais, por pessoas negras, devido à incapacidade de reconhecimento facial.

---

[96] NATANSOHN, Graciela; ROVETTO, Fiorencia (orgs.). *Internet e feminismos:* olhares sobre violências sexistas desde a América Latina. Salvador: EDUFBA, 2019, p. 24.

O mesmo problema aparece quando analisado pelas lentes de gênero. Os algoritmos funcionam menos e pior em mulheres do que em homens, mais uma vez comprovando que o autor da receita está diretamente relacionado ao produto[97].

Além das dificuldades já mencionadas, retomamos a ideia das tecnologias como um espaço de potencialização de desigualdades já existentes. Todos os tipos de opressão ganham um novo design com a internet, seja no desrespeito ao poder decisório das mulheres, nas violações aos corpos femininos, na violência dentro de um relacionamento, entre tantas outras discriminações moldadas socialmente.[98]

A pornografia de vingança, tradução do inglês *revenge porn*[99], trata da disseminação não consentida de imagens íntimas.[100] Entre várias, essa é uma possibilidade muito presente no meio digital de violência contra as mulheres. São muitos os exemplos com enredo semelhante: um casal

---

[97] BUOLAMWINI, Joy; GEBRU, Timnit. *Gender shades:* intersectional accuracy disparities in commercial gender classification. Proceedings of Machine Learning Research, v. 1, n. 81, p. 1-15, 2018. Disponível em: http://proceedings.mlr.press/v81/buolamwini18a/buolamwini18a.pdf. Acesso em: 5 mai. 2021.

[98] INSTITUTO PATRÍCIA GALVÃO. *Dossiê violência contra as mulheres.* Disponível em: https://dossies.agenciapatriciagalvao.org.br/violencia/violencias/violencia-de-genero-na-internet/. Acesso em: 5 mai. 2021.

[99] O Fórum Nacional de Juízas e Juízes da Violência Doméstica e Familiar contra a Mulher (FONAVID) recomenda "aos(as) magistrados(as) que evitem a utilização da expressão 'revenge porn' (pornografia de vingança) uma vez que esta desqualifica a mulher.". Disponível em: http://www.tjrj.jus.br/web/guest/observatorio-judicial-violencia-mulher/fonavid-. Acesso em: 5 mai. 2021.

[100] VALENTE, Mariana Giorgetti; NERIS, Natália; RUIZ, Juliana Pacetta; BULGARELLI, Lucas. *O Corpo é o Código:* estratégias jurídicas de enfrentamento ao revenge porn no Brasil. InternetLab: São Paulo, 2016.

heterossexual se separa e, em seguida, fotos e vídeos íntimos da mulher são expostos ao público.

Nesse exemplo, fica claro tanto o papel das redes, que fazem tais imagens e vídeos chegarem a milhares de pessoas com apenas um "enviar", quanto a existência de uma discriminação de gênero já presente na sociedade. É notória a interdependência desses dois fatores que geram a gravidade do resultado. Se a internet não cumprisse o papel de disseminar tão rápido e a tantas pessoas o seu conteúdo, provavelmente o dano poderia ser contido. O mesmo ocorre pela perspectiva de gênero; se a sexualidade das mulheres não estivesse atrelada ao recato e à privação, provavelmente a pornografia de vingança seria menos devastadora.

Ademais da pornografia de vingança, há outros tipos de violência que surgem no contexto da internet.[101] O *stalking*, ou seja, a perseguição virtual através de interações invasivas e insistentes, criação de perfis falsos, comunicações com parentes, tem sido bastante comum entre as mulheres. Há muitos relatos de perseguição por ex-companheiros ou até mesmo desconhecidos que obtiveram um contato em rede profissional, por exemplo. É importante interpretar essa forma de violência como mais um reflexo da disparidade entre os gêneros na sociedade, já que não se trata de uma simples perseguição virtual, pois o conteúdo das comunicações é mais comumente voltado ao desenvolvimento de relacionamentos amorosos não desejados.

Uma questão alarmante que tem sido levada por especialistas, principalmente após a entrada em vigor da Lei

---

[101] CODING RIGHTS; INTERNETLAB. *Violências contra mulher na internet:* diagnóstico, soluções e desafios. Contribuição conjunta do Brasil para a relatora especial da ONU sobre violência contra a mulher. São Paulo, 2017.

Geral de Proteção de Dados (LGPD)[102], que é a primeira legislação geral que trata do uso de dados que identifiquem ou tornem uma pessoa física identificável, é a utilização indevida dos dados pessoais e seus vieses de gênero. Uma das formas mais lucrativas de utilização de dados pessoais é o envio de publicidade direcionada a determinados grupos. O cerne do problema dessa prática é, em muitos casos, a (i) obtenção ilícita dos dados pessoais, estando os limites do permitido mais claros com o advento da LGPD, e (ii) a segmentação dos grupos que receberão tais anúncios.

Analisando o caso pela perspectiva de gênero, notamos que o item (ii) acima cumpre o papel de reforçar estereótipos de gênero presentes na sociedade. Com relação aos *gender targeted ads*, ou os anúncios direcionados ao gênero, Joana Varon e Becca Ricks explicam[103]:

> Mas se o único alvo desses anúncios são mulheres, a realidade é que não vemos muita diferença das propagandas do passado, pois ambas continuam reforçando os papéis de gênero que têm sido questionados pelos vários feminismos. Sabemos que publicidade baseada em gênero ou anúncios que retratam estereótipos de gênero não são um problema recente. Por décadas, práticas do patriarcado que se estendem ao mercado tem objetificado o corpo da mulher, associado determinado visual com noções de beleza ou

---

[102] BRASIL. Lei nº 13.709, de 14 de agosto de 2018. *Lei Geral de Proteção de Dados Pessoais (LGPD).* Brasília, DF: Presidência da República. Disponível em: http://www.planalto.gov.br/ccivil_03/_ato2015-2018/2018/lei/l13709.htm. Acesso em: 5 mai. 2021.

[103] RICKS, Becca; VARON, Joana. *Você está vendo isso porque é uma... Coding Rights,* São Paulo. Disponível em: https://chupadados.codingrights.org/gendered-targeted-ads/. Acesso em: 5 mai. 2021.

sexualidade e até mesmo determinado o que é saúde ou doença física e psicológica. Mas quando isso acontece transvestido de neutralidade, essa sutileza é ainda mais perigosa, pois os machismos estão escondidos na lógica do algoritmo e da maneira como é feita a classificação das bases de dados que o alimentam.

Ainda que a internet tenha pavimentado um caminho para novas expressões de violência através das TICs, é fundamental compreendermos que a violência de gênero no meio virtual pode ocorrer das mais diversas formas. Nota-se a carga histórica de uma sociedade patriarcal em eventos como: censura, bloqueio de contas e exclusão de postagens sobre conteúdos feministas; ofensas direcionadas a características físicas ou a "moral" das mulheres; discurso de ódio de teor misógino; ameaça de violência, em grande parte das vezes, com teor sexual, evidenciando preconceitos existentes e estruturantes de uma sociedade que fomenta a violência de gênero.

A internet e as TICs são espaços e ferramentas de disputa, que têm sido apropriadas por movimentos sociais, especialmente movimentos feministas, para divulgar agendas e pautas, bem como fomentar debates importantes que acabam ganhando um enorme alcance, como mencionamos. Além dessas novas formas de mobilização, muito positivas para a democratização dos movimentos e o acesso a informações, surgem também novas formas de opressão. É evidente que a misoginia fundante desta sociedade encontra flancos em todos os meios, portanto não poderia ser diferente com o advento das novas tecnologias. Esse problema demanda olhares atentos, dos setores público e privado, e mobilização para a proposição de medidas legislativas, elaboração de pesquisas e estudos e, principalmente, educação sobre o tema.

Por fim, de maneira propositiva, o Relatório *Violência contra mulher na internet: diagnósticos e soluções*[104] traz algumas recomendações, no campo das políticas públicas, para melhorarmos o cenário digital atual, no que diz respeito à discriminação contra as mulheres, sendo duas delas:

a) Aplicação de alternativas não penais ao problema da violência contra a mulher on-line: pensar medidas protetivas de maneira mais criativa, considerando as violências sofridas no meio digital. A Lei nº 11.340 de 2006, Lei Maria da Penha[105], além de prever ações educativas e preventivas contra a violência, possibilita a aplicação de medidas protetivas. Assim, aprofundar-se no conhecimento sobre violência de gênero no meio digital, compreendendo essa modalidade como parte de um processo fruto da mesma misoginia, é fundamental para que as leis sejam aplicadas de maneira adequada; e

b) Formação dos agentes estatais e infraestrutura estatal de acolhimento: preparar os agentes estatais para tratarem de questões de violência virtual. É importante que as pessoas que terão o contato institucional com uma vítima de violência do tipo sejam capacitadas

---

[104] CODING RIGHTS; INTERNETLAB, 2017.

[105] BRASIL. *Lei nº 11.340, de 7 de agosto de 2006*. Cria mecanismos para coibir a violência doméstica e familiar contra a mulher, nos termos do § 8º do art. 226 da Constituição Federal, da Convenção sobre a Eliminação de Todas as Formas de Discriminação contra as Mulheres e da Convenção Interamericana para Prevenir, Punir e Erradicar a Violência contra a Mulher; dispõe sobre a criação dos Juizados de Violência Doméstica e Familiar contra a Mulher; altera o Código de Processo Penal, o Código Penal e a Lei de Execução Penal; e dá outras providências. Brasília, DF: Presidência da República. Disponível em: http://www.planalto.gov.br/ccivil_03/_ato2004-2006/2006/lei/l11340.htm. Acesso em: 5 mai. 2021.

a compreender a sutileza das agressões virtuais, além de seu alto potencial de dano. Isso pode ser realizado através de formações para sensibilização dos agentes em questões de gênero voltadas ao meio digital, além da capacitação técnica, em delegacias especializadas.

4.2. Feminismos negros, por Siméia de Mello Araújo[106]

Inicio minha contribuição a este livro com o meu depoimento de afeto e homenagem à minha mãe, a primeira mulher a me ensinar sobre feminismo. Desde pequenina, minha experiência esteve pautada pela busca de minha emancipação pessoal e da emancipação das mulheres à minha volta – tias, primas e irmã. Ainda na infância, aprendi que o mundo se move coletivamente. Foi ela, minha mãe, que me ensinou que a subordinação feminina não era algo dado, nem natural, mas invenção dos homens que construíram, para o próprio privilégio, uma estrutura excludente sexista e androcêntrica.

Apesar de pouco estudo, muito trabalho e todas as dificuldades que envolvem a vida de uma mulher empregada doméstica, com quatro filhos e as demandas de uma casa, a minha mãe sempre encontrava tempo para as nossas conversas. Entre as mensagens e os ensinamentos transmitidos

---

[106] Siméia de Mello Araújo é feminista negra, doutoranda em História pela Universidade do Estado de Santa Catarina e mestra em Língua Portuguesa pela Pontifícia Universidade Católica de São Paulo. Atualmente, é coordenadora do Núcleo de Educação do Museu Afro Brasil, diretora do Instituto Ella Criações Educativas e pesquisadora-associada ao AYA – Laboratório de Estudos Pós-Coloniais e Decoloniais da UDESC – Universidade do Estado de Santa Catarina. Educadora, revisora, roteirista, articulista e ativista pelos direitos humanos, também possui experiência em formação de professores e em consultoria na área de diversidade e inclusão.

por ela a mim, destaco: *nossa sociedade coloca a existência de mulheres em espaços muito limitantes, claustrofóbicos e de submissão aos homens.*

Suas palavras – em geral pronunciadas depois de um dia exaustivo de trabalho e de enfrentamento aos desafios dos cuidados da casa e dos filhos – foram ganhando cada vez mais força. E foi devido a esse contexto familiar que, ao encontrar o termo feminismo e sua definição, muitas das minhas inquietações sobre a experiência de mulheres tomaram forma, pois então havia um nome para designar aquelas percepções sobre o modo desigual que a sociedade na qual eu vivia se estruturava. Seu nome era feminismo.

Ao mesmo tempo, outras inquietações foram surgindo. Sendo uma mulher negra, as experiências do racismo também foram tomando forma ao longo do meu percurso, com inúmeras experiências acumuladas de ser negra no Brasil. Porém, estas se encontravam também em outro campo, além da minha subjetividade, pois na macroesfera da negritude e, assim sendo, na experiência do racismo e seus desdobramentos na vida das outras pessoas negras. Nesse sentido, a luta antirracista conformou a minha vida, construindo novas lentes para que eu pudesse enxergar os racismos em suas diversas manifestações, bem como forjando minhas ações no mundo.

Sempre houve conjunturas atreladas e indissociáveis à minha experiência de mulher negra. Ser a "neguinha" na escola, por exemplo, era algo muito particular e dirigido a mim pelo fato de ser uma garota negra. Todas as minhas experiências afetivas, cotidianas e profissionais sempre estiveram atravessadas pelo olhar e percepção do mundo e das pessoas sobre mim: eu era uma mulher negra. Não só mulher, nem só negra. Eu era uma mulher negra.[107]

Lélia Gonzalez, importante intelectual brasileira, nos traz alguns elementos bastante pertinentes para refletirmos sobre essa experiência particular de ser mulher negra. Segundo ela:

> [o] lugar em que nos situamos determinará nossa interpretação sobre o duplo fenômeno do racismo e do sexismo. Para nós, o racismo se constitui como a sintomática que caracteriza a neurose cultural brasileira. Nesse sentido, veremos que sua articulação com o sexismo produz efeitos violentos sobre a mulher negra em particular.[108] (Grifos da autora).

A partir do que Lélia Gonzalez nos informa, é possível compreender que há um lugar particular às mulheres negras produzido pela articulação do sexismo e do racismo. A exemplo, basta que analisemos pesquisas e dados indicativos dessa realidade. Em uma perspectiva latino-americana, quando comparamos os números, é possível constatar uma realidade bastante inóspita enfrentada por

---

[107] "[...] minha experiência de vida foi marcada pelo incômodo de uma incompreensão fundamental. Não que eu buscasse respostas para tudo. Na maior parte da minha infância e adolescência, não tinha consciência de mim. Não sabia por que sentia vergonha de levantar a mão quando a professora fazia uma pergunta já supondo que eu não saberia a resposta. Porque eu ficava isolada na hora do recreio. Porque os meninos diziam na minha cara que não queriam formar par com a "neguinha" na festa junina. Eu me sentia estranha e inadequada, e, na maioria das vezes, fazia as coisas no automático, me esforçando para não ser notada" (RIBEIRO, Djamila. *Quem tem medo do feminismo negro?*. 1. ed. São Paulo: Companhia das Letras, 2018, p. 7).

[108] GONZALEZ, Lélia. *Por um feminismo afro-latino-americano*. In: RIOS, Flávia; LIMA, Márcia (Orgs.). Rio de Janeiro: Editora Zahar, 2020, p. 76.

mulheres negras: são elas quem percebem menor salário na América[109]; são elas os primeiros alvos de esterilização e aborto forçados; são minorias em todos os espaços de poder – enquanto as mulheres brancas ganham até 30% menos do que os homens brancos na mesma função, as mulheres negras ganham até 70% menos.[110]

Conforme apontado por Djamila Ribeiro, em seu livro *Quem tem medo do feminismo negro?*, as mulheres e, em especial, as meninas negras são maioria em casos de violência sexual. Segundo dados do Fundo de Emergência Internacional das Nações Unidas para a Infância (UNICEF), em pesquisa sobre violência sexual, o perfil das mulheres e meninas exploradas sexualmente indica uma exclusão social desse grupo, sendo que a maioria delas é afrodescendente, vem de classes populares, tem baixa escolaridade e habita espaços urbanos periféricos ou municípios de baixo desenvolvimento socioeconômico. Muitas dessas adolescentes já sofreram, inclusive, algum tipo de violência intra ou extrafamiliar.[111] Os dados nos alertam para a vulnerabilidade que atravessa a vida dessas mulheres e também nos indicam outro elemento relevante para a discussão acerca de gênero: a experiência de ser mulher não é universal.

Contudo, apesar do reconhecimento da complexidade e pluralidade da experiência do ser mulher no mundo, vale ressaltar que alguns setores feministas não conseguem compreender certas particularidades

---

[109] LORDE, Audre. Idade, raça e gênero: mulheres redefinindo a diferença. *In:* HOLLANDA, Heloisa Buarque de (org.). *Pensamento feminista: conceitos fundamentais*. Rio de Janeiro: Bazar do Tempo. 2019, p. 245.

[110] RIBEIRO, Djamila. *Quem tem medo do feminismo negro?*. São Paulo: Companhia das Letras, 2018, p. 89.

[111] RIBEIRO, 2018, p. 89.

da experiência de ser mulher negra. A autora Angela Davis ilustrou essa incompreensão ao registrar dois discursos emblemáticos de mulheres no livro *Mulheres, raça e classe*.

O primeiro discurso foi realizado pela trabalhadora branca Charlotte Woodward, na Convenção de Seneca Falls, no estado de Nova York, em 1848, quando compareceu à Convenção em busca de conselhos sobre como melhorar sua condição de trabalhadora, experiência desconhecida pela maioria das mulheres ali, em sua essência, brancas de classe média. Ela trabalhava em casa e, por lei, seus pagamentos eram controlados pelos homens da família.[112]

Charlotte Woodward, nesse encontro, manifestou indignação em relação à condição de mulher branca trabalhadora:

> *Nós, mulheres, trabalhamos em segredo, na reclusão do nosso quarto, porque a sociedade inteira foi construída com base na teoria de que os homens, não as mulheres, ganham dinheiro e de que apenas eles sustentam a família [...]. Eu não acredito que tenha existido uma só comunidade em que a alma de algumas mulheres não tenha batido suas asas em sinal de rebeldia. Intimamente, posso afirmar que cada fibra de meu ser se revolta, ainda que em silêncio, por todas as horas que eu passo sentada, costurando luvas por uma miséria que, assim que é paga, já não me pertence. Eu queria trabalhar, mas queria escolher*

---

[112] DAVIS, Angela. *Mulheres, raça e classe*. 1. ed. São Paulo: Boitempo, 2016, p. 66.

meu serviço e receber meus pagamentos. Era uma forma de rebeldia contra a vida em que nasci.[113]

Angela Davis ressalta a fala contundente de Woodward, voz única de *branca operária* que não repercutiu na Convenção de mulheres brancas da classe média. Também ressalta a ausência das mulheres negras naquele evento, em que nem sequer tiveram suas existências mencionadas. Interessante a pontuação de Grada Kilomba, em seu livro *Memórias da Plantação*, sobre as vozes de mulheres brancas de classe média que vieram a dar o tom do *projeto feminista global*.

O segundo discurso registrado por Angela foi o de Sojourner Truth, mulher negra ex-escravizada, que, sozinha, salvou a Convenção dos Direitos das Mulheres, em Akron, Ohio, em 1851, ao responder, com veemência e espírito de luta, aos defensores da supremacia masculina, inclusive enfrentando líderes brancas presentes que tentaram impedi-la de falar. Nas palavras de Angela Davis:

> *Quando essa mulher negra se levantou para falar, sua resposta aos defensores da supremacia masculina também trazia uma profunda lição para as mulheres brancas. Ao repetir sua pergunta, "Não sou eu uma mulher?", nada menos do que quatro vezes, ela expunha o viés de classe e o racismo do novo movimento de mulheres. Nem todas as mulheres eram brancas ou desfrutavam do conforto material da classe média e*

---

[113] DAVIS, 2016, p. 69.

> da burguesia. Sojourner Truth era negra – uma ex-escrava [sic] –, mas não era menos mulher do que qualquer uma de suas irmãs brancas na convenção. O fato de sua raça e de sua situação econômica serem diferentes daquelas das demais não anulava sua condição de mulher. E, como mulher negra, sua reivindicação por direitos iguais não era menos legítima do que a das mulheres brancas de classe média. Em uma convenção nacional de mulheres realizada dois anos depois, ela ainda lutava contra os esforços que tentavam impedi-la de falar.[114]

Em seguida, trecho do discurso de Sojourner Truth em que, por quatro vezes, indaga *"Ain't I a Woman?"*:

> *Arei a terra, plantei, enchi os celeiros, e nenhum homem podia se igualar a mim! Não sou eu uma mulher? Eu podia trabalhar tanto e comer tanto quanto um homem – quando eu conseguia comida – e aguentava o chicote da mesma forma! Não sou eu uma mulher? Dei à luz a treze crianças e vi a maioria ser vendida como escrava e, quando chorei em meu sofrimento de mãe, ninguém, exceto Jesus, me ouviu! Não sou eu uma mulher?* [115] *(Grifos nossos).*

Sojourner Truth apresenta questões significativas para a luta feminista. Sua fala emblemática, além do

---

[114] DAVIS, 2016, p. 74.
[115] DAVIS, 2016, p. 74.

confronto acima mencionado, também respondeu às atitudes racistas das mesmas mulheres brancas que posteriormente a aplaudiram. Ainda evidenciou que as experiências das mulheres negras não eram iguais às daquelas mulheres brancas, porém nem por isso menos relevantes, elucidando a falácia de uma suposta universalidade do que é ser mulher, apresentando, ainda, os conceitos balizadores do que chamamos de feminismo negro.

No contexto brasileiro, Lélia Gonzalez é emblemática em nos dizer:

> *No período que imediatamente se sucedeu à abolição, nos primeiros tempos de "cidadãos iguais perante a lei", coube à mulher negra arcar com a posição de viga mestra de sua comunidade. Foi o sustento moral e a subsistência dos demais membros da família. Isso significou que seu trabalho físico foi decuplicado, uma vez que era obrigada a se dividir entre o trabalho duro na casa da patroa e suas obrigações familiares.*[116]

E Lélia prossegue:

> *O que se opera no Brasil não é apenas uma discriminação efetiva, em termos de representações sociais mentais que se reforçam e se reproduzem de diferentes maneiras, o que se observa é um racismo cultural que leva, tanto algozes como vítimas, a considerarem natural o fato*

---

[116] GONZALEZ, Lélia. *Por um feminismo afro-latino-americano.* RIOS, Flávia; LIMA, Márcia (Orgs.). Rio de Janeiro: Editora Zahar, 2020, p. 40.

de a mulher em geral e a negra em particular desempenharem papéis sociais desvalorizados em termos de população economicamente ativa [...] Quanto a mulher negra, sua falta de perspectiva quanto à possibilidade de novas alternativas faz com que ela se volte a prestação de serviços domésticos,[117] o que a coloca numa situação de sujeição, de dependência das famílias de classe média branca. [...] No entanto, foi ela quem possibilitou e ainda possibilita a emancipação econômica e cultural da patroa dentro do sistema de dupla jornada [...].[118] (Grifos nossos).

O discurso de Sojourner Truth ressoa em nossos ouvidos desde o século XIX até hoje, assim como as palavras

---

[117] Sobre as mulheres e a prestação dos serviços domésticos mencionados por Lélia Gonzalez, vale evocar Isadora Brandão Araújo da Silva, que mais recentemente, em seu texto *Mulheres invisíveis, trabalho precário*, apontou as condições do serviço doméstico e das empregadas domésticas no Brasil, em sua grande maioria formada por mulheres negras e pobres e que carregam traços fortemente arraigados no projeto colonial e na sua permanência. Segundo Isadora, "Um relatório publicado pela OIT (Organização Internacional do Trabalho), em janeiro de 2013, que conta com informações coletadas em 117 países, estimou em 7,2 milhões o número de trabalhadoras domésticas no Brasil, sendo esse o maior contingente de empregadas domésticas do mundo. Mais da metade dessas trabalhadoras não tem assegurado o limite da jornada de trabalho e cerca de 45% não tem direito a descanso semanal remunerado. Pouco mais da metade de todas as trabalhadoras recebe o salário mínimo equivalente ao das demais categorias. [...]". Ainda, segundo a pesquisadora, é por meio de uma lógica patriarcal e racista que se dá a naturalização da exploração dessas mulheres, em sua maioria, negras dentro desse sistema, incluindo-se no que diz respeito à proteção trabalhista. Para ela, "É, isso sim, a confluência das contradições de gênero, raça e classe, ao longo da história do colonialismo e do pós-colonialismo no Brasil que explica a desumanização dessas trabalhadoras e, por conseguinte, o desvalor socioeconômico e a desproteção jurídica de seu trabalho". SILVA, Isadora Brandão Araújo da. *Mulheres invisíveis, trabalho precário. Justificando*, São Paulo, 9 dezembro 2016. Disponível em: http://www.justificando.com/2016/12/09/mulheres--invisiveis-trabalho-precario/. Acesso em: 5 mai. 2021.

[118] GONZALEZ, Lélia. *Por um feminismo afro-latino-americano*. RIOS, Flávia; LIMA, Márcia (Orgs.). Rio de Janeiro: Editora Zahar, 2020, p. 42-43.

de Lélia Gonzalez acerca da experiência da mulher negra brasileira, desde meados do século XX:

> *É inegável que o feminismo, como teoria e prática, desempenhou um papel fundamental em nossas lutas e conquistas, na medida em que, ao apresentar novas questões, não apenas estimulou a formação de grupos e redes, mas também desenvolveu a busca por uma nova maneira de ser mulher. Ao centralizar suas análises em torno do conceito de capitalismo patriarcal (ou patriarcado capitalista), ele revelou as bases materiais e simbólicas da opressão das mulheres, o que constituiu uma contribuição de importância crucial para a direção de nossas lutas como movimento.*[119]

Entretanto, apesar das contribuições fundamentais envolvendo, principalmente, o entendimento e definição do patriarcado capitalista, que evidenciou as bases materiais e simbólicas da opressão das mulheres brancas, muitas questões graves foram deixadas de lado, merecendo grande destaque: a questão racial.[120]

Como nos ensina Grada Kilomba, para *"reconhecer a realidade de mulheres negras, temos que distinguir o entrelaçamento de 'raça' e gênero em estruturas de identificação"*. A pretensa universalidade da mulher, além de falsa, é ilegítima, já que desconsidera a experiência de mulheres negras e o atravessamento do racismo, negando a voz dessas mulheres e construindo um discurso no qual

---

[119] GONZALEZ, 2020, p. 140-141.
[120] GONZALEZ, 2020.

as experiências de mulheres brancas prevalecem como universais, adequadas e legítimas.[121]

O feminismo negro e sua denúncia a essa falsa universalidade, na qual apenas a experiência de mulheres brancas é considerada, constituem formas de apagamento de violências e de opressões raciais vividas por mulheres não brancas. Essa pretensa universalidade traz características profundamente atreladas a uma *sociedade patriarcal capitalista, porém branca*[122], conforme fica muito nítido nas palavras de Grada:

> *[...] não podemos entender de modo mecânico o gênero e a opressão racial como paralelos, porque ambos afetam e posicionam grupos de pessoas de formas diferentes e, no caso das mulheres negras, eles se entrelaçam. Na tentativa de comparar o sexismo e o racismo, as feministas brancas esquecem de conceituar dois pontos cruciais. Primeiro, que elas são brancas e, portanto, têm privilégios brancos. Esse fator torna impossível a comparação de suas experiências às experiências de pessoas negras. E, segundo, que as mulheres negras também são mulheres e, portanto, também experienciam o sexismo. Uma falha irônica, porém trágica,*

---

[121] KILOMBA, Grada. *Memórias da plantação*. Episódios de racismo cotidiano. Rio de Janeiro: Cobogó, 2019, p. 100.

[122] Aqui é importante destacar o conceito branquitude enquanto um "constructo ideológico de poder, em que os brancos tomam sua identidade racial como norma e padrão, e desta forma outros grupos aparecem ora como margem, ora como desviantes e ora como inferiores" (PASSOS, Ana Helena Ithamar. *Um estudo sobre branquitude no contexto de reconfiguração das relações raciais no Brasil:* 2003-2013. Editora Oyá, 2019). Segundo Grada Kilomba (2019), nesse sentido, "não se é 'diferente', torna-se 'diferente' por meio do processo de discriminação".

que teve como resultado a invisibilização e o silenciamento de mulheres negras dentro do projeto feminista global. [123]

Esse *projeto feminista global*, marcado por uma pretensa neutralidade, carrega traços de classe e de raça. Afinal, viver em sociedade implica vivências atravessadas pelas formas e categorias que estruturam tal sociedade, ao mesmo tempo que são essas categorias, construídas hierarquicamente, que vão constituir e dispor, ou não, privilégios. Nesse sentido, em uma sociedade patriarcal, capitalista e racista, mesmo que o privilégio seja amplo à experiência de homens em detrimento das mulheres, tanto o racismo quanto a questão da classe social tornam-se fatores que não podem ser, de forma nenhuma, menosprezados. Grada Kilomba denuncia, ainda, a inexistência da *neutralidade do discurso*, bem como aponta a necessária inclusão do *pessoal e do subjetivo como parte dele*, pois toda fala se situa em um tempo e um lugar específicos.[124]

Dulcilei Lima nos ensina que o *feminismo negro*, ou melhor, os *feminismos negros* são constituídos da articulação de "mulheres atuantes tanto na esfera da discussão de gênero, quanto na luta antirracista".[125] Ou seja, é no movimento de mulheres negras comprometidas com a mudança social pautado na intersecção de um modelo patriarcal capitalista e racista que se estabelecem as bases do que denominamos *feminismos negros*.

---

[123] KILOMBA, Grada. *Memórias da plantação*. Episódios de racismo cotidiano. Rio de Janeiro: Cobogó, 2019, p. 100.

[124] KILOMBA, 2019, p. 58.

[125] LIMA, Dulcilei da Conceição. *#Conectadas:* o feminismo negro nas redes sociais. 2020. 232 p. Tese (Doutorado em Ciências Humanas e Sociais) – Universidade Federal do ABC, São Bernardo, 2020.

A *interseccionalidade*, segundo Kimberlé Crenshaw, diz respeito à busca por capturar as consequências estruturais e dinâmicas da interação entre dois ou mais eixos de subordinação. O racismo, o patriarcalismo sexista, a opressão de classe e outros sistemas discriminatórios criam desigualdades, as quais estruturam as posições que subordinam mulheres, raças, etnias, classes e outros segmentos populacionais.[126]

Por meio de uma bela *metáfora*, Kimberlé Crenshaw cunha o termo *interseccionalidade*, tão caro aos feminismos negros, com as seguintes palavras:

> [...] *faremos inicialmente uma analogia em que os vários eixos de poder, isto é, raça, etnia, gênero e classe constituem as avenidas que estruturam os terrenos sociais, econômicos e políticos. É através delas que as dinâmicas do desempoderamento se movem. Essas vias são por vezes definidas como eixos de poder distintos e mutuamente excludentes; o racismo, por exemplo, é distinto do patriarcalismo, que por sua vez é diferente da opressão de classe. Na verdade, tais sistemas, frequentemente, se sobrepõem e se cruzam, criando intersecções complexas nas quais dois, três ou quatro eixos se entrecruzam.*[127]

Kimberlé, ainda, analisa a forma como as mulheres não brancas, dentro de um sistema racista, *"estão sujeitas a*

---

[126] CRENSHAW, Kimberlé. Documento para o encontro de especialistas em aspecto da discriminação racial relativos ao gênero. *Estudos Feministas*, ano 10, setembro 2002, p. 177.

[127] CRENSHAW, 2002, p. 177.

serem atingidas pelo intenso fluxo de tráfego *[de inúmeros eixos de opressão] em todas essas vias"*[128], uma vez que, no racismo, ser branco é, quase sempre, ocupar uma posição de neutralidade e de universalidade, em que a *racialidade* não está posta. O conceito de interseccionalidade não se constitui somente pela ausência de poder, em outras palavras, pelo *desempoderamento*, mas também pode ser lido como forma de fomentar a ação política. Esta *"assume outros contornos, incluindo a possibilidade de 'coerção, negociação, cumplicidade, recusa, mimesis, compromisso e revolta'"*.[129]

Além disso, deve ser ressaltado que, embora feminismos negros e interseccionalidade sejam indissociáveis, como afirma Patricia Hill Collins[130], é um equívoco atribuir tal conceito apenas às mulheres negras, pois diversos segmentos de mulheres – latinas, indígenas, asiáticas – envolveram-se da mesma forma em reivindicações acerca da intersecção de raça, classe, gênero e sexualidade.[131]

Ainda, segundo a pesquisadora Dulcilei Lima:

> *Os conceitos categorias de articulação e/ou interseccionalidades surgiram como resposta à rejeição da categoria mulher e à prevalência de um discurso hegemônico que privilegiava a imagem de mulheres brancas, heterossexuais e de classe média alta como referência para o*

---

[128] CRENSHAW, 2002, p. 177.

[129] LIMA, Dulcilei da Conceição. *#Conectadas*: o feminismo negro nas redes sociais. 2020. 232 p. Tese (Doutorado em Ciências Humanas e Sociais) – Universidade Federal do ABC, São Bernardo, 2020. Adriana Piscitelli, 2008, p. 268 *apud* Dulcilei Lima, 2020, p. 77.

[130] COLLINS, Patricia Hill, 2017 apud LIMA, Dulcilei, 2020, p. 76.

[131] COLLINS, Patricia Hill, 2017 apud LIMA, Dulcilei, 2020, p. 76.

projeto feminista, simultaneamente, invisibilizando mulheres negras, indígenas, lésbicas, pobres e não ocidentais.[132]

Como forma de desafiar a concepção abstrata e genérica de mulher, pautada no que designamos como uma *pretensa universalidade da experiência de ser mulher*, historicamente associada:

> *à figura da mulher branca, de classe média e heterossexual, o conceito de interseccionalidade permitiu que o campo dos estudos feministas pluralizasse os conhecimentos sobre a experiência dos diferentes subgrupos de mulheres.*[133]

Ao contextualizar historicamente o termo, em sua tese de doutorado, Dulcilei destaca o final da década de 1980 como marco do conceito de *interseccionalidade*, resultado da luta de mulheres negras, lésbicas e do terceiro mundo a partir de leituras críticas sobre gênero, como dito anteriormente. Segundo Dulcilei Lima, já entre 1977 e 1980, o coletivo feminista Combahee River, um dos pioneiros na articulação crítica da intersecção das diferenças sociais, havia realizado sete retiros feministas a fim de discutir as concepções do feminismo negro e estratégias para sua difusão.[134] Em abril de 1977, o coletivo lançou uma declaração que "se tornou um

---

[132] COLLINS, Patricia Hill, 2017 apud LIMA, Dulcilei, 2020 p. 75.

[133] SANTOS, Giselle Cristina dos Anjos. *Os estudos feministas e o racismo epistêmico*. Gênero, Dossiê Mulheres Negras: experiências, vivências e ativismos, Niterói, v. 16, n. 2, p. 7-32, 2016, p. 18.

[134] LIMA, Dulcilei da Conceição. *#Conectadas:* o feminismo negro nas redes sociais. 2020. 232 p. Tese (Doutorado em Ciências Humanas e Sociais) – Universidade Federal do ABC, São Bernardo, 2020.

importante documento do feminismo negro norte-americano, o *The Combahee River Collective Statement*:[135]

> *A declaração foi um marco por expor as múltiplas categorias de opressão que incidem sobre as mulheres negras. Além de raça, classe e gênero, o grupo destacou a sexualidade como um fator agravante da condição de subalternidade de mulheres negras lésbicas. O coletivo abordou essas categorias a partir do princípio da combinação de opressões que resultam numa situação particular de opressão, o que mais tarde viria a ser chamada de interseccionalidade.*[136] (Grifos nossos).

A intersecção das categorias classe, raça e gênero torna-se fundante:

> *tanto das ações dos movimentos de mulheres negras quanto do desenvolvimento dos Black Women's Studies – que, embora originário nos EUA, exerce grande influência entre as feministas negras brasileiras.*[137]

Ainda, é importante ressaltar que a perspectiva da articulação *raça, gênero e classe* diz respeito à luta de mulheres negras desde o século XIX, por Sojourner Truth.

No caso brasileiro, Dulcilei Lima, em sua emblemática tese de doutorado, traça um panorama dos feminismos negros no Brasil, bem como dos movimentos de mulheres

---

[135] LIMA, 2020, p. 63.

[136] LIMA, Dulcilei da Conceição. *#Conectadas:* o feminismo negro nas redes sociais. 2020. 232 p. Tese (Doutorado em Ciências Humanas e Sociais) – Universidade Federal do ABC, São Bernardo, 2020. p. 63.

[137] LIMA, 2020, p. 64.

negras, ressaltando como o *"ativismo de mulheres negras em suas várias frentes alicerça o feminismo negro brasileiro"*[138]. Segundo a pesquisadora brasileira, apesar de não ser possível encapsular o movimento de mulheres negras em uma perspectiva feminista, *"ambos os movimentos guardam profundas relações"*, retroalimentando-se.[139]

A pesquisadora Cláudia Pons Cardoso[140] dá um grande destaque à relação entre os feminismos negros brasileiros e a solidariedade. Isso porque a luta das mulheres negras, do período escravista até os dias atuais, é marcada por uma solidariedade historicamente construída, a partir de embates e estratégias de sobrevivência na diáspora, nas sociedades pós-coloniais marcadas pelo racismo. A pesquisadora define os feminismos negros brasileiros, portanto, como movimentos plurais e heterogêneos, formados por mulheres abrigadas em diferentes frentes de luta.

Lélia González finaliza seu emblemático texto *Por um feminismo afro-latino-americano*, sobre a importância da organização da mulher negra no processo de transformação social, dizendo que:

> *Ao reivindicar nossa diferença enquanto mulheres negras, enquanto amefricanas, sabemos bem o quanto trazemos em nós as marcas da exploração econômica e da subordinação*

---

[138] LIMA, 2020, p. 80.
[139] LIMA, 2020, p. 80.
[140] CARDOSO, Cláudia Pons. A construção da identidade feminista brasileira: experiências de mulheres negras brasileiras. Seminário Internacional Fazendo Gênero 10 (*Anais Eletrônicos*), Florianópolis, 2013, p. 6. Disponível em: http://www.fg2013.wwc2017.eventos.dype.com.br/resources/anais/20/1373240696_ARQUIVO_textoClaudiaPonsCardosoST092.pdf. Acesso em: 31 mai. 2021.

racial e sexual. Por isso mesmo, trazemos conosco a marca da libertação de todos e todas. Portanto, nosso lema deve ser: organização já![141]

Lélia resgata a luta contra a escravização, ressaltando a *"marca da libertação de todos e todas"*, o que nos ajuda a dimensionar como os feminismos negros e seu caráter interseccional têm, também, possibilitado a ampliação de emancipações diversas e contundentes, desafiando o poder constituído no sistema patriarcal capitalista.

A partir de nossas próprias experiências e do modo como as categorias de *raça, gênero e classe* se articulam, mulheres negras têm construído uma discussão crítica acerca da categoria gênero a fim de apontar que, para uma efetiva mudança de paradigma social, político e econômico, é imprescindível levar em conta as formas como as categorias sociais se articulam e constroem experiências distintas entre as mulheres, entre pessoas.

Segundo Patricia Hill Collins,[142] o pensamento feminista negro propõe outro percurso para *"verdades universais"*, por meio da luta por espaços alternativos e *"epistemologias que possam validar suas próprias autodefinições"*. Nesse aspecto:

> *a relevância da epistemologia feminista negra pode residir em sua capacidade de enriquecer nossa compreensão de como os grupos subordinados*

---

[141] GONZALEZ, Lélia. *Por um feminismo afro-latino-americano.* RIOS, Flávia; LIMA, Márcia (Orgs.). Rio de Janeiro: Editora Zahar, 2020, p. 266.

[142] COLLINS, Patricia Hill. Epistemologia feminista negra. *In:* BERNARDINO-COSTA, Joabe; TORRES, Nelson Maldonado; GROSFOGUEL, Ramón (Orgs.). *Decolonialidade e pensamento afrodiaspórico.* Belo Horizonte: Editora Autêntica, 2019.

criam o conhecimento que fomenta tanto seu empoderamento, quanto a justiça social.[143]

É aqui que essa produção intelectual ressoou em minha experiência de mulher negra latina e brasileira, pois encontrei *"a teoria como um lugar de cura"*, ao perceber que a nossa experiência vivida da teorização está fundamentalmente ligada a processos de autorrecuperação, de libertação coletiva, não existindo brecha entre a teoria e prática.[144] Nesse sentido, o encontro de todas as vozes apresentadas neste texto, com todas aquelas que, em mim, ressoam – no meu fazer, no meu sentir, no meu viver – possibilitou que eu construísse sentidos para a minha experiência de mulher negra e, consequentemente, para a minha atuação no mundo, seja por encontrar meu espaço, seja por buscar justiça social.

Entre todas essas vozes femininas, que me alertam para o quanto a minha experiência vivida importa, está a voz da minha mãe, que de forma constante e diária, sempre buscou e busca me apontar perspectivas que ultrapassem aquelas tradicionalmente destinadas às mulheres, em especial às mulheres negras, já que nem sempre é só pela teoria que essas mulheres nos falam e nos ensinam. Nesse exato sentido, destaca Patricia Hill Collins: como forma de driblar o poder dominante, *"as mulheres negras têm encontrado formas diversas, como a música, a literatura, as conversas e os comportamentos cotidianos como espaços importantes na construção de uma consciência*

---

[143] COLLINS, 2019, p. 165.
[144] HOOKS, bell. *Ensinando a transgredir:* a educação como prática da liberdade. São Paulo: Editora Martins Fontes, 2013, p. 85-86.

feminista negra"[145]. Afinal, *"pensar feminismos negros é pensar projetos democráticos"*. [146]

Em diálogo com essas mulheres, com suas teorias críticas e com suas formas de percepção e atuação no mundo, também compreendi a importância de descolonizar esse mundo pautado em uma perspectiva única, reduzida à complexidade em uma forma única de ser no mundo[147], mas isso é conversa para o nosso próximo texto, a caminho de um feminismo decolonial.

4.3. Feminismos decoloniais, por Siméia de Mello Araújo

> *Quem participava do movimento feminista no começo eram as mulheres brancas e patroas. E sempre eu falo. Uma vez teve uma companheira feminista que se chateou comigo: "Ah! Não diga isso". Porque quando eu disse a ela: "nós, trabalhadoras domésticas, somos discriminadas e violadas nos nossos direitos por todos: pelas mulheres que estão no movimento feminista,*

---

[145] COLLINS, Patricia Hill. Epistemologia feminista negra. In: BERNARDINO-COSTA, Joabe; TORRES, Nelson Maldonado; GROSFOGUEL, Ramón (Orgs.). *Decolonialidade e pensamento afrodiaspórico*. Belo Horizonte: Editora Autêntica, 2019, p. 140.

[146] RIBEIRO, Djamila. *Quem tem medo do feminismo negro?*. São Paulo: Companhia das Letras, 2018, p. 7.

[147] Segundo Ramón Grosfoguel, a "modernidade produz um mundo onde somente um único mundo é possível e os demais são impossíveis". Trata-se, portanto, de um "projeto de morte genocida da vida (humana e não humana) e a destruição epistemicida de outras civilizações (destruição de formas 'outras' de conhecer, ser e estar no mundo". GROSFOGUEL, Ramón. Para uma visão decolonial da crise civilizatória e dos paradigmas da esquerda ocidentalizada. *In:* BERNARDINO-COSTA, Joabe; TORRES, Nelson Maldonado; GROSFOGUEL, Ramón (Orgs.). *Decolonialidade e pensamento afrodiaspórico*. Belo Horizonte: Editora Autêntica, 2019, p. 65 e p. 63.

> *que tá lá gritando liberdade sexual, direito à maternidade, direito a não sei o que, ao mercado de trabalho. Mas ela não quer que a mulher doméstica, trabalhadora doméstica, negra, que tá lá dentro da casa dela, estude, não quer que tenha a sua vida sexual ativa, não quer que ela tenha filho, não quer que tenha a sua cidadania, que participe politicamente. [...]*[148]

Madalena Gordiano tinha apenas 8 anos quando, à procura de comida, bateu à porta da casa de uma professora branca chamada Maria das Graças Milagres Rigueira. Ao ser atendida, pediu pão, pois, além de ter fome, também se preocupava com o sustento de sua irmã gêmea e de mais outros sete irmãos. Como resposta, a professora branca ofereceu-lhe casa, prometendo adotá-la, o que nunca chegou a se efetivar. Pelo contrário, Madalena, retirada da escola pela família que a adotaria, passou a ser a responsável pelo cuidado da casa, cozinhando, lavando, limpando e arrumando a casa por quase quatro décadas.

Portanto, sem direito à salário, folga, férias, ela se tornou uma mulher escravizada por uma família branca de classe abastada por 38 anos. Graças à denúncia de um morador do prédio, Madalena foi resgatada da casa de

---

[148] Creuza de Oliveira foi presidente da Federação Nacional das Trabalhadoras Domésticas (FENATRAD) no primeiro mandato do governo Lula, época em que integrou o Conselho Nacional de Políticas da Mulher da Secretaria Especial para as Mulheres e o Conselho Nacional de Promoção da Igualdade Racial da Secretaria Especial de Promoção de Políticas de Igualdade Racial, ambas ligadas à Presidência da República. *In:* SILVA, Isadora Brandão Araújo da. Mulheres invisíveis, trabalho precário. *Justificando*, 9 dez. 2021. Disponível em: http://www.justificando. com/2016/12/09/mulheres-invisiveis-trabalho-precario/#:~:text=No%20Brasil%2C%20durante%20muito%20 tempo, de%20uma%20subcategoria%20de%20 trabalhadoras. Acesso em: 15 mai. 2021.

Dalton, em novembro de 2020, onde ela dormia em um pequeno quarto sem janela, sem telefone e sem televisão. Segundo a reportagem do *El País*, sua única propriedade eram três camisetas.

De acordo com Naiara Galarraga Gortázar,[149] autora da reportagem, além de todas as atividades desenvolvidas no cuidado da família de Maria das Graças, Madalena ainda foi forçada a se casar com um homem branco de 78 anos, que recebia pensão por ser ex-combatente da Segunda Guerra Mundial, com o objetivo de ter acesso à sua pensão e o direito de herdá-la, conforme reportagem publicada no *El País*:

> *Os Milagres Rigueira a obrigaram a se casar com um parente idoso, quando ela ainda estava na casa dos vinte anos. Ele tinha 78 anos e uma pensão. Uma das melhores do Brasil, de militar. Combatente na Segunda Guerra Mundial, recebia mais de 8.000 reais por mês, que a mulher com quem nunca conviveu herdou depois de sua morte. Oficialmente, esse dinheiro era dela, mas só recebia migalhas. Os patrões ficavam com quase tudo.*[150]

Uma das finalidades desse dinheiro retirado de Madalena foi pagar o curso de Medicina de uma das netas de Maria

---

[149] GORTÁZAR, Naiara Galarraga. Caso de Madalena, escrava desde os oito anos, expõe legado vivo da escravidão no Brasil. *El País*, 14 jan 2021. Disponível em: https://brasil.elpais.com/internacional/2021-01-14/madalena-escrava-desde-os-oito-anos-expoe-caso-extremo-de-racismo-no-brasil-do-seculo-xxi.html. Acesso em: 18 mai. 2021.

[150] GORTÁZAR, 2021.

das Graças, filha de Dalton Milagres Rigueira, que também era professor.

A história de Madalena, apesar do assombro e da perplexidade que nos causa, não é caso isolado, mas, ao contrário, tem relação intrínseca com a história da sociedade brasileira. Ela é um registro, bastante contundente, da estrutura colonial que moldou nossas experiências enquanto pessoas, permanecendo até os dias de hoje em nosso jeito de pensar, agir, ver e se relacionar com o mundo.

À história de Madalena Gordiano, somam-se milhares de outras histórias de meninas negras e pobres que, desde os tempos da escravidão, vêm servindo de mão de obra para trabalhos domésticos, quase sempre em situações desumanizadoras, pautados na desvalorização, más condições de trabalho e baixa remuneração. Essas mulheres também são vítimas de diversas violências (simbólicas e físicas) e, ainda, não recebem adequada proteção jurídica.

Segundo Isadora Brandão:

> *No Brasil, durante muito tempo, praticamente não existiu um horizonte normativo garantidor de direitos trabalhistas para as empregadas domésticas. Mesmo após o seu "nascimento jurídico", em 1972, predominou um tratamento jurídico-formal condizente com o de uma subcategoria de trabalhadoras. Essa situação de marginalização não foi plenamente sanada com o advento da festejada EC 72/2013, pois, ao invés de extirpar da ordem jurídica o parágrafo único do art. 7º da Constituição Federal, eliminando de uma vez por todas qualquer*

> *subsídio legal para construções doutrinárias e jurisprudenciais contrárias à equiparação dos direitos das trabalhadoras domésticas aos das demais categorias profissionais, preservou parcela do dispositivo legal que tende a ser manipulada visando a perpetuação do cenário discriminatório.*[151]

A autora prossegue:

> *Apesar desse grave quadro de desproteção jurídico-trabalhista – marcado tanto pelo reconhecimento capenga de direitos, quanto pela baixa aplicabilidade das normas já positivadas –, pouca atenção tem sido concedida a essa realidade, tanto no plano político, quanto no jurídico, mesmo entre os setores mais progressistas.*[152]

Ainda para Isadora Brandrão, Defensora Pública do Estado de São Paulo e autora do livro *Da invisibilização ao reconhecimento institucional: limites da proteção jurídica das empregadas domésticas*[153], a desvalorização e a desproteção dessas mulheres têm relação direta com as

---

[151] SILVA, Isadora Brandão Araújo da. Mulheres invisíveis, trabalho precário. *Justificando*, São Paulo, 9 dez. 2021. Disponível em: http://www.justificando.com/2016/12/09/mulheres=-invisiveis-trabalho-precario/#:~:text-No%20Brasil%2C%20 durante%20muito%20tempo,de%20uma%20 subcategoria%20de%20trabalhadoras. Acesso em: 15 mai. 2021.

[152] SILVA, 2021.

[153] SILVA, Isadora Brandrão Araújo da. *Da invisibilidade ao reconhecimento institucional:* limites da proteção jurídica das empregadas domésticas. Belo Horizonte: Letramento, 2019.

contradições de *gênero, raça e classe*, em um processo de permanência de uma lógica colonial. A modernidade, que engloba os últimos cinco séculos, foi marcada por inúmeros processos históricos, incluindo o comércio de populações escravizadas no Atlântico, a existência de instituições ligadas à escravidão e à colonização europeia na África, Ásia e América Latina.[154] Esses processos ocasionaram na construção de relações de poder marcadas por diversas formas de violência, devendo ser destacado que:

> [...] *em algum momento, nos encontros realizados pelos espaços circundados por este Globo, corpos foram vistos, analisados, comparados e hierarquizados. A partir disso, construiu-se relações de poder, permeadas de violências múltiplas, incluindo-se o extermínio e genocídio, além de tantas formas de mortes simbólicas como, por exemplo, o epistemicídio [...].*[155]

A *permanência das lógicas coloniais* é o que chamamos de *colonialidade*, traço constitutivo da modernidade, que vem construindo formas de ser, viver e saber universais a partir de uma única matriz: o *"homem branco acima dos*

---

[154] BERNARDINO-COSTA, Joabe; TORRES, Nelson Maldonado; GROSFOGUEL, Ramón (Orgs.). *Decolonialidade e pensamento afrodiaspórico*. Belo Horizonte: Editora Autêntica, 2019, p. 171.

[155] ARAÚJO, Siméia de Mello. Descolonizar a universidade: por uma educação para a prática da liberdade. *In:* MORTARI, Cláudia; WITTMAN, Luisa Tombini. *Narrativas Insurgentes:* decolonizando conhecimentos e entrelaçando mundos. Florianópolis: Rocha Gráfica Editora, 2020, p. 132.

Pirineus"[156]. Por meio de uma simplificação da experiência humana, segundo María Lugones, a modernidade *"organiza o mundo ontologicamente em termos de categorias homogêneas, atômicas, separáveis"*.[157]

Tais categorias estão estruturadas por meio de uma dicotomia hierárquica como marca do humano, onde povos não europeus foram lidos e categorizados por ideias e projetos de sociedade, humanidade, formas de ser, sentir e estar no mundo que não lhes diziam respeito em um processo hierárquico no qual suas experiências foram julgadas como inaptas para a categoria de humano.

Segundo María Lugones:

> *Começando com a colonização das Américas e do Caribe, uma distinção dicotômica, hierárquica entre humano e não humano foi imposta sobre os/as colonizados/as a serviço do homem ocidental. Ela veio acompanhada por outras distinções hierárquicas dicotômicas, incluindo aquela entre homens e mulheres. Essa distinção tornou-se a marca do humano e a marca da civilização. Só os civilizados são homens ou mulheres. Os povos indígenas das Américas e os/as africanos/as escravizados/as eram classificados/as como espécies não humanas – como animais, incontrolavelmente sexuais e selvagens. O homem europeu, burguês, colonial moderno tornou-se um sujeito/ agente, apto a decidir, para a vida pública e o governo, um ser de civilização, heterossexual, cristão, um ser de mente e razão.*

---

[156] ARAÚJO, 2020, p. 132.

[157] LUGONES, María. Rumo a um feminismo decolonial. *Estudos feministas*, Florianópolis, v. 22, n. 3, set.-dez. 2014.

> *A mulher europeia burguesa não era entendida como seu complemento, mas como alguém que reproduzia raça e capital por meio de sua pureza sexual, sua passividade, e por estar atada ao lar a serviço do homem branco europeu burguês. [...] A dicotomia hierárquica como uma marca do humano também tornou-se uma ferramenta normativa para condenar os/as colonizados/as.*[158]

O *racismo*, conforme Ramón Grosfoguel, representa: "*um princípio organizador ou uma lógica estruturante de todas as configurações sociais e relações de dominação da modernidade*".[159] Para o autor:

> *racismo é um princípio constitutivo que organiza, a partir de dentro, todas as relações de dominação da modernidade, desde a divisão internacional do trabalho até as hierarquias epistêmicas, sexuais, de gênero, religiosas, pedagógicas, médicas, junto com as identidades e subjetividades.*[160]

Sendo o *racismo* princípio organizador de um *sistema-mundo capitalista*, compreende-se aqui como as relações de classe e de raça se interseccionam. Pois é neste *sistema-mundo capitalista* que as relações de trabalho se organizam por uma perspectiva de centros e periferias "vinculados à acumulação incessante de capital em escala global", em que

---

[158] LUGONES, 2014, p. 936.

[159] GROSFOGUEL, Ramon. Para uma visão decolonial da crise civilizatória e dos paradigmas da esquerda ocidentalizada. *In:* BERNARDINO-COSTA, Joabe; TORRES, Nelson Maldonado; GROSFOGUEL, Ramón (Orgs.). *Decolonialidade e pensamento afrodiaspórico*. Belo Horizonte: Editora Autêntica, 2019, p. 59.

[160] BERNARDINO-COSTA; TORRES; GROSFOGUEL, 2019, p. 59.

o *"excedente é apropriado como mais-valia pela burguesia" por meio da "exploração do trabalho dos produtores diretos no mercado"*[161]. Ainda, a esse *sistema-mundo capitalista racista* incorpora-se a questão de gênero, fazendo com que as mulheres racializadas[162] sejam vistas e lidas como *corpos sem mente*.[163]

Para María Lugones, a "mulher colonizada", por meio da colonialidade do gênero, torna-se uma categoria vazia, ou seja, *"nenhuma mulher é colonizada; nenhuma fêmea colonizada é mulher"*[164]. Essa dimensão acerca da *"mulher colonizada"* ainda vive entre nós, por meio da intersecção de *gênero/classe/raça*, construtos centrais do sistema de poder capitalista mundial.[165] Deve, ainda, ser ressaltado que o conceito de *colonialidade* é diferente do conceito de *colonização*, pois o primeiro representa a permanência das lógicas coloniais.

Isso pode ser elucidado nas experiências de mulheres que desempenham serviços domésticos, já que, a partir da permanência da lógica colonial, esse trabalho é visto, ainda, como um "serviço de mucama", como atividade

---

[161] BERNARDINO-COSTA; TORRES; GROSFOGUEL, 2019, p. 59.

[162] Aqui é importante ressaltar como essa perspectiva racial se transforma em uma forma de o europeu nomear o Outro, construindo-se enquanto norma e, portanto, sem se racializar. Assim, o branco "aparece como próprio de apenas uma delas: ao dizer "o que é o humano", o europeu, com as mãos cheias de sangue e a consciência tranquila, descreve a si mesmo, excluindo como menos ou não humano a qualquer outro que não lhe pareça com ele próprio. E, desde então, o europeu/branco/ocidental passa a ser tomado como expressão universal do Ser [...]". FAUSTINO, Devison Mendes. *"Por que Fanon, por que agora?"*: Frantz Fanon e os fanonismos no Brasil. Tese (Doutorado em Sociologia) – Universidade Federal de São Carlos, São Carlos, 2015.

[163] HOOKS, bell. Intelectuais negras. *Revista Estudos Feministas*, v. 3, n. 2, 1995. Disponível em: https://periodicos.ufsc.br/index.php/ref/article/view/16465/15035. Acesso em: 7 mar. 2020.

[164] HOOKS, 1995.

[165] HOOKS, 1995.

manual abjeta típica de grupos sociais inferiorizados.[166] Ou seja, é por meio da desumanização de pessoas negras, perpetuada pela lógica racista, que esses trabalhos continuam a ser compreendidos como funções de menor valor, inferiorizados, afinal, são vidas supérfluas, experiências com *status* de "mortos-vivos".[167]

Assim como o trabalho de empregadas domésticas, aqueles designados de "serviços gerais", ou mesmo aqueles responsáveis pelo cuidado e pela garantia do bem-estar da vida humana, a exemplo de funções de cuidadoras, babás ou auxiliares de enfermagem, como outras, são destituídas de sua relevância. De acordo com Françoise Vergès:

---

[166] VERGÈS, Françoise. *Um feminismo decolonial*. Tradução Jamille Pinheiro Dias e Raquel Camargo. São Paulo: Ubu Editora, 2020.

[167] Aqui destacamos o conceito de necropolítica, cunhado pelo filósofo camaronês, Achille Mbembe, entendido como a subjugação da vida pela morte por uma perspectiva da racialidade. Mbembe, ao definir necropolítica, amplia o conceito de biopoder, cunhado por Michel Foucault, explorando sua relação com a ideia de soberania e estado de exceção, destacando que tal conceito, baseado na divisão das pessoas que devem morrer e as que não devem – por meio da esfera biológica –, pressupõe uma divisão entre a espécie humana. Afinal, como se define quem vive e quem morre? Desse modo, Mbembe destaca a raça como lugar de destaque na racionalidade própria do biopoder, já que "a raça foi a sombra sempre presente no pensamento e na prática das políticas do Ocidente, especialmente quando se trata de imaginar a desumanidade de povos estrangeiros – ou a dominação a ser exercida sobre eles" (p. 18). Para Mbembe, "a escravidão pode ser entendida como uma das primeiras manifestações da experiência biopolítica, já que, entre o escravizado e o senhor, estabelece-se uma relação na qual um – o escravizado – é visto como instrumento de trabalho com um preço estabelecido, enquanto o *"senhor de escravos"* possui o poder de vida e de morte desse sujeito tido por ele como apenas utensílio de trabalho. Essa relação, marcada pela civilidade, pelo humano em contraposição ao selvagem, subjuga a vida ao poder da morte (necropolítica), criando assim *"mundos de morte"* que, segundo o autor, "são formas novas e únicas da existência social, nas quais vastas populações são submetidas a condições de vida que lhes conferem o *status* de 'mortos-vivos'". MBEMBE, Achille. *Necropolítica*: biopoder, soberania, estado de exceção, política da morte. 1. ed. São Paulo: n-1 edições, 2018.

> Todos os dias, em todos os lugares, milhares de mulheres negras, racializadas, "abrem" a cidade. Elas limpam os espaços de que o patriarcado e o capitalismo neoliberal precisam para funcionar. Elas desempenham um trabalho perigoso, mal pago, considerado não qualificado, inalam e utilizam produtos químicos tóxicos e empurram ou transformam cargas pesadas, tudo muito prejudicial à saúde delas. [168]

Ainda, segundo a cientista social:

> Um segundo grupo de mulheres racializadas que compartilha com o primeiro grupo uma intersecção entre classe, raça e gênero, vai às casas da classe média para cozinhar, limpar, cuidar das crianças e das pessoas idosas para aquelas que as empregam possam trabalhar, praticar esporte e fazer compras nos lugares que foram limpos pelo primeiro grupo de mulheres racializadas. [169]

Para Françoise Vergès, a sociedade burguesa vem funcionando há séculos a partir de estruturas profundamente racializadas, estratificadas e caracterizadas pelo gênero que podem ser muito bem compreendidas a partir do que se vê nas experiências de mulheres negras, como ela bem coloca nos excertos acima.

---

[168] VERGÈS, Françoise. *Um feminismo decolonial*. Tradução Jamille Pinheiro Dias e Raquel Camargo. São Paulo: Ubu Editora, 2020.
[169] VERGÈS, 2020.

Françoise Vergès, em seu livro *Um feminismo decolonial*, escrito em 2020, período no qual a pandemia da Covid-19 tomou forma e colapsou o mundo, escreve no prefácio:

> *Enquanto escrevo este prefácio, a epidemia do Covid-19 poderia fazer com que minhas observações parecessem irrisórias. Mas o confinamento imposto pelos governos de países europeus para frear a epidemia do vírus torna ainda mais visível a divisão profunda entre vidas tornadas vulneráveis e vidas protegidas. Na realidade, a possibilidade de confinamento nos países europeus ilumina mais do que nunca as diferenças de classe, gênero e raça. Há os/as confinados/as e os/as não confinados/as, estes últimos garantem a vida cotidiana dos primeiros, levam os produtos aos comércios abertos porque são "essenciais" ao funcionamento da sociedade, arrumam mercadorias nas prateleiras, organizam os caixas; são os coletores e coletoras de lixo, as funcionárias e os funcionários dos correios, os entregadores, os motoristas de transporte público, as mulheres responsáveis pela limpeza de clínicas e hospitais, os motoristas de transportes rodoviários, as babás e tantas outras profissões.*

Nesse sentido, ao descortinar a realidade dos países europeus, Françoise chama atenção para o Brasil, país também marcado por relações sociais estratificadas por hierarquias raciais, de classe e de gênero, onde a primeira vítima da Covid-19 foi uma idosa de 63 anos, empregada doméstica, que, em contato com a patroa contaminada recém-chegada da Itália, contraiu a doença e morreu em decorrência disso.[170]

Ainda, podemos destacar o caso de Mirtes e seu filho Miguel, morto enquanto a mãe passeava com o cachorro da patroa, a primeira-dama de Tamandaré (PE), Sari Corte-Real. Esta, em seu apartamento luxuoso, negligenciou cuidados básicos ao menino Miguel de apenas 5 anos, deixando-o sozinho dentro do elevador e apertando o botão que dava acesso aos andares superiores. É de lá, do 9º andar do Condomínio Pier Maurício de Nassau, um dos imóveis do conjunto conhecido como Torres Gêmeas, que Miguel, à procura da mãe e sozinho, caminhou até uma janela que possuía condensadores de ar-condicionado e, ao subir em um deles, acabou se desequilibrando, caindo e morrendo.[171]

Segundo Isadora Brandão, as experiências dessas mulheres, levadas à marginalização, inclusive no que diz respeito à proteção trabalhista, como é evidente no caso das empregadas domésticas, estão atravessadas pelas "contradições de gênero, raça e classe, ao longo da história do colonialismo e do pós-colonialismo no Brasil", o que nos ajuda a compreender a *"desumanização dessas trabalhadoras e,*

---

[170] RIBEIRO, Djamila. Doméstica idosa que morreu no Rio cuidava da patroa contagiada pelo coronavírus. *Folha de S. Paulo*, 19 março 2020. Disponível em: https://www1.folha.uol.com.br/colunas/djamila-ribeiro/2020/03/domestica-idosa-que-morreu-no-rio-cuidava-da-patroa-contagiada-pelo-coronavirus.shtml. Acesso em: 18 mai. 2020.

[171] RODRIGUES, Júlia. Caso Miguel: dor incessante deixada por um ano que clama justiça. *Diário de Pernambuco*, 30 dezembro 2020. Disponível em: https://www.diariodepernambuco.com.br/noticia/vidaurbana/2020/12/caso-miguel-dor-incessante-deixada-por-um-ano-que-clama-por-justica.html. Acesso em: 2 jan. 2021.

por conseguinte, o desvalor socioeconômico e a desproteção jurídica de seu trabalho".[172]

Desse modo, o papel atribuído a essas mulheres deve receber especial atenção, uma vez que elas têm seus corpos vistos como corpos animalizados e sua humanidade abolida. Como exemplo no Brasil, podemos destacar os casos de Madalena Gordiano e Mirtes Renata Santa Souza e seu filho Miguel, e, ainda, podemos apontar as mulheres indígenas e a invisibilização de suas experiências transpassadas pelas violências coloniais.

Há mais de 500 anos, populações indígenas vêm enfrentando a escravização, a evangelização e a imposição de *outras culturas*, além da discriminação e da generalização arraigadas e repassadas no senso comum, desde o ambiente escolar até o acadêmico, composto majoritariamente por professores brancos:[173]

> *Os relatos dos cronistas europeus ainda são propagados, carregados de uma ótica estereotipada e pré-concebida do universo cultural indígena, construindo significações homogeneizadoras, padronizando as múltiplas etnias como se todas vivessem realidades iguais e tivessem a mesma cultura, transformando-as*

---

[172] SILVA, Isadora Brandão Araújo da. Mulheres invisíveis, trabalho precário. *Justificando*, 9 dez. 2021. Disponível em: http://www.justificando.com/2016/12/09/mulheres-invisiveis-trabalho-precario/#:~:text=No%20Brasil%2C%20durante%20muito%20tempo,de%20uma%20subcategoria%20de%20trabalhadoras. Acesso em: 15 mai. 2021.

[173] MONTANHA, Gisele de Oliveira. *Protagonismo das mulheres Puruborá*: desafios e experiências de luta no movimento indígena. Monografia (Especialização em Gênero e Diversidade na Escola pela Fundação Universidade Federal de Rondônia) – Universidade Federal de Rondônia, Rolim de Moura, 2019.

> *como preguiçosas, traiçoeiras, selvagens e inferiores.*[174]

No que diz respeito às mulheres indígenas, de acordo com Gisele de Oliveira Montanha, elas enfrentaram e continuam enfrentando dificuldades específicas de gênero em decorrência de vários fatores, entre eles:

> *[...] o ciúme dos maridos que não deixam a mulher participar dos cursos e reuniões, pois as dificuldades de carregar consigo seus filhos para os eventos ou o sentimento de saudade de ter que deixar a família na aldeia, as deixam mais vulneráveis que os homens nas cidades e, também, existem obstáculos específicos dentro de sua cultura como a linguagem própria e modos de vida diferenciados, já que pertencem a diferentes grupos étnicos. Existe também a dificuldade financeira de se organizarem politicamente como a necessidade de meios de transporte devido as grandes distâncias que precisam percorrer para se articularem ou participarem dos fóruns de discussão.*[175]

A tudo isso, podemos incluir a questão da invisibilidade. Daiara Tukano, em entrevista, nos lembra que o grande desafio para os povos indígenas diz respeito à visibilidade. Segundo ela:

> *Os movimentos sociais são oprimidos quando são invisibilizados. As pessoas se comovem com*

---

[174] MONTANHA, 2019, p. 24.
[175] MONTANHA, 2019, p. 27.

> as situações fora do território nacional [...], mas não podemos fechar os olhos para situações semelhantes que acontecem no Brasil.

A militante feminista e artista plástica ainda aponta como o genocídio das populações indígenas não é algo do passado, mas algo que se perpetua, reconfigurando-se nas violências pelas terras indígenas:

> O genocídio indígena é generalizado. No Mato Grosso do Sul, [...] há os Terena que sofrem [...] perseguição e violência. No Brasil, [...] é muito simbólica a luta dos Mundurukus, que estão resistindo a Belo Monte. Os Kariri Xocós, no Nordeste, enfrentam um dos genocídios mais violentos que existem e eles resistem até hoje. Tem os Maxakali que, apenas no ano passado, foram vítimas de 100 assassinatos. A gente está dando apoio nesse momento à luta Guarani-Kaiowá, porque consideramos que ela é extremamente simbólica.[176]

Segundo Sônia Guajajara:

> Nós, os Guajajara–Tentehar, ocupamos 11 Terras Indígenas no Maranhão e somos o povo mais numeroso do estado. Com uma história de mais de 400 anos de contato, podemos afirmar que, apesar da exploração, do escravismo

---

[176] TUKANO, Daiara. "Nós somos as vítimas do maior genocídio da humanidade", denuncia militante indígena. *MST*, 15 setembro 2015. Disponível em: https://mst.org.br/2015/09/15/nos-somos-as-vitimas-do-maior-genocidio-da-humanidade-denuncia-militante-indigena/. Acesso em: 20 mai. 2021.

e do domínio europeu que exterminou povos, sufocou culturas e expulsou nações, somos um povo resistente, pois mantemos vivas as nossas tradições. Atualmente, vivemos uma situação de risco dentro da própria casa, pois as nossas Terras, embora demarcadas, registradas e homologadas, [nós] somos ameaçados, caçados e assassinados por invasores – fazendeiros, madeireiros e mercenários que vivem da pistolagem, que destroem, roubam e matam e, ainda, tentam acabar com os nossos costumes e tradições, ameaçando, assim, a vida de homens e mulheres indígenas de nossa região. E, como se não bastasse, há ainda a política de desenvolvimento do país que é baseada somente em crescimento econômico, financeiro e capitalista, que abandona, isola, massacra e expulsa pessoas de suas Terras; tudo vale para construir hidrelétricas para geração de energia que beneficiará as multinacionais e os donos do Capital.[177]

A luta de povos indígenas, dentre eles as mulheres indígenas, nos aponta outro elemento importante para essa discussão que permeia a questão da terra. Segundo Françoise Vergès, entre os movimentos de feministas de política decolonial mais motivadores, estão exatamente aqueles provenientes de movimentos ligados à terra, e, aqui, destacamos as perspectivas indígenas que vão de encontro a esse modelo "desenvolvimentista" capitalista

---

[177] GUAJAJARA, Sônia. Sônia Guajajara comenta sobre a força das mulheres indígenas. *Combate Racismo Ambiental*, 24 junho 2016. Disponível em: https://racismoambiental.net.br/2016/06/24/sonia-guajajara-comenta-sobre-a-forca-das-mulheres-indigenas/. Acesso em: 24 fev. 2020.

predatório que vê, nessas populações, o entrave para a transformação de natureza em acumulação financeira.

Nesse sentido, o *feminismo decolonial* é um movimento que oferece uma nova perspectiva de análise para entendermos de forma mais complexa as relações e entrelaçamentos de "raça", sexo, sexualidade, classe e geopolítica. Ele se volta para os problemas gerados pelas relações coloniais – em que se inserem a escravização e seus efeitos deletérios – e, também, para as imaginações emancipatórias elaboradas neste mundo, em que a questão de raça se impôs de forma visceral.[178]

O *feminismo decolonial*, portanto, constitui-se em contraposição às opressões de *gênero*, de *raça*, *colonial* e *capitalista*, oferecendo uma perspectiva de análise a fim de compreender, de acordo com Ochy Curiel, as imbricações das relações entre os marcadores sociais de discriminação e de desigualdade de: raça, sexo, sexualidade, classe e geopolítica.[179] Segundo a autora, nesse aspecto, o *feminismo decolonial* contesta os *feminismos hegemônicos*, marcadamente branco e burguês, por meio das experiências de feministas indígenas, de origem indígena, negras, lésbicas, a fim de entenderem a subordinação de suas experiências nas reproduções do *racismo*, do *classismo* e do *heterossexismo*, visando a uma transformação social.[180]

---

[178] VERGÈS, Françoise. *Um feminismo decolonial*. Tradução Jamille Pinheiro Dias e Raquel Camargo. São Paulo: Ubu Editora, 2020, p. 8.

[179] CURIEL, Ochy. Construindo metodologias feministas desde o feminismo decolonial. In: HOLLANDA, Heloisa Buarque de (org.). *Pensamento feminista hoje:* perspectivas decoloniais. Rio de Janeiro: Bazar do Tempo, 2020.

[180] LUGONES, María. Rumo a um feminismo decolonial. *Estudos feministas*, Florianópolis, v. 22, n. 3, set.-dez. 2014.

Françoise Vergès defende um *"feminismo decolonial* que tenha por objetivo a destruição do racismo, do capitalismo e do imperialismo"[181]. Para a autora:

> *Elas [as mulheres feministas decoloniais] ameaçam também a dominação masculina, assustada por ser obrigada a renunciar a seu poder – e que, por todo lugar, mostra sua proximidade com as forças fascistas. Elas desestabilizam igualmente o feminismo civilizatório*[182] *que, ao transformar os direitos das mulheres em uma ideologia de assimilação e de integração à ordem neoliberal, reduz as aspirações revolucionárias das mulheres à demanda por divisão igualitária dos privilégios concedidos aos homens brancos em razão da supremacia racial branca.* [183]

Nessa perspectiva, o *feminismo decolonial* opõe-se frontalmente ao *feminismo liberal* e ao *feminismo civilizatório*. Opõe-se ao *feminismo liberal*, pois as pautas encerram-se em demandas relativas à liberação sexual e à igualdade no mercado de trabalho, desconsiderando as clivagens e as

---

[181] VERGÈS, Françoise. *Um feminismo decolonial*. Tradução Jamille Pinheiro Dias e Raquel Camargo. São Paulo: Ubu Editora, 2020.

[182] Para Françoise Vergès, *feminismo civilizatório*, "na verdade, é uma faceta assumida por organismos internacionais que, em geral, validam políticas imperialistas sobre países periféricos, gerando opressão de povos, sobretudo de mulheres racializadas. Exemplo flagrante desse feminismo civilizatório seria a política de controle de natalidade, tema bem conhecido das brasileiras já familiarizadas com os debates nacionais, visto que uma das históricas divergências entre feministas negras e brancas, no Brasil, reside justamente no entendimento da concepção acerca dos direitos reprodutivos. Em tempo: denúncias de esterilização e controles dos corpos de mulheres racializadas no país datam do contexto da ditadura militar, como demonstrou o movimento de mulheres negras. VERGÈS, 2020.

[183] VERGÈS, 2020.

desigualdades entre as mulheres. Também, opõe-se ao *feminismo civilizatório*, porque ele é, na verdade, uma faceta assumida por organismos internacionais que, em geral, validam políticas imperialistas sobre os países periféricos, gerando opressão de povos, sobretudo de mulheres racializadas.[184]

Trata-se, portanto, de uma forma de resistência à modernidade capitalista, o que envolve propostas feitas principalmente por feministas indígenas e de origem indígena, afrodescendentes, populares, feministas lésbicas, entre outras, as quais questionam as formas como o feminismo hegemônico – branco, branco-mestiço e com privilégios de classe – entende a subordinação de mulheres, a partir de suas próprias experiências situadas, reproduzindo o racismo, o classismo e o heterossexismo em suas teorias e práticas políticas.[185]

Assim, por meio de um *pensamento feminista decolonial*, em contraposição ao feminismo hegemônico e seu projeto universalizante e limitante da experiência humana, é possível ampliar as vozes e apontar caminhos diversos a esse *sistema-mundo capitalista*, *racista* e *hierarquizador* da vida. Construir políticas nas quais as experiências dessas mulheres sejam respeitadas é construir políticas humanizadoras da experiência humana.

É consabido o quanto esse projeto hegemônico vem se ressignificando de forma virulenta por diversas maneiras. Na atual conjuntura, em que as forças de uma *lógica neoliberal capitalista* reconfiguram formas de violência física e simbólica contra essas mulheres, transformando seus corpos em corpos supérfluos, ao mesmo tempo em que os superexplora, tentando, ainda, descaracterizar qualquer forma de luta – a resistência torna-se forma de sobrevivência. Importa

---

[184] VERGÈS, 2020.
[185] LUGONES, 2020, p. 56.

ressaltar, ao mundo, a relevância da resistência dessas mulheres – consideradas, por muitos, como corpos supérfluos – contra esse projeto limitador da potência humana.

E, aqui, incluo meu corpo negro à luta e à resistência dessas mulheres, pois é da não aceitação desse projeto sobre o meu corpo e sobre o corpo daquelas que me antecederam[186] que minha teoria e prática, articuladas e indissociáveis, lembram-me todos os dias, da força do humano. Esse humano não entrecortado por quem se outorga o poder da palavra única, mas como algo inquestionável e irrevogável a nós e a toda a existência humana.

Como bem diz Deborah Monteiro, amiga querida de afeto e de luta:

Nos querem em luto
Lutaremos
Nos querem caladas
Gritaremos
Nos querem em banzo
Dançaremos
Nos querem bem longe
Ficaremos
Nos querem amargas
Amaremos
Nos querem em casa
Voaremos

Nos querem o sangue
Sorriremos
Nos querem inférteis
Ensinaremos
Nos querem chorando
Debocharemos

Mandinga
Faremos
Paixão
Pulsaremos
E se nos matarem
Sementes seremos.[187]

4.4. Feminismos populares

No presente capítulo, abordaremos a história da luta das mulheres pela ótica dos feminismos populares, a

---

[186] Descendo de mulheres negras empregadas domésticas e escravizadas.

[187] MONTEIRO, Deborah. *In: Coletânea de poemas antifascistas*. 1. ed. São Paulo: Editora Versos em Cantos, 2020, p. 31.

partir do entendimento de qual feminismo orienta as nossas ações e qual o seu leito histórico.

Nesse sentido, trataremos das revoluções triunfantes na América Latina (Cuba e Nicarágua), justamente porque a questão fundamental dessas revoluções – a questão do poder – foi enfrentada pelas mulheres populares como parte do leito histórico do feminismo popular, além da luta contra as ditaduras militares e pelas redemocratizações, momento que é determinante na conformação do feminismo brasileiro.

A conformação de uma perspectiva socialista pela emancipação das mulheres, para, posteriormente, pensar a direção do movimento e bandeiras políticas, não foi caminho simples, de modo que a experiência soviética, até hoje, permanece como uma das maiores experiências socialistas que tivemos no mundo.

Nesse sentido, muito se estudou sobre essa experiência e muito se estuda sobre o pensamento bolchevique. Com relação às mulheres, talvez seja o período do qual se tem mais informação sobre a luta feminista socialista organizada que, no entanto, ainda permanece muito invisibilizada. A experiência soviética é considerada a maior experiência socialista, como também é uma das maiores experiências feministas no mundo. A questão da mulher e da família se colocava como central para os bolcheviques, havendo inúmeras reflexões e trabalhos acerca dessa questão.

A questão essencial apontada por Lênin, quase 4 anos depois do triunfo da Revolução Proletária, e hoje definida por nós como divisão sexual do trabalho, se expressa politicamente na bandeira da socialização do trabalho doméstico e de cuidados.[188]

Nesse aspecto, a Revolução Russa de 1917 avança e desafia as bases do patriarcado. Lênin repetiu como uma ladainha que nenhuma democracia burguesa avançou tanto rumo à emancipação da mulher quanto à Revolução Proletária.

O partido bolchevique incorporou quatro pontos programáticos que fizeram da legislação do Estado Proletário a mais avançada em todo o mundo: 1. A socialização do trabalho doméstico e de cuidados; 2. A inclusão das mulheres no trabalho assalariado; 3. A extinção (progressiva) da família; 4. A união livre. Cumpre ressaltar que os pontos do programa surgem da ação organizada das mulheres bolcheviques.

A Revolução incorporou em suas leis a legalização do aborto; união livre; educação; igualdade econômica para homens e mulheres; salário independente para as mulheres; fim da desigualdade de direitos entre as crianças (filhas/os "ilegítimos" de casamentos ilegais e os "legítimos" de casamentos legais) e a igualdade em todos os aspectos perante a lei.[189]

O feminismo latino-americano

Quando contamos a história do feminismo latino-americano, muito se deixa de lado com relação à organização das mulheres nos partidos e movimentos populares, ainda

---

[188] CARVALHO, Letícia; GUEDES, Maíra; e MONTERO, Maria Júlia. *Feminismo Popular*: História e Contextos da Luta das Mulheres pelo Poder, 2017. Disponível em: https://www.academia.edu/37144320/Feminismo_Popular_Hist%C3%B3ria_e_contextos_da_luta_das_mulheres_pelo_poder. Acesso em: 8 de jun. 2021.

[189] CARVALHO; GUEDES; MONTERO, 2017.

que esses tenham sido lugares de forte organização das mulheres.

O mesmo ocorre quando discutimos as revoluções e os processos de resistência na América Latina: há uma tentativa de afastá-los da luta feminista, como se fossem coisas paralelas e distintas. De fato, muitos partidos e movimentos de esquerda consideravam, e ainda consideram, o feminismo como algo pequeno-burguês e liberal, o que não impediu a organização das mulheres nesses espaços, que comumente eram permeados de tensões sexistas.

Descrever a presença das mulheres, seu protagonismo nas revoluções, ou mesmo pontuar todas as atrocidades que seus corpos, transformados em territórios de "conquista de guerra", sofrem, seria apenas abrir o ponto da discussão da presença dessas lutadoras nesses processos. Ao contrário das narrativas sobre a nossa presença em quaisquer espaços e movimentos políticos, queremos ratificar e ilustrar de que forma as bandeiras de lutas e a auto-organização foram cruciais para a tomada do poder e as vitórias que se seguiram, em ambos os processos revolucionários.

Revolução Sandinista da Nicarágua (1978-1990)

Ao iniciar a organização das/os militantes que se incorporaram à luta para derrubada do governo opressor e burguês de Anastasio Somoza, apoiado pelos EUA, o recrutamento dentro do movimento estudantil, movimento sindical, movimentos campesinos e frentes de luta diversas, mobilizou uma variedade de pessoas, pertencentes a várias classes, que se dispuseram a entrar na luta armada, largando família, residência fixa e identidade.

As mulheres somaram-se em massa e, durante mais de uma década de luta, que incorporou lutadoras/es de todo o território nacional, elas lutaram com afinco, criando também seus próprios espaços e pautas de luta e, assim, realizaram um contraponto à tradição de que só os homens poderiam ocupar espaços decisórios da política.

As mulheres nicaraguenses lutaram contra o imperialismo, ao mesmo tempo que combateram diariamente o patriarcado, forte marca da colonização hispânica. Elas fizeram do cotidiano de luta um campo de batalha contra as ideias e práticas patriarcais, não condizentes com os ideais libertários pelos quais lutavam.

Muito do que se tem disponível para a pesquisa sobre as mulheres na Revolução Nicaraguense, especialmente no espaço urbano, revelam como elas se incorporaram à luta, muitas vezes tendo que deixar seus filhos na casa de parentes. Ainda, enfrentaram um ambiente hostil, onde os lutadores do povo, capazes de esforços inimagináveis para se alcançar a liberdade proporcionada pela revolução proletária e socialista, foram os mesmos capazes de cometer grandes injúrias e violências contra as próprias companheiras.

Era quase uma unanimidade entre os dirigentes a decisão de que as mulheres não estariam aptas para ocupar espaços de decisão política, mesmo que elas já fossem dirigentes. Cabe indagar, na perspectiva feminista, até que ponto avançamos e aprendemos com esses processos revolucionários e que revolução queremos construir.

Letícia Herrera, dirigente da Frente Sandinista de Libertação Nacional, conta, em suas memórias registradas em livro[190], as dificuldades e as conquistas das mulheres que, desafiando a posição secundária na qual sempre foram colocadas, estavam fortemente comprometidas com

---

[190] CASADO, Alberto González. *Guerrillera, mujer y comandante de la revolución sandinista:* Memorias de Leticia Herrera. Barcelona: Icaria Editorial; 1. ed., 2013.

a revolução. Vale ressaltar que as mulheres das camadas urbanas participaram mais das principais frentes de batalha, já as principais ações das mulheres do campo organizaram-se formalmente em torno da pauta das mulheres.

Um dos grandes ensinamentos das mulheres que lutaram na revolução da Nicarágua foi o da necessidade urgente da radicalização de nossas práticas cotidianas. É necessário que o feminismo se expanda, capilarizando-se por toda a sociedade, seja no âmbito público ou privado, para que um dia as mulheres não sofram violência, nem por parte do sistema, nem pelos seus companheiros. Uma lição para nossa prática cotidiana, para a nossa conduta política e para deixarmos claro que o feminismo é incontornável.

Importa constatar como o machismo pode ser extremamente prejudicial mesmo após a vitória de uma revolução socialista. Muitas mulheres afirmaram como, após a conquista do poder, seus companheiros atuaram com o intuito de anular os trabalhos iniciados pelas mulheres. Esse fato ilustra como a classe proletária não pode esquecer as diferenças de gênero, não deve destruí-las, pois, dessa forma, a proposta de igualdade da revolução se dissolve.

As mulheres que se organizaram no campo, e também incorporaram as companheiras da cidade na luta, foram responsáveis por um protagonismo bem característico. Elas criaram o Comitê de Trabalhadores e Trabalhadoras do Campo (CTC), que, posteriormente, foi transformado na Associação dos/as Trabalhadores/as do Campo. Após a tomada do poder, essa associação impulsionará a Secretaria da Mulher, que tem, entre suas conquistas, a formação e capacitação das mulheres para ocuparem os diversos postos de trabalho, além dos cuidados em assistência de saúde e higiene.

A participação das mulheres na guerrilha contra a Ditadura de Somoza chegou a ser 1/3 do todo e, mesmo com grandes esforços para extinguir a diferença de gênero, as militantes relembram como as dificuldades persistiam. Em 1977, é criada a Associação de Mulheres ante a Problemática Nacional, sendo transformada depois na Associação de Mulheres Nicaraguenses Luisa Amanda Espinosa. Na década de 1960, também foram criadas outras organizações: Organização das Mulheres Democráticas da Nicarágua e a Aliança Patriótica de Mulheres Nicaraguenses.

Revolução Cubana (1953-1959)

Desde a luta pela independência de Cuba, há registros de mulheres na luta, não só em composição numérica da força social, mas em auto-organização, bandeiras políticas e direito às armas. No século XIX, ainda sob domínio espanhol, inicia-se em Cuba um movimento independentista, que lutava contra a escravização e a colonização.

Mariana Grajales Cuello foi uma das primeiras mulheres que lutou pela liberdade de seu país. Nascida em Santiago de Cuba, em 1815, teve treze filhos e foi com a maioria deles embora de sua cidade para juntar-se à luta. Criou os Maceos para lutarem pela independência, combatentes de destaque. Seu filho Antônio Maceo foi o maior general do Exército Libertador e era reconhecido pelas suas táticas militares. Junto com filhos e netos, Mariana Grajales organizou um lugar de apoio para os combatentes cubanos, fornecendo comida, remédios, descanso, banho e o que mais precisassem.

A partir da independência cubana de 1895, o movimento de mulheres se desenvolve, compondo a primeira onda feminista. Em 1918, as mulheres sufragistas organizaram o "Clube Feminino de Cuba", que fundou escolas noturnas para as trabalhadoras e a primeira escola para meninas no país. Vale aqui ser ressaltada a sinalização de classe, bem como a perspectiva feminista com a educação das meninas, tradicionalmente taxada como secundária. Logo em seguida, em 1921, criaram a Federação Nacional de Associações Femininas de Cuba.

Em 1923, acontece o Primeiro Congresso de Mulheres da Federação, pautando o direito ao sufrágio, igualdade de direitos e deveres sociais, políticos e econômicos, combate às drogas e à prostituição, leis protetoras das crianças e modificação do ensino médio. Já em 1934, conquistam o direito ao voto universal.

Em 1952, com um golpe, Fulgencio Batista chega ao poder, instaurando uma ditadura imperialista com o apoio dos EUA. Nesse período, surgem em Cuba dezenas de organizações de mulheres de caráter político-social e assistencial, concomitantemente com outras organizações armadas, compostas em sua maioria por homens que lutavam contra a ditadura.

Entre as organizações femininas, uma de maior destaque foi a Frente Nacional de Mulheres Martianas (FCMM)[191], que se organizou, meses depois do golpe, com o objetivo de pôr fim à ditadura mediante a revolução armada e a instalação do poder popular, e se estendeu por quase todo o país, agindo muito próximo ao Movimento 26 de Julho. As mulheres já haviam organizado anteriormente

---

[191] A FCMM foi uma organização feminista que se organizou meses depois do golpe de Fulgencio Batista, com a finalidade de pôr fim à ditadura através da revolução armada e instalação do poder popular. A FCMM, antes de adotar esse nome, já havia se organizado sob outras denominações diferentes.

a Frente Cívica de Mulheres Cubanas[192] e a Frente Cívica de Mulheres Martianas.

Não foram muitas as mulheres que participaram da luta armada desde seu início e, entre elas, destacamos Haydée Santamaría Cuadrado (1922-1980), que participou ativamente do assalto ao Quartel Moncada em 1953.

A revolução triunfa em 1º de janeiro de 1959, tendo sido importante o papel das organizações revolucionárias e estudantis, que foram e são essenciais para a formação da unidade do povo cubano. Vilma Espín funda, em agosto de 1960, a Federação de Mulheres Cubanas (FMC), unificando todas as organizações femininas que lutaram pela revolução. A FMC, que hoje compõe a Marcha Mundial das Mulheres (MMM), criada nos anos 2000[193], teve e tem papel importante na construção do feminismo em Cuba.

Queremos destacar o nome de Magalys Arocha Domínguez, nascida em 8 de janeiro de 1958 em Pinar del Rio, Cuba. Querida amiga, professora de filosofia e membra da Diretiva Nacional da Federação de Mulheres Cubanas[194], que teve papel essencial nos direitos das mulheres de Cuba. Ainda fez parte do Comitê CEDAW, da ONU, contribuindo para mecanismos em defesa das mulheres em diversos países latino-americanos, de 2008 a 2016.

Como aprendizado, a histórica auto-organização das mulheres cubanas nos mostra que a revolução não traz o

---

[192] AS MULHERES da Revolução Cubana. *Nova Cultura*, 23 janeiro 2018. Disponível em: https://www.novacultura.info/post/2018/01/21/as-mulheres-da-revolucao-cubana. Acesso em: 30 mai. 2021.

[193] *MULHERES* em marcha. Marcha Mundial das Mulheres [2015?]. Disponível em: http://www.marchamundialdasmulheres.org.br/a-marcha/nossa-historia/. Acesso em: 25 mai. 2021.

[194] DOMINGUEZ, Magalys Arocha. *Miembro de la Directiva Nacional de la Federación de Mujeres Cubanas*. Disponível em: https://www2.ohchr.org/english/bodies/cedaw/docs/memberscv/MagalysArochaDom%C3%ADnguez.pdf. Acesso em: 25 mai. 2021.

fim do machismo. A não vacilação perante a erradicação do patriarcado é urgente e não se espera pela pós-revolução para se andar os primeiros passos com o objetivo de superá-lo.

O que foi verificado após a revolução, fato que pontuamos criticamente e, portanto, apreendemos com algumas reservas, é que se o cuidado com as crianças foi estatizado – importante luta de creches de toda a classe trabalhadora – não necessariamente a responsabilidade deve ser dada apenas, ou majoritariamente, a mulheres. Tal lógica iniciou-se na União das Repúblicas Socialistas Soviéticas (URSS), ao se construir creches e restaurantes coletivos, cabendo às mulheres a ocupação desses postos, o que, vale ressaltar, tem sido historicamente funções desempenhadas por nós até o presente momento.

A revolução, em especial a histórica auto-organização, levou as mulheres à ocupação de postos de trabalho e espaços políticos determinantes, mas ao passo que isso foi conquistado, os homens, companheiros de vida e de luta, aumentaram a cobrança sobre elas, acusando-as, por vezes, do abandono da família e da casa. A exigência da comida feita e dos filhos cuidados, com frequência, é exposta pelas mulheres cubanas que se organizam na FMC.

A auto-organização das mulheres cubanas ainda não conseguiu sanar os problemas gerados e recriados diariamente pelo patriarcado. Ora, ele é tão antigo quanto o sistema capitalista, no entanto, em uma sociedade que é permeada pela busca da igualdade, seria incoerente sua permanência. Mais de 50% das mulheres cubanas se organizam na Federação Internacional de Mulheres

(FMC)[195], que tem reconhecimento a nível mundial. As dificuldades pelas quais passam no combate ao patriarcado fazem parte do processo de transição socialista: é preciso que alteremos a base material da exploração das mulheres, a divisão sexual do trabalho, e esse processo não está separado do restante das tarefas exigidas para a superação da sociedade de classes.

As mulheres cubanas continuam em luta. Esse, sim, ainda é um dos grandes desafios da revolução. A igualdade de gênero também é revolucionária.

Os feminismos populares no Brasil

A segunda onda do movimento feminista na América Latina (1950/1960 até em torno de 1990) deu-se, principalmente, no processo de luta contra as ditaduras militares do continente e, portanto, integrou-se à luta pela redemocratização, estabelecendo relações com outros movimentos sociais. A conjuntura de enfrentamento às ditaduras constituiu a coluna vertebral da luta feminista em nosso continente, que vai se conformar especificamente no Brasil, com influência do pensamento socialista, prevalecendo a ideia de que as opressões de gênero e classe estão inter-relacionadas.

Na América Latina em geral, inclusive no Brasil, principalmente durante os anos 1970, as feministas atuaram em movimentos auto-organizados de mulheres, e/ou movimentos de luta pela terra, luta por moradia, além de sua participação em partidos políticos, sindicatos, organizações clandestinas e luta armada. Muitas vezes, conciliaram suas

---

[195] GARRIDO, Jasely Fernández. A mulher cubana, misto de doçura e fortaleza. *Brasil de Fato*, São Paulo, 17 março 2020. Disponível em: https://www.brasildefato.com.br/2020/03/17/a-mulher-cubana-misto-de-docura-e-fortaleza. Acesso em: 25 mai. 2021.

atuações em organizações, que comumente tinham caráter e organicidades diferentes. A construção dos movimentos auto-organizados de mulheres, vários deles feministas, pendia para uma articulação entre mulheres militantes de partidos, movimentos populares, grupos e coletivos feministas, na tentativa, sempre tensa, de unidade em torno de ações concretas de luta das mulheres. Reúnem-se na mesma frente mulheres orientadas por estratégias diferentes, mas que em âmbito tático conseguiram atuar em unidade.

Nem tudo eram flores nessa pretensa unidade: as feministas autônomas identificavam as militantes dos partidos como "políticas", afirmando que não eram "feministas de fato", além das divergências teóricas. A exemplo, alguns grupos afirmavam que a luta cultural contra o patriarcado seria determinante, enfatizando a necessária superação da mentalidade machista hegemônica e a construção da consciência feminista. Eram os chamados grupos de reflexão, que, no mais tardar, "desaguaram" numa atuação pela igualdade dos direitos das mulheres em âmbito legislativo, o que divergia substancialmente do entendimento das mulheres socialistas que privilegiavam a mudança das estruturas de classe conforme o materialismo histórico marxista. As feministas, por sua vez, enfrentavam resistências, mesmo nos partidos de esquerda, que consideravam a concepção da luta feminista como "coisa da classe média" e "pequeno-burguesa".

A famosa afirmação "Sem mulheres não há revolução" é óbvia – são mais da metade do povo –, mas as feministas apontavam que era preciso que, nos programas, fossem incorporadas as lutas tidas como específicas das mulheres. As mulheres socialistas apontavam para a esquerda que a luta feminista era luta de todo o povo e precisava ser dirigida para o horizonte de ruptura com o capitalismo e que o trabalho assalariado não havia superado as contradições do patriarcado, pelo contrário, o capitalismo o incorpora como parte constitutiva do seu funcionamento.

A polarização ideológica e organizativa entre capitalismo e socialismo que dividiu o mundo também se expressava nas políticas para as mulheres. Além disso, a existência de grupos autônomos já citados, com forte crítica à política sexista dos partidos de esquerda e sindicatos, como fóruns do movimento de mulheres, acusava as militantes dos partidos de serem dirigidas por uma política não feminista quando abandonavam bandeiras políticas das mulheres nas suas organizações em nome de uma pretensa luta geral. Entre trancos e barrancos, no esforço da unidade na ação, foram possíveis algumas importantes conquistas no Brasil.

Em 1961, os avanços da tecnologia permitiram o acesso das mulheres a anticoncepcionais no Brasil, o que possibilitou a separação da sexualidade da reprodução, e, assim, o exercício da sexualidade sem a inevitabilidade da maternidade. Já em 26 de dezembro de 1977, o Congresso Nacional aprovou a Lei do Divórcio (Lei nº 6.515/1977), momento histórico em que a mulher deixa de ser, ao menos por lei, "propriedade do marido", considerando a indissolubilidade do matrimônio à época. Ambas as lutas estão diretamente relacionadas ao enfrentamento do controle da sexualidade, do corpo e da vida das mulheres, próprio do patriarcado. Vale ressaltar que o projeto de lei do parlamentar Nelson Carneiro[196], durante 20 anos, recebeu apresentações e reapresenta-

---

[196] SOUZA, Murilo. Autor da Lei do Divórcio, Nelson Carneiro tem o nome aprovado para o Livro de Heróis da Pátria. *Câmara dos Deputados*, 08 novembro 2018. Disponível em: https://www.camara.leg.br/noticias/547602-autor-da-lei-do-divorcio-nelson-carneiro-tem-o-nome-aprovado-para-o-livro-de-herois-da-patria. Acesso em: 25 mai. 2021.

ções, sem conseguir ser aprovado, devido à forte reação da Igreja Católica.

A segunda onda do feminismo foi marcada por um movimento que, a partir do questionamento das relações sociais da produção material e das relações afetivas e sexuais entre os seres humanos, propõe-se a lutar por mudanças históricas. Buscando transformações estruturais na sociedade de classes do capitalismo, o feminismo trava uma luta ideológica contra os valores patriarcais, representados diretamente pelos pais, maridos, companheiros, amigos, colegas de trabalho, e reforçados pela mídia. Para as mulheres, esse feminismo significa também um processo de reeducação, ruptura com uma história de submissão e descobrimento das próprias potencialidades e vozes.

Nos anos 1970, os *Clubes de Mães*[197] levantaram a bandeira política da socialização do **trabalho doméstico e de cuidados** e organizaram mulheres trabalhadoras, pobres e negras nas periferias das grandes cidades. Esses movimentos eram muito ligados à Igreja Católica, em momento muito especial da Teologia da Libertação. Esses Clubes organizaram mulheres em torno do combate ao alto custo de vida, que viria a resultar no *Movimento do Custo de Vida*[198], futuro *Movimento contra a Carestia*[199]. Ressalta-se,

---

[197] DINIZ, Carlos Alberto Nogueira. O surgimento do Clube de Mães da zona sul de São Paulo sob a influência da teologia da libertação no início da década de 1970. [*Anais*]. Curitiba: V Simpósio Internacional de Educação Sexual, abril 2017. Disponível em: http://www.sies.uem.br/trabalhos/2017/3156.pdf. Acesso em: 26 mai. 2021.

[198] CENTRO DE DOCUMENTAÇÃO E MEMÓRIA DA UNESP – REITORIA. *40 anos de Fundação do Movimento Negro Unificado (1978-2018)*. São Paulo: UNESP, 29 setembro 2018.Disponível em: https://www.cedem.unesp.br/#!/documento-da-semana/movimento-do-custo-de-vida---40-anos. Acesso em: 26 mai. 2021.

[199] CENTRO, 2018.

aqui, a publicação da *Carta das Mães de Periferia de São Paulo*, denunciando a alta dos preços dos alimentos e a impossibilidade de dar conta dos gastos familiares. É nos anos 1970, também, que se criou o *Movimento de Luta pelas Creches*. Em seu manifesto, as mulheres denunciaram a divisão sexual do trabalho e a invisibilização e desvalorização do trabalho doméstico[200]. Vamos reproduzir trecho que, embora extenso, merece atenção por tratar-se de um documento histórico:

> *Somos trabalhadoras um pouco diferentes (...) somos diferentes, em primeiro lugar, porque não nos reconhecem como trabalhadoras quando trabalhamos em casa 24 horas por dia para criar condições para todos descansarem e trabalharem. Não reconhecem, mas nosso trabalho dá mais lucro que vai direto para o bolso do patrão. Somos diferentes porque, quando trabalhamos também fora, acumulamos os dois serviços – em casa e na fábrica. E, sempre, nos pagam menos pelo trabalho que fazemos. Trabalhamos mais e ganhamos menos (...) A mulher é que mais sente o problema. Isto todo mundo vê. Se bem que os filhos, como não são só filhos da mãe, interessam a toda a sociedade. A sociedade é que deve criar condições para que esses trabalhadores de amanhã possam se desenvolver em boas*

---

[200] CARVALHO, Letícia; GUEDES, Maíra; MONTEIRO, Maria Júlia. Feminismo Popular: História e Contextos da Luta das Mulheres pelo Poder, 2017. Disponível em: https://www.academia.edu/37144320/Feminismo_Popular_Hist%C3%B3ria_e_contextos_da_luta_das_mulheres_pelo_poder. Acesso em: 25 mai. 2021.

condições de saúde e de formação (...) Creches são nosso direito.[201]

Ainda, vale registrar que há uma grande invisibilização das mulheres quando falamos das organizações de esquerda lutando por uma pauta geral, ainda que esses movimentos sejam compostos majoritariamente por mulheres, quais sejam, ocupações de terrenos urbanos, movimentos de saúde, movimentos pelo transporte público, entre outros.

A reconstrução do feminismo popular brasileiro
No final da década de 1990 e início dos anos 2000, abriu-se um novo leque de oportunidades para a esquerda na América Latina, pois foram grandes os efeitos do neoliberalismo para os povos latino-americanos. Aumento do desemprego, da miséria, poucas ou nenhuma política social, e muita repressão às mobilizações. Nesse cenário, os setores populares buscaram se reorganizar, reagindo à política neoliberal.

O movimento feminista não ficou de fora dessa conjuntura de reorganização da esquerda. Esse novo momento na América Latina, com a crise do modelo neoliberal, junto ao esgotamento da agenda vinculada às Conferências da ONU, levou a novas reflexões e ao reposicionamento de vários grupos e organizações, incluindo as organizações feministas. Em 1997, mesmo ano do III Fórum Sindical,

---

[201] LOPES, Barbara. Mulheres e a (re)construção da democracia. *Blogueiras Feministas,* [S.l], 05 março 2013. Disponível em: http://blogueirasfeministas.com/2013/03/mulheres-e-a-reconstrucao-da-democracia. Acesso em: 26 mai. 2021.

há a fundação da *Rede Latino-Americana Mulheres Transformando a Economia* (REMTE)[202].

Para além disso, as mulheres atuaram, de forma organizada, dentro da *Aliança Social Continental* (ASC) desde o início. Em um primeiro momento, o fizeram em um grupo temático, depois foi se estabelecendo uma grande articulação de mulheres – com a participação do que já seria a *Marcha Mundial das Mulheres (MMM)*, junto com a REMTE –, criando um coletivo de mulheres da Aliança.

Pode-se perceber que o movimento feminista não está apartado daquilo que é a "conjuntura geral", ou seja, a reorganização das mulheres em nível internacional se dá juntamente com a reorganização de outros movimentos, a exemplo da campanha da MMM contra a pobreza e a violência sexista, que ocorreu em 2000, justamente um ano antes do *I Fórum Social Mundial*[203], do qual participou ativamente. A MMM também participou ativamente do *Plebiscito Popular Contra a Área de Livre-Comércio das Américas (ALCA)*. Essas mobilizações foram cruciais para a conformação de um campo político feminista anticapitalista e anti-imperialista e, ainda, a consolidação da MMM enquanto um movimento contínuo, mais do que somente uma articulação.

O Plebiscito Contra a Alca, em específico, serviu para o fortalecimento da MMM no Brasil – não à toa, hoje a MMM

---

[202] UNIVERSIDADE FEDERAL DO RIO GRANDE DO SUL. *Curso de Economia Feminista em São Paulo:* de 2 a 4 de setembro. Porto Alegre: UFGRS, 11 agosto 2005. Disponível em: https://www.ufrgs.br/nph/ong/?p=338#:~:text=*%20 Marcha%20Mundial%20das%20Mulheres%2C%20REMTE,de%20Mulheres%20Transformando%20a%20Economia.&text=Data%3A%202%2C%20 3%2C%204%20de%20setembro%20de%202005.&text=Realizamos%20 atividades%20de%20forma%C3%A7%C3%A3o%20com,de%20g%C3%AAnero%20em%20suas%20pol%C3%ADticas. Acesso em: 12 abr. 2021.

[203] Realizado em janeiro de 2001 na cidade de Porto Alegre, Rio Grande do Sul, Brasil.

brasileira é um exemplo de mobilização de massas para os demais países em que ela está organizada.

Esse processo de recomposição do campo político do feminismo popular não se dá somente a partir da ação da MMM. Podemos citar, mais uma vez, a própria REMTE, e as mulheres da Via Campesina[204], um dos principais movimentos camponeses do país, com quem a MMM tem aliança prioritária. Esse campo se torna uma alternativa ao "feminismo institucionalizado", propondo uma mudança de agenda para o movimento. A mobilização realizada no ano 2000, por exemplo, ocorre no meio do processo de Pequim +5, a avaliação da IV Conferência da Mulher, da ONU, fazendo abertamente uma crítica ao sistema capitalista como um todo, e não somente ao seu caráter neoliberal.

Em 2005, realiza-se a *II Ação Internacional da MMM*, com a elaboração da *Carta Mundial das Mulheres para a Humanidade*. No Brasil, o 8 de março, marco de início da ação, contou com a participação de 30 mil mulheres na Avenida Paulista. Esse campo político do feminismo retoma as mobilizações de rua como ação prioritária para o movimento.

É importante afirmar que, ainda que se tenha reorganizado o campo político do feminismo popular, isso não significa que não haja disputas entre as pautas feministas. Ainda, grande parte do movimento feminista se orienta por agendas reformistas, mesmo com grandes movimentos de esquerda sendo referência para o movimento organizado de mulheres.

Ao nos debruçarmos sobre o feminismo popular, como práxis coletiva construída a partir da ação das mulheres trabalhadoras em luta ao longo da história, percebemos

---

[204] TERRA DE DIREITOS. *Entenda quem é a Via Campesina*. Curitiba, 24 julho 2008. Disponível em: https://terradedireitos.org.br/noticias/noticias/entenda-quem-e-a-via-campesina/1040. Acesso em: 12 abr. 2021.

inúmeros obstáculos e desafios colocados. A conjuntura política exigirá cada vez mais das mulheres a construção de uma unidade capaz de fortalecer e ampliar o campo do feminismo popular.

O feminismo popular brasileiro atualmente

Atualmente, o feminismo popular está cada vez mais em evidência, tendo em vista a luta das mulheres por terra e moradia digna. Nesse sentido, as lideranças do feminismo popular – atuantes na Marcha Mundial das Mulheres, Movimento dos Trabalhadores Sem-Terra (MST), Movimento Sem-Teto do Centro (MSTC), Movimento dos Trabalhadores Sem-Teto (MTST) e até mesmo movimentos de juventude como o Levante Popular da Juventude – buscam a unidade por mais direitos às mulheres na América Latina.

Nesse sentido, é notório que o aumento da pobreza, do desemprego e da violência são legados da pandemia da Covid-19, que assola o país desde o início de 2020. Vale frisar que tais legados estão presentes nas reivindicações do feminismo popular. Além disso, as pautas históricas desse campo não ficaram de lado, como a defesa dos direitos reprodutivos, a luta por igualdade de gênero e por maior representatividade.

No caso da pobreza, a pauta faz-se essencial, tendo em vista que 118 milhões de mulheres passaram a viver em situação de pobreza no ano de 2020, segundo a Comissão Econômica para a América Latina e o Caribe (CEPAL)[205], e a pobreza extrema atingiu o maior índice dos últimos 20

---

[205] A CEPAL foi estabelecida pela resolução 106 (VI) do Conselho Econômico Social, de 25 de fevereiro de 1948. CEPAL. *Sobre a CEPAL*. Nações Unidas [s.l] [201-?]. Disponível em: https://www.cepal.org/pt-br/cepal-0#:~:text=A%20Comiss%C3%A3o%20Econ%C3%B4mica%20para%20a,a%20funcionar%20nesse%20mesmo%20ano. Acesso em: 25 mai. 2021.

anos. Inclusive, a divisão sexual do trabalho se expressa até hoje em aspectos até mesmo objetivos, como o dado da ONU Mulheres de que, para cada 100 homens em situação de extrema pobreza, existem 132 mulheres em condição similar.[206] Ainda, as mulheres recebem salários até 17% menores que homens na mesma função.

Por fim, a violência de gênero está também cada vez mais patente em nossa sociedade, principalmente durante o período de quarentena em razão da pandemia da Covid-19. De acordo com a ONU Mulheres, houve um aumento de 40% nas denúncias por parte de mulheres devido à violência doméstica durante o ano de 2020, de modo que a média foi de 15 milhões de novos casos de violência a cada três meses de confinamento.[207]

4.5. Feminismos e Teoria da Reprodução Social

A teoria feminista marxista parte fundamentalmente dos escritos de Karl Marx e Friedrich Engels para refletir sobre a opressão das mulheres no capitalismo. Apropriando-se de conceitos marxistas ou denunciando a insuficiência da obra do pensador alemão, o pensamento feminista marxista busca adotar o método do materialismo histórico para, como colocado por Silvia Federici, recontar a história do capitalismo a partir do ponto de vista das mulheres. Nós diríamos a partir de olhares feministas e das relações

---

[206] MELLO, Michele de. Feminismo popular busca unidade por mais direitos às mulheres na América Latina. *Brasil de Fato*, São Paulo, 09 março 2021. Disponível em: https://www.brasildefato.com.br/2021/03/09/feminismo-popular-busca-unidade-por-mais-direitos-as-mulheres-na-america-latina. Acesso em: 5 mai. 2021.

[207] MELLO, 2021.

sociais concretas em que as mulheres estiveram e estão inseridas ao longo da história do capitalismo.

Entre as linhas do feminismo marxista, tratadas brevemente no tópico 3.2.2 deste trabalho, destacamos, aqui, aquela que resgata o conceito marxista de reprodução social, presente na obra *O capital*. Segundo Marx, uma das condições de existência do sistema capitalista é a manutenção e renovação da classe trabalhadora. Assim, são cruciais as atividades que garantem a subsistência dos trabalhadores, bem como a renovação geracional que fornece a quantidade necessária de novos trabalhadores[208], a substituir aqueles que não mais possuem condições de trabalhar ou que não são mais "desejados" pela classe capitalista, no atual período de neoliberalismo.

Portanto, a reprodução social envolve dois processos principais: (i) a produção e o fornecimento de bens de consumo individual e de serviços de cuidado essenciais à subsistência dos trabalhadores (em geral, relacionados ao trabalho doméstico); e (ii) a substituição dos trabalhadores que são retirados da força de trabalho.

Em ambas essas esferas, as mulheres ocupam posição diferencial, recaindo sobre elas, de forma desproporcional, as atividades envolvidas nos processos de reprodução social. Isso se dá especialmente em razão da capacidade de reprodução humana das mulheres, à qual se associa o trabalho geral de cuidado. Aí estaria, portanto, a origem da opressão das mulheres na sociedade capitalista. Algo que seria natural – a capacidade de reprodução – se torna, assim, fundamento para desigualdades na divisão social do trabalho.

---

[208] Como quantidade necessária de trabalhadores, entende-se não só aqueles que integram a força de trabalho ativa, mas também aqueles que integram o exército de reserva, ou seja, uma massa de trabalhadores desempregados que funciona como instrumento para pressionar os salários para baixo.

Ressalta-se que, principalmente durante as décadas de 1970 e 1980, as feministas marxistas que trabalharam a ideia de reprodução social travaram um debate interessante em torno do trabalho doméstico. Para algumas, esse trabalho, em geral considerado como trabalho improdutivo – em contraposição ao trabalho produtivo[209] –, seria na realidade trabalho que produz valor, apenas não sendo reconhecido como tal. Sua remuneração se daria de forma indireta, estando incluída no cálculo do salário do trabalhador homem[210].

A aceitação da "desvalorização" do trabalho doméstico teria sido conquistada por meio de um longo processo social de naturalização da divisão de funções sociais entre homens e mulheres, recaindo sobre elas o dever natural de exercer as atividades domésticas.

Um desdobramento desse posicionamento é que a estratégia de luta do movimento feminista deve passar pelo reconhecimento do trabalho doméstico como produtivo e, consequentemente, sua remuneração, como qualquer outro trabalho assalariado[211].

---

[209] Em *Teorias da mais-valia*, Marx define trabalho produtivo como aquele "*que – no sistema de produção capitalista – produz mais-valia para o empregador ou que transforma as condições materiais do trabalho em capital e o dono delas em capitalista, por conseguinte trabalho que produz o próprio produto como capital. Assim, ao falar de trabalho produtivo, falamos de trabalho socialmente definido, trabalho que envolve relação bem determinada entre o comprador e o vendedor do trabalho. [...] Assim, podemos designar o trabalho produtivo o que se troca diretamente por dinheiro na qualidade de capital ou, apenas abreviando, o que diretamente se troca por capital, isto é, por dinheiro que em si é capital, tem a destinação de funcionar como capital, ou que, na qualidade de capital, enfrenta a força de trabalho*". MARX, Karl. *Teorias da mais-valia:* Adam Smith e a ideia do trabalho produtivo. São Paulo: Editora Global, 1980, p. 391.

[210] FORTUNATI, Leopoldina. *The Arcane of Reproduction*. Estados Unidos da América: Autonomedia, 1995, p. 91.

[211] FEDERICI, Silvia. *O ponto zero da revolução:* trabalho doméstico, reprodução e luta feminista, São Paulo: Elefante, 2019, p. 19.

Essa posição recebeu críticas contundentes dentro do próprio feminismo marxista. Autoras como Nancy Holstrom[212], argumentam que a contribuição do trabalho doméstico para a produção de valor na sociedade capitalista é indireta. Outras indicam que a centralidade no trabalho doméstico faz com que essas análises se descuidem de considerar como importantes outras atividades que compõem a reprodução social: a própria reprodução biológica, os serviços prestados pelo Estado (como creches, hospitais, transporte público etc.) e as atividades desempenhadas por meio do trabalho assalariado (trabalhadoras domésticas, babás, cuidadoras etc.).

Como forma de superar os problemas da análise centrada no trabalho doméstico, muitas vezes acusada de economicista, outras pensadoras feministas propuseram resgatar o arcabouço teórico do feminismo radical, articulando o conceito de reprodução social com o de patriarcado. São abordagens que entendem o patriarcado como algo distinto e separado das relações de produção capitalista e que opera no âmbito ideológico e psicológico[213].

Essa perspectiva tem recebido o nome de teoria do duplo sistema – ou teoria dualista – [214], uma vez que, segundo ela, a opressão das mulheres se relaciona com a sua posição na divisão sexual do trabalho (reprodução social) e com os seus relacionamentos diretos com os homens (patriarcado). Assim, as opressões de classe e de gênero são

---

[212] HOLMSTROM, Nancy. Women's Work, the Family and Capitalism. *Science and Society*, v. 45, nº 2, 1981, p. 186-211. Disponível em: https://www.jstor.org/stable/40402313. Acesso em: 5 mai. 2021.

[213] HARTMANN, Heidi. The unhappy marriage of Marxism and Feminism. Towards a more progressive union. Capital and Class, vol. 3, nº 2, p. 1-33. *In:* SARGENT, Lydia. *Women and Revolution*, Boston: South End Press, 1981.

[214] VOGEL, Lise. *Marxism and the Oppression of Women:* Toward a Unitary Theory. Estados Unidos da América: Haymarket Books, 2014, p. 134.

vistas como fenômenos analiticamente autônomos, que se inter-relacionam.

O que as críticas à posição dualista apontam é a sua incapacidade de explicar de que forma esses dois fenômenos – patriarcado e capitalismo – se relacionam. Além disso, não explicam qual seria a especificidade do patriarcado no capitalismo moderno e contemporâneo (partem da ideia, portanto, de que o patriarcado é uma esfera social historicamente perene e imutável). Colocando os termos dessa forma, a perspectiva dualista acaba por afastar as relações de gênero das relações de classe.

As feministas que trabalham, de forma mais central, com o conceito de reprodução social propõem, então, em contraposição à perspectiva dualista, uma teoria unitária, que, como já dito, localiza a base material da opressão das mulheres em relações sociais concretas e históricas. É dizer: a opressão das mulheres na sociedade capitalista não é algo fruto de relações contidas em conceitos abstratos, mas sim fenômeno historicamente delimitado e concreto. Faz-se necessária, portanto, uma análise integrativa que inclua as questões de gênero, classe e raça como elementos de um mesmo sistema, o sistema capitalista, e que não podem ser separados analiticamente.

Nesse âmbito, a Teoria da Reprodução Social propõe contribuir para o debate dentro do feminismo marxista com algumas inovações.

a) A primeira inovação, na esfera metodológica, consiste em identificar e delimitar os níveis de abstração em que a teoria marxista opera. Isso significa dizer que a separação entre reprodução social e produção é apenas analítica e categorial, tendo em vista que ambas constituem um único processo: o de acumulação de capital[215]. São fenômenos que estabelecem entre si relações complexas e, muitas vezes, contraditórias, mas articulados em uma totalidade.

Essa postura metodológica envolve reconhecer a existência de dois níveis de abstração: (i) aquele em que é possível identificar as "leis gerais" do funcionamento do capitalismo, que Marx desenvolve em *O capital*, e que opera por meio de um raciocínio lógico, não histórico; e (ii) o plano das relações concretas e historicamente determinadas, onde se inserem as relações de gênero, raça e classe.

Esses níveis de abstração – o das leis gerais do capitalismo e o das relações concretas e históricas –, porém, estão em relação dialética entre si, ou seja, são separados e inseparáveis ao mesmo tempo; possuem certa autonomia analítica, mas um depende do outro para que se possa ter uma compreensão acerca da totalidade social[216].

b) Daí uma segunda inovação decorre. Dessa vez no âmbito teórico, que consiste em reformular o próprio conceito de reprodução social que vinha sendo mobilizado por outras feministas marxistas, aprofundando-o e especificando-o. Trata-se de ir além do debate sobre trabalho doméstico e inserir no conceito de reprodução social outras relações concretas que ocorrem dentro e fora do âmbito doméstico, mas que geram

---

[215] ARRUZZA, Cinzia. Considerações sobre gênero: reabrindo o debate sobre patriarcado e/ou capitalismo. *Outubro Revista,* n. 23, p. 33-58, 2015, p. 38. Disponível em: http://outubrorevista.com.br/wp-content/uploads/2015/06/2015_1_04_Cinzia-Arruza.pdf. Acesso em: 5 mai. 2021.

[216] Segundo David Mcnally, *"a totalidade social é, então, percebida como existindo nas e através das múltiplas mediações por meio das quais os complexos específicos – i.e. 'totalidades parciais' – são conectados entre si em um complexo global dinâmico que está em constante deslocamento e mudança"*. MCNALLY, David. Intersections and Dialectismos: Critical Reconstructions in Social Reproduction Theory. *In:* BHATTACHARYA, Tithi. *Social Reproduction Theory:* Remapping Class, Recentering Oppression. London: Pluto Press, 2017, p. 107-124.

efeitos significativos sobre a situação das mulheres, como o trabalho doméstico terceirizado, realizado por trabalhadoras domésticas (em sua maioria negras e migrantes) mediante, em geral, salários baixos.

Segundo Cinzia Arruzza, quando estendemos o conceito de reprodução social para fora do âmbito doméstico, outros atores e processos passam a ser considerados nas análises, colocando-se novas perguntas: qual o papel do mercado na (des)valorização dos trabalhos de cuidado? Como o Estado de bem-estar social atua para mediar a distribuição de tarefas de reprodução social? Qual o impacto das mudanças nas dinâmicas familiares?[217]

Essas perguntas podem direcionar as pesquisas no sentido de compreender melhor como se dá a relação entre reprodução social e produção; e de fornecer explicações para o porquê do trabalho de reprodução social ser realizado majoritariamente por mulheres, quais mulheres, em quais circunstâncias etc.

c) A terceira e última inovação da TRS é colocar essas perguntas em um contexto específico, focando-se nas dinâmicas específicas do neoliberalismo. Recentes contribuições teóricas da TRS têm se debruçado sobre uma análise histórica das tensões entre reprodução social e produção, bem como sobre as formas pelas quais o Estado tenta mediar esses conflitos.

---

[217] Nas palavras da autora, essa reformulação do conceito de reprodução social permite *"estender a análise para fora das paredes do lar, desde que o trabalho de reprodução social não seja sempre encontrado das mesmas formas: qual parte vem do mercado, do Estado de bem-estar social, das relações familiares, permanece uma questão contingente que depende das dinâmicas históricas específicas e das lutas feministas"*. ARRUZZA, Cinzia. Considerações sobre gênero: reabrindo o debate sobre patriarcado e/ou capitalismo. *Outubro Revista*, n. 23, p. 33-58, 2015, p. 38. Disponível em: http://outubrorevista.com.br/wp-content/uploads/2015/06/2015_1_04_Cinzia-Arruza.pdf. Acesso em: 5 mai. 2021.

Isso significa investigar em que medida as dinâmicas de (des)regulação do Estado neoliberal produzem efeitos sobre a divisão do trabalho de reprodução social. Trata-se de identificar, por exemplo, que as políticas neoliberais de redução da participação do Estado na prestação de serviços de bem-estar social[218] significam transferir toda a responsabilidade pela reprodução social para o plano individual. Essa responsabilidade acaba recaindo de forma desproporcional sobre as mulheres, seja de forma gratuita (na esfera privada doméstica), seja na forma de trabalho (mal) pago a mulheres trabalhadoras (em sua maioria negras e migrantes).

Esse breve delineamento dos principais aprofundamentos trazidos pelas mais recentes contribuições de feministas engajadas na construção da Teoria da Reprodução Social serve para apresentar uma agenda de pesquisa inovadora e com notável potencial analítico.

4.6. Feminismo dos 99% – uma crítica ao neoliberalismo

O Manifesto, publicado no ano de 2017, denominado "Feminismo para os 99%",[219] e já traduzido para mais de 13 idiomas[220], inclusive para a versão brasileira, reúne onze teses, por meio das quais se busca fazer um alerta: o movi-

---

[218] Os serviços de bem-estar social incluem os serviços públicos de saúde física e mental, educação, previdência social, assistência social, saneamento básico, creches, casas de repouso, entre outros.

[219] ARRUZZA, Cinzia; BHATTACHARYA, Tithi; FRASER, Nancy. *Feminismo para os 99%:* um manifesto. São Paulo: Boitempo, 2019.

[220] MARTÍNEZ, T. O.; GALINDO, M. Z. Leitura crítica de um manifesto feminista populista. *Revista USP,* [S. l.], n. 122, p. 71-86, 2019. DOI: 10.11606/issn.2316-9036.v0i122p71-86. Disponível em: https://www.revistas.usp.br/revusp/article/view/162621. Acesso em: 5 mai. 2021.

mento feminista atual precisa se adequar à dimensão e à pluralidade da crise vivida no mundo. Para Cinzia Arruzza, Tithi Bhattacharya e Nancy Fraser, autoras do Manifesto, a sociedade está em crise como um todo, não se trata, portanto, de uma crise meramente financeira, mas de uma crise generalizada que possui uma origem comum: a organização social edificada sob os objetivos e prioridades do capitalismo.

Como bem sintetiza Jéssica Omena Valmórbida:

> *construído sob os termos de denúncia das desigualdades, sobretudo econômicas, apontadas pelos movimentos do Occupy, o feminismo para os 99% se opõe ao 1% que controla a economia global.*[221]"

São destinatárias do Manifesto, principalmente, as mulheres da classe trabalhadora:

> *racializadas, migrantes ou brancas; cis, trans ou não alinhadas à conformidade de gênero; que exercem o trabalho doméstico ou são trabalhadoras sexuais; remuneradas por hora, semana, mês ou nunca remuneradas; desempregadas ou subempregadas; jovens ou idosas.*[222]

---

[221] VALMÓRBIDA, J. O. Feminismo para os 99%: um debate. *Cadernos de Filosofia Alemã:* Crítica e Modernidade, [S. l.], v. 25, n. 1, p. 257-264, 2020. DOI: 10.11606/issn.2318-9800.v25i1p257-264. Disponível em: https://www.revistas.usp.br/filosofiaalema/article/view/170235. Acesso em: 5 mai. 2021.

[222] ARRUZZA, Cinzia; BHATTACHARYA, Tithi; FRASER, Nancy. *Feminismo para os 99%:* um manifesto. São Paulo: Boitempo, 2019. p.43-44.

Os objetivos do Manifesto e as estratégias de ação são trazidos já no seu início:

> (...) explicar por que as feministas devem escolher o caminho das greves feministas, por que devemos nos unir a outros movimentos anticapitalistas e contrários ao sistema, por que nosso movimento deve se tornar um feminismo para os 99%. Apenas dessa forma - pela associação com ativistas antirracistas, ambientalistas e pelos direitos trabalhistas e de imigrantes - o feminismo pode se mostrar à altura dos desafios atuais.[223]

As manifestações ocorridas no dia 8 de março do ano de 2017, com ruas e praças lotadas por todo o mundo, foram vistas como oportunidade de estabelecer uma aproximação entre organizações de mulheres em diferentes países, permitindo, nas palavras de Nancy Fraser, *"o começo de uma base para internacionalizar o feminismo, a partir de baixo"*[224]. Foi aí, na visão de Jéssica Omena Valmórbida, que a chamada de Cinzia Arruzza, Tithi Bhattacharya e Nancy Fraser para insurgência grevista das mulheres no 8 de março *"revitalizou os ânimos para a atuação política e nos admoestou a não nos deixarmos seduzir pelas proposições meritocráticas de um neoliberalismo progressista.*[225]*"*

---

[223] ARRUZZA; BHATTACHARYA; FRASER, 2019, p. 29.

[224] FRASER, Nancy. Nancy Fraser propõe o Feminismo para 99%: entrevista a Isabel Valdés, para o El País, tradução Felipe Calabrez. *Outras Palavras*, São Paulo, 24 dezembro 2019. Disponível em: https://outraspalavras.net/feminismos/nancy-fraser-propoe-o-feminismo-para-99/. Acesso em: 8 jun. 2021.

[225] VALMÓRBIDA, J. O. Feminismo para os 99%: um debate. *Cadernos de Filosofia Alemã:* Crítica e Modernidade, [S. l.], v. 25, n. 1, p. 257-264, 2020. DOI: 10.11606/issn.2318-9800.v25i1p257-264. Disponível em: https://www.revistas.usp.br/filosofiaalema/article/view/170235. Acesso em: 5 mai. 2021.

No Manifesto, são analisadas duas visões do feminismo: uma liberal, que é objeto de crítica por parte das autoras que entendem que ela reduz o feminismo a um servo do capitalismo; e outra que visa *"a um mundo justo, cuja riqueza e recursos naturais sejam compartilhados por todos e onde a igualdade e a liberdade sejam condições reais de vida, não apenas aspirações"*.[226]

O feminismo dos 99% surge no contexto do capitalismo neoliberal, que, na visão de Nancy Fraser, representa:

> *(...) algo agressivo, que está exaurindo nossas energias e nosso tempo para fazer o trabalho social reprodutivo necessário, que está consumindo e destruindo suas próprias condições de existência, a natureza, a capacidade de nossos governos para nos defender, para resolver nossos problemas. (...) As pessoas sentem que os partidos e a narrativa política dominante falharam e nos trouxeram a essa situação. Esse feminismo dos 99% é a resposta a essa crise. Seu objetivo é identificar claramente quem é o inimigo – e é essa forma do capitalismo. Por isso, este feminismo é o movimento mais ambicioso, comprometido a reimaginar uma nova sociedade que será construída sobre bases inteiramente novas*[227]

---

[226] KOLLONTAI, Alexandra et al. *Introdução ao pensamento feminista negro: por um feminismo dos 99%*. 1. ed. São Paulo: Boitempo, 2021 [recurso eletrônico]. Disponível em: https://boitempoeditorial.files.wordpress.com/2021/03/por-um-feminismo-para-os-99_introducao-ao-pensamento-feminista-negro_textos-de-apoio.pdf. Acesso em: 5 mai. 2021.

[227] FRASER, Nancy. Nancy Fraser propõe o Feminismo para 99%: entrevista a Isabel Valdés, para o El País, tradução Felipe Calabrez. *Outras Palavras*, São Paulo, 24 dezembro 2019. Disponível em: https://outraspalavras.net/feminismos/nancy-fraser-propoe-o-feminismo-para-99/. Acesso em: 8 jun. 2021.

Para as autoras, a postura anticapitalista exige a transformação do sistema político, econômico e social subjacente que oculta nossos direitos; e o Feminismo para os 99% luta *"por arranjos sociais que priorizem a vida das pessoas e os vínculos sociais acima da produção para o lucro"*.[228]

O Manifesto Feminismo para os 99% é uma crítica bem ampla ao neoliberalismo, incluindo, entre outras, a problemática da reprodução social, da violência contra as mulheres e da situação das trabalhadoras do sexo ou o assédio.

Nancy Fraser[229], em depoimento sobre o Feminismo para os 99%, do qual é coautora, afirma que o feminismo exerce papel fundamental ao defender o cuidado como eixo transversal de todas as lutas sociais, ressaltando que esse tipo de serviço tem sido tradicionalmente considerado como inferior para minimizar o valor do trabalho da mulher. O feminismo dos 99% afirma que o cuidado é um valor humano universal.

O Manifesto teve como principal fato impulsionador a greve feminista ocorrida no ano de 2016, na Polônia, quando mais de 100 mil mulheres organizaram paralisações em oposição à proibição do aborto no país, bem como os movimentos globais e de solidariedade por parte de trabalhadoras em vários outros países que, ampliando a agenda dos direitos reprodutivos, pontuaram muito especialmente o feminicídio. Assim, tomaram os espaços públicos, inclusive os espaços de trabalho, carregando seus

---

[228] ARRUZZA, Cinzia; BHATTACHARYA, Tithi; FRASER, Nancy. *Feminismo para os 99%:* um manifesto. São Paulo: Boitempo, 2019. p. 118.

[229] GRUPO DE ESTUDIOS CRÍTICOS. *Reflexiones tras la visita de Nancy Fraser.* 1 de abril de 2019. Disponível em: http://www.gec-madrid.org/2019/04/01/lo-que-nos-dejo-la-visita-de-nancy-fraser/. Acesso em: 5 mai. 2021.

lemas: #NiUnaMenos[230], #NossotrasParamos, #WeStrike, #Feminism4the99. Vale ressaltar a luta histórica das "hermanas" argentinas que, em 2020, conquistaram a aprovação da Lei nº 27.610/2020, por meio da qual é garantido o aborto seguro e gratuito em seu país.

Inspiradas por esses movimentos, as feministas do Manifesto propuseram novas formas de greve, novas formas de atuação e novas formas de lutas das trabalhadoras que se ampliariam a todas as mulheres, muito especialmente àquelas cujo *"trabalho remunerado e não remunerado sustenta o mundo"*. Assim, buscam considerar o trabalho como algo que se expressa, não apenas de forma assalariada, mas que engloba também *"o trabalho doméstico, do sexo e dos sorrisos"*. Em suma, esse ativismo renovado torna visível o trabalho do cuidado que seria "próprio" das mulheres e, assim, determinado por gênero, incluindo as profissionais do sexo. Dessa forma, buscam denunciar ao mundo a exploração de *"atividades das quais o capital se beneficia, mas pelas quais não paga"*.[231]

Feminismo para os 99% – Um Manifesto apresenta 11 teses, na perspectiva de gênero, que expõem a relação determinante do capitalismo neoliberal global com as diversas crises internacionais e nacionais contemporâneas, nas áreas da política, da economia, da educação, da saúde, do trabalho, da

---

[230] Em 1995, Susana Chávez escreveu um poema com a frase "Ni una muerta más" para protestar pelos feminicídios em Cidade Juárez. A poetisa terminou assassinada em 2011 por sua luta pelos direitos das mulheres. Um grupo de escritoras, artistas e jornalistas militantes tomou essa expressão e converteu-a em Nem uma menos, isto é, nem uma mulher a mais vítima do feminicídio, para utilizá-la como convocação para a mobilização. Disponível em: https://pt.wikipedia.org/wiki/Ni_una_menos. Acesso em: 3 jun. 2021.

[231] ARRUZZA, Cinzia; BHATTACHARYA, Tithi; FRASER, Nancy. *Feminismo para os 99%:* um manifesto. São Paulo: Boitempo, 2019. p. 33.

habitação, da alimentação e da sustentabilidade ambiental, bem como nos mais diversos setores sociais. Critica também o feminismo liberal e mesmo o radical.

São as seguintes as 11 teses do Manifesto:

Tese 1: Uma nova onda feminista está reinventando a greve.

Tese 2: O feminismo liberal está falido. É hora de superá-lo.

Tese 3: Precisamos de um feminismo anticapitalista - um feminismo para os 99%.

Tese 4: Vivemos uma crise da sociedade como um todo – e sua causa originária é o capitalismo.

Tese 5: A opressão de gênero nas sociedades capitalistas está enraizada na subordinação da reprodução social à produção que visa ao lucro. Queremos subverter as coisas na direção certa.

Tese 6: A violência de gênero assume muitas formas, sempre enredadas nas relações sociais capitalistas. Prometemos combater todas elas.

Tese 7: O capitalismo tenta regular a sexualidade. Nós queremos libertá-la.

Tese 8: O capitalismo nasceu da violência racista e colonial. O feminismo para os 99% é antirracista e anti-imperialista.

Tese 9: Lutando para reverter a destruição da Terra pelo capital, o feminismo para os 99% é ecossocialista.

Tese 10: O capitalismo é incompatível com a verdadeira democracia e a paz. Nossa resposta é o internacionalismo feminista.

Tese 11: O feminismo para os 99% convoca todos os movimentos radicais a se unir em uma insurgência anticapitalista comum.

De acordo com resenha elaborada por Enrico Bueno da Silva sobre o Manifesto, *"as 11 teses articulam a injustiça de gênero com uma série de problemáticas estruturalmente entranhadas ao sexismo"*.[232]

No posfácio do livro, as autoras enfatizam que, por razões sistêmicas, o capitalismo está destinado a frustrar as aspirações democráticas; a esvaziar direitos; a enfraquecer poderes públicos; e a gerar repressão brutal, guerras intermináveis e crises de administração governamental.[233]

O Manifesto identifica as sociedades capitalistas como sociedades de classes que permitem a uma pequena minoria acumular lucros privados por meio da exploração da grande maioria, que é trabalhadora e recebe salários que não correspondem ao que produzem, pois a lógica é a da acumulação capitalista através da mais-valia. O que é menos amplamente compreendido é que sociedades capitalistas também são, por definição, a origem da opressão de gênero. Longe de ser acidental, o sexismo está entranhado em sua própria estrutura.

O Manifesto vai além da luta de classes marxista, incluindo várias outras em torno da reprodução social, na perspectiva interseccional pela libertação das mulheres do jugo patriarcal, machista, contra o racismo, constructo do colonialismo, contra a xenofobia e as guerras em geral.

---

[232] BUENO, Enrico. Feminismo para os 99%: O Manifesto no contexto da obra de Nancy Fraser. *Blog da SBS*, 16 março 2021. Disponível em: http://www.sbsociologia.com.br/blog/2021/03/16/feminismo-para-os-99-o-manifesto-no-contexto-da-obra-de-nancy-fraser/. Acesso em: 5 mai. 2021.

[233] ARRUZZA, Cinzia; BHATTACHARYA, Tithi; FRASER, Nancy. *Feminismo para os 99%:* um manifesto. São Paulo: Boitempo, 2019. p. 103

Em relação ao neoliberalismo, convém ainda destacar o seguinte trecho do Manifesto:

> *enquanto o neoliberalismo exige mais horas de trabalho remunerado por unidade familiar e menos suporte estatal à assistência social, ele pressiona até o limite famílias, comunidades e (acima de tudo) mulheres.*[234]

A crítica ao feminismo liberal surge já na segunda tese e é igualmente contundente. Versa sobre o discurso e as conquistas promovidas por esse movimento que, originalmente estruturado por mulheres escolarizadas e da burguesia, representam a manutenção dos privilégios de raça e classe, ao defender um feminismo que concebe apenas a ideia de mulheres "iguais". Descrito como *"completamente compatível com a crescente desigualdade"*, as feministas dos 99% declaram que o feminismo liberal, organizado em conformidade com as pretensões da economia oficial, não é compatível – e nem busca ser – com toda a pluralidade e diversidade das mulheres, de suas particularidades, necessidades, subjetividades, discriminações e violências sofridas por elas. Dessa forma, embora condene a discriminação e defenda a liberdade de escolha, *"o feminismo liberal se recusa firmemente a tratar das restrições socioeconômicas que tornam a liberdade e o empoderamento impossíveis para uma ampla maioria de mulheres"*.[235]

Ainda em relação ao neoliberalismo, vale enfatizar que seus projetos sociais e assistenciais não proporcionam alteração ou melhoria efetiva no cenário de crises

---

[234] ARRUZZA; BHATTACHARYA; FRASER, 2019, p. 56.
[235] ARRUZZA; BHATTACHARYA; FRASER, 2019, p. 37.

sociais concretas e pungentes que se multiplicam por todo o mundo. Seus projetos apenas reconstroem padrões e aplicam novos modelos de dominação desumana, reafirmando alianças com relações sociais e instituições opressoras, ao invés de apresentarem projetos de transformação social estrutural por igualdade e equidade.

A armadilha mais perigosa para nós feministas estaria em pensar que há apenas duas opções políticas às nossas ações e estratégias. A variante "progressista" do neoliberalismo, que nada mais é do que uma versão elitista e corporativa do feminismo, visa a encobrir com uma camada de verniz emancipatório sua agenda predatória e oligárquica. Já a variante reacionária do neoliberalismo por outros meios aciona tropas misóginas e racistas com a intenção de endossar suas credenciais "populistas".

O feminismo dos 99% se estabelece no *front* contra a alta capacidade de globalização do capitalismo neoliberal atual, alertando, principalmente, sobre a capacidade desse novo sistema em expandir exponencialmente os riscos e violações enfrentadas, não só pelas mulheres, como também por todos os grupos étnicos minoritários, imigrantes, pessoas LGBTI+, bem como em relação ao meio ambiente.

A devastação pelo sistema capitalista global dos recursos naturais, advinda de políticas predatórias de produtividade e de lucro, é completamente indiferente ao mínimo essencial à manutenção da vida e de um planeta saudável para esta e para as próximas gerações. De tal forma, o movimento ecossocialista representa ação política relevante contra a crise ecológica. A busca pela preservação ambiental é luta diretamente associada à luta das mulheres, responsáveis pela resistência e ativismo contra a exploração desordenada e ocasionadora de desastres, seca e poluição em todo o mundo. As mulheres da população rural são, em grande maioria, carentes de terra, de trabalho, de lar e de condições para manutenção das próprias famílias. O feminismo dos 99% traz as mulheres como a parte da população mais afetada pelas mudanças ambientais, somando, por exemplo, 80% das pessoas refugiadas em função do clima[236].

Considerando agora diretamente a exploração e opressão de gênero, é preciso ressaltar pontos essenciais a essa teoria: (i) sociedades capitalistas são a origem da opressão de gênero, assim como (ii) o sexismo é parte fundamental da estrutura dessas sociedades. De acordo com o Manifesto:

> *O capitalismo certamente não inventou a subordinação das mulheres. Esta existiu sob diversas formas em todas as sociedades de classe anteriores. O capitalismo, porém, estabeleceu outros modelos, notadamente "modernos", de sexismo, sustentados pelas novas estruturas institucionais.*[237]

Ainda de acordo com o Manifesto, a opressão de gênero é utilizada pelas sociedades capitalistas como instrumento de discriminação, ao estabelecer o sexismo e a reprodução social como meio de controle e dominação. Convém ressaltar que a teoria da reprodução social busca evidenciar o caráter estrutural de exploração das mulheres, assim como expõe que a organização social atual, ou remodelada pelo neoliberalismo, conserva os eixos de subordinação que mantêm a reprodução e a produção de pessoas como obrigação exclusiva das mulheres.

---

[236] ARRUZZA, Cinzia; BHATTACHARYA, Tithi; FRASER, Nancy. *Feminismo para os 99%:* um manifesto. São Paulo: Boitempo, 2019. p. 84.

[237] ARRUZZA; BHATTACHARYA; FRASER, 2019, p. 51.

O Manifesto chama a atenção para o fato de que produção social é tida como obrigação própria das mulheres e denuncia as nefastas consequências desse sistema que, introduzido por meio dos papéis de gênero institucionalizados e reforçados pelos diferentes sistemas sociais, seja a economia, a política e a cultura, incumbe ao sexo feminino a função de gestar, criar e educar. Assim, a naturalização da criação das próximas gerações – reprodução e produção de pessoas – fica sob a responsabilidade das mulheres e elas as executam sem a contribuição financeira do Estado. Temos uma clara exploração sobre o corpo feminino. Mas não é só isso: essa exploração também constitui a forma pela qual a sociedade reproduz e aplica a discriminação de gênero e a cisheteronormatividade.

O feminismo dos 99% declara que toda a função de reprodução social possui como base o conservadorismo social e ocorre, principalmente, por meio da educação familiar. Esta, por sua vez, está enraizada nas estruturas opressoras e determina a educação normatizada dos filhos, na intenção de que estes se adequem e venham a reproduzir ao máximo os padrões sociais preestabelecidos de identidade e comportamento: cisnormatividade e heteronormatividade. Consequentemente, essa padronização do indivíduo socialmente reconhecido é responsável por incentivar a discriminação de todos os seres que não representem espontaneamente essas normas desde a primeira infância. Assim, essa padronização colabora para a marginalização das sexualidades dissonantes da normatividade imposta para conservação do modelo de família tradicional.

Vê-se, assim, que os movimentos neoliberais contemporâneos não confrontam as condições estruturais homofóbicas, transfóbicas e de reprodução social institucionalizadas

– na forma de "máquina de criação de sujeitos" – que, para serem aceitos e reconhecidos como pessoas, deverão adequar-se ao modelo de comportamento branco, cisgênero e heteronormativo. O trecho abaixo, do Manifesto, exprime bem essa questão:

> *Lutamos para libertar a sexualidade não apenas das formas de família procriadora e normativa, mas também das restrições de gênero, raça e classe e das deformações do estatismo e do consumismo. Sabemos, entretanto, que, para concretizar esse sonho, devemos construir uma forma de sociedade nova, não capitalista, que assegure as bases materiais da liberação sexual, entre elas o amplo suporte público à reprodução social, redesenhada para uma gama muito mais ampla de famílias e uniões afetivas*[238].

De acordo com o feminismo dos 99%, a racialização de pessoas também é fator determinante para o reconhecimento de privilégios que cada ser humano terá na sociedade. Ademais, a discriminação racial é fator agravante para todas as outras "desconformidades" que podem vir a acontecer a qualquer pessoa. Em razão desse princípio, o Manifesto critica as feministas liberais e radicais, as quais universalizam a mulher e priorizam as necessidades das mulheres brancas e burguesas.

A conclusão que se pode tirar do Manifesto em relação à teoria da Reprodução Social é que manter a reprodução humana sob o modelo do capitalismo, do individualismo

---

[238] ARRUZZA, Cinzia; BHATTACHARYA, Tithi; FRASER, Nancy. *Feminismo para os 99%:* um manifesto. São Paulo: Boitempo, 2019, p. 73 e 74.

e do patriarcado é o suficiente para a perpetuação do estado desigual e de violência, que tem como consequências ataques a quaisquer minorias políticas, raciais, étnicas e sociais. A padronização do ser humano, socialmente aceito, representa não apenas a dominação cultural e institucional sobre a liberdade de ser como também reitera o domínio das instituições sobre a mulher e o corpo feminino.

A teoria proposta pelas feministas dos 99% engloba e representa a luta contra todas as formas de opressão e desigualdades, reconhecendo as pluralidades e diversidades existenciais. Busca unir movimentos identitários aos movimentos políticos que têm por objetivo a reorganização estrutural e generalizada, no âmbito nacional e internacional, prevendo beneficiar os 99% que são prejudicados pelo brutal capitalismo que beneficia apenas o 1% da humanidade. Em outras palavras, o feminismo para os 99% convoca todos os movimentos radicais a se unirem em uma insurgência anticapitalista comum.

Para a realização prática dessa teoria, é necessário o emergencial reconhecimento dos diferentes sistemas de dominação que atuam para a manutenção da organização opressora de gênero, raça e classe, compreendendo-se que o capital representa o princípio estrutural de todas as relações, sejam sociais, familiares, de emprego e ecológicas. Assim sendo:

> *[p]reparado por sua própria lógica para degradar a natureza, instrumentalizar os poderes públicos e recrutar o trabalho não remunerado do cuidado, o capital desestabiliza periodicamente as próprias condições das quais ele – e o resto de nós – depende para sobreviver.*

Com base nas denúncias anteriores, o feminismo dos 99% prevê que a reconstrução social é necessária e urgente, bem como necessita do engajamento de todos os grupos, de todas as pessoas que se encontram sob a violência imposta pelo sistema capitalista e reforçada diariamente pelas inovações do neoliberalismo. A luta defendida pelas feministas do Manifesto é exercida de forma diversa, humanizada e estrutural, apresentando contrapropostas aos novos sistemas capitalistas que vêm "convencendo" a sociedade da sua "humanização".

Essa teoria propõe que sejamos capazes de compreender os vários sistemas de opressão como determinantes de nossas vidas, nos mantendo à margem de seus interesses, em detrimento de condições dignas e humanas de existência. Ao propor outras possibilidades de mudanças sociais, o feminismo dos 99% é um feminismo anticapitalista inquieto, antirracista, anti-imperialista, ecossocialista, internacionalista, que luta contra todas as formas de violência e opressão de gênero, homofóbicas e transfóbicas.

CAPÍTULO 5

Feminismo(s) e Direito

Na luta contra todas as formas de discriminação, o Direito é um dos terrenos privilegiados de disputa e legitimação de conceitos e categorias por meio dos quais a proteção contra a discriminação se redefine de maneira constante. A busca de marcos conceituais e operativos para enfrentar as desigualdades e discriminações, através da normativa e da jurisprudência nacional e internacional, é uma tarefa estratégica e está em curso. É nesse sentido e espírito que vamos desenvolver esta parte do livro, "Feminismos e Direito".

Os conceitos de gênero e de patriarcado surgiram desses estudos e foram enriquecendo dinamicamente e estruturando o mundo jurídico. Uma das teóricas que melhor trabalha a relação gênero e direito na perspectiva dos direitos das mulheres é Alda Facio. A autora, para quem o Direito não é neutro, e sim androcêntrico, assinala – em obra com Lorena Fries – a importância que o Direito tem na manutenção e reprodução do sistema que trivializa a vida e as experiências de metade da humanidade,[239] e propõe ressignificar o Direito para que sirva de instrumento transformador a uma sociedade mais justa e igualitária.[240]

Neste capítulo, vamos delinear de forma breve o processo de construção dos direitos da mulher na perspectiva internacional e nacional, ressaltando o fato de terem sido estabelecidos muitos diálogos, que se retroalimentaram nos âmbitos global, regional e local. Isso se deve, muito especialmente, ao fato de a ONU ter estabelecido a década de 1975-1985 como a Década da Mulher, com a realização de inúmeras conferências nos vários níveis, salientando-se inclusive a criação da Convenção sobre a Eliminação

---

[239] FACIO, Alda; FRIES, Lorena. *Género y derecho*. Santiago, Chile: La Morada. 1999, p. 22.

[240] FACIO; FRIES, 1999, p. 22.

de todas as formas de Discriminação contra a Mulher – Convenção CEDAW/ONU de 1979.

Respeitar a dignidade humana, a igualdade e a participação das mulheres, no âmbito público e privado, significa ter o compromisso e a coragem de superar padrões culturais estereotipados que as colocam em situação de subalternidade, opressão e sofrimento.

Assim sendo, esperamos que uma apresentação mais detalhada a respeito da Convenção CEDAW e de algumas atividades significativas do seu Comitê de monitoramento possam incentivar muitas e muitos a não só melhor conhecer e refletir sobre a relevância do sistema internacional de proteção aos direitos humanos das mulheres, mas que também represente um convite à ação no sentido de contribuir à sua efetivação.

Ressaltamos o quanto é belo estudar o processo de construção dos direitos humanos das mulheres impulsionado pelas Nações Unidas, em especial nos momentos sombrios em que vivemos, pois nos convida à resiliência e à esperança.

5.1. Âmbito internacional: global e interamericano

Na incorporação do conceito de gênero na teoria e na prática jurídica tem ocorrido, ainda que de forma problemática, paulatina e diversificada, nos diversos países e regiões do mundo. Apesar da existência de obstáculos e até retrocessos, não apenas no Brasil, mas também na perspectiva do sistema internacional, é possível identificar avanços significativos no sentido de integrar gênero no campo de proteção aos direitos humanos.

No que tange a gênero, na perspectiva dos direitos das mulheres, merecem destaque algumas conferências internacionais da Organização das Nações Unidas (ONU), e as declarações e programas ou plataformas de ação por elas adotadas, implicando compromissos para os Estados, em especial por meio de ações e medidas legislativas, judiciárias e de políticas públicas.

A partir dos anos 1990, vale ressaltar o papel da II Conferência Mundial de Direitos Humanos, realizada em Viena, em 1993, na qual foi mencionado expressamente que os direitos das mulheres e meninas são parte inalienável, integral e indivisível dos direitos humanos universais, e que a violência de gênero é incompatível com a dignidade e o valor da pessoa humana.[241]

Compromisso dessa Conferência, foi aprovada posteriormente, ao final do ano de 1993, pela ONU, a Declaração sobre a Eliminação da Violência contra as Mulheres, que define, já em seu artigo 1º, "violência contra as mulheres" como ato de violência baseado no gênero do qual resulte, ou possa resultar, dano ou sofrimento físico, sexual ou psicológico para as mulheres, inclusive as ameaças de tais atos, a coação ou a privação arbitrária de liberdade, que ocorra, seja na vida pública, seja na vida privada.

Na Conferência Internacional sobre População e Desenvolvimento, ocorrida no Cairo, em 1994, assim como na IV Conferência Mundial sobre a Mulher, realizada em Pequim, em 1995, houve o reconhecimento de que *os direitos reprodutivos são direitos humanos e que a violência de gênero é um obstáculo para a saúde, os direitos sexuais e reprodutivos das mulheres, bem como para sua educação e participação no desenvolvimento.*

---

[241] Conforme artigo 18 da Declaração de Viena.

A Declaração adotada na III Conferência Mundial de Combate ao Racismo, Discriminação Racial, Xenofobia e Intolerância Correlata, realizada em Durban, em 2001, reafirma expressamente o dever dos Estados em:

> *adotar uma perspectiva de gênero que reconheça as múltiplas formas de discriminação que podem afetar as mulheres e que o gozo de seus direitos civis, políticos, econômicos, sociais e culturais é essencial para o desenvolvimento das sociedades em todo o mundo.*[242]

No plano dos principais tratados internacionais de proteção aos direitos humanos, do sistema global da ONU,[243] embora gênero não esteja expressamente formulado nos

---

[242] Conforme preâmbulo da Declaração de Durban. Recomenda-se, ainda, em especial quanto à incorporação de gênero e interseccionalidade com raça e etnia, os parágrafos 18, 31, 50-52, 59, 63, 66, 69, 94, 136, 176, 212 da Declaração e Programa de Ação de Durban.

[243] Os principais tratados internacionais de direitos humanos da ONU a que nos referimos são, até o momento: 1) Pacto Internacional sobre Direitos Civis e Políticos (PIDCP, 1966) e seus Protocolos Facultativos (1966 e 1989); 2) Pacto Internacional sobre Direitos Econômicos, Sociais e Culturais (PIDESC, 1966) e seu Protocolo Facultativo (2008); 3) Convenção Internacional sobre a Eliminação de Todas as Formas de Discriminação Racial (CERD, 1965); 4) Convenção sobre a Eliminação de Todas as Formas de Discriminação contra as Mulheres (CEDAW, 1979) e seu Protocolo Facultativo (1999); 5) Convenção contra a Tortura e outros tratamentos ou penas cruéis, desumanos ou degradantes (1984) e seu Protocolo Facultativo (2002); 6) Convenção sobre os Direitos da Criança (1989) e seus Protocolos Facultativos (2000); 7) Convenção Internacional sobre a Proteção dos Direitos de Todos os Trabalhadores Migrantes e dos Membros das suas Famílias (1990); 8) Convenção Internacional sobre os Direitos das Pessoas com Deficiência (2006) e seu Protocolo Facultativo (2006), e 9) Convenção Internacional para a Proteção de Todas as Pessoas contra o Desaparecimento Forçado (2006).

textos normativos,[244] encontra-se presente em comentários e/ou recomendações gerais de vários comitês monitores de sua implementação pelos Estados.[245] E tais comentários e/ou recomendações gerais:

> *sendo instrumentos reveladores do sentido e do alcance dos tratados no confronto com a realidade em que são aplicados, compartilhariam, com os mesmos, de certa forma, sua natureza normativa.*[246]

Em geral, os Comitês da ONU, como mecanismos quase judiciais, também recebem comunicações por meio das quais examinam e decidem casos de denúncias de violações aos direitos protegidos nos respectivos tratados.

Nesse sentido, é exemplar a decisão do Comitê CEDAW, em 2010, no caso de Karen Tayag Vertido ao concluir que, ao não obstar a utilização de estereótipos de gênero discriminatórios no processo legal, o Estado das Filipinas violou os artigos 2º (c) e 2º (f) da Convenção sobre a Eliminação

---

[244] Cabe observar que, no direito internacional, o Estatuto de Roma do Tribunal Penal Internacional (TPI) – adotado em julho de 1998 e em vigor desde julho de 2002 –, não obstante seus avanços, inclusive ao incorporar "gênero", em especial no que se refere aos "crimes contra a humanidade" (art. 7, parágrafo 1, h), entende que o termo "gênero" abrange os sexos masculino e feminino, dentro do contexto da sociedade, não lhe devendo ser atribuído qualquer outro significado (art. 7, parágrafo 3).

[245] Em especial, os comentários e as recomendações gerais mais recentes dos Comitês monitores da CEDAW, do PIDESC e da CERD.

[246] PIMENTEL, Silvia; GREGORUT, Adriana. Humanização do direito internacional: as recomendações gerais dos comitês de direitos humanos da ONU e seu papel crucial na interpretação autorizada das normas de direito internacional. *In:* SOARES, Mário Lúcio Quintão Soares; Mércia Cardoso de Souza (orgs.). *A interface dos direitos humanos com o direito internacional,* tomo II, 1. ed. Belo Horizonte: Arraes Editores, 2016, p. 262.

de Todas as Formas de Discriminação contra as Mulheres (CEDAW), assim como o artigo 5º (a), considerados conjuntamente com o artigo 1º, bem como a Recomendação Geral nº 19 (Violência contra as Mulheres). Karen, uma alta executiva, havia sido estuprada por seu chefe em 1996, e em 2005 ele foi absolvido.[247]

Também exemplar é o entendimento do Comitê CEDAW, em 2011, na comunicação "Alyne" vs. Brasil,[248] *"a primeira decisão de um órgão convencional internacional que responsabilizou um governo por uma morte materna evitável"*,[249] nesse caso, de uma mulher jovem, negra e pobre e que será desenvolvido em item específico mais adiante.

A questão de gênero, em grande parte abordada na perspectiva dos direitos das mulheres, tem sido também objeto de crescente atenção, preocupações e recomendações dos procedimentos especiais do Conselho de Direitos Humanos da ONU, no trabalho desenvolvido por relatorias especiais

---

[247] Comunicação nº 18/2008, Vertido c. Filipinas, decisão adotada em 16 de julho de 2010. Documento da ONU: CEDAW/C/46/D/18/2008, de 22 de setembro de 2010. Disponível em: http://juris.ohchr.org/Search/Details/1700. Acesso em: 5 mai. 2021.

[248] Para mais informação sobre o caso de Alyne da Silva Pimentel Teixeira ("Alyne"), Comunicação nº 17/2008, Teixeira c. Brasil, decisão adotada em 25 de julho de 2011. Documento da ONU CEDAW/C/46/D/17/2008, de 27 de setembro de 2011. Disponível em: http://juris.ohchr.org/Search/Details/1701. Acesso em: 5 mai. 2021.

[249] COOK, Rebecca J. Human rights and maternal health: exploring the effectiveness of the alyne decision, global health and the law. *Journal of law, medicine and ethics*, v. 41, issue 1, Spring 2013, p. 103-123. DOI: https://doi.org/10.1111/jlme.12008, p. 103.

ou grupos de trabalhos em seus mandatos temáticos ou em relação com um país específico.[250]

No âmbito do sistema interamericano de proteção aos direitos humanos, da Organização dos Estados Americanos (OEA), destaca-se a Convenção Interamericana para Prevenir, Punir e Erradicar a Violência Contra a Mulher, conhecida como "Convenção de Belém do Pará", aprovada em 1994. Trata-se de instrumento jurídico que introduziu de forma explícita a palavra *gênero* em seu texto, permitindo visibilizar e, inclusive, melhor abordar a violência de gênero praticada contra a mulher como aquela dirigida a ela por ser mulher ou que a afeta desproporcionalmente,

---

[250] Os procedimentos especiais são integrados sempre por especialistas nomeados pelo Conselho de Direitos Humanos e prestam serviço a título pessoal. Comprometem-se a executar seu trabalho com independência, eficiência, competência, integridade, probidade, imparcialidade, honestidade e boa-fé. Assim como os membros dos Comitês dos tratados internacionais, não são funcionários da ONU e não recebem remuneração. Entre suas atividades, realizam visitas aos países, atuam sobre casos e situações individuais de natureza mais ampla e estrutural mediante o envio de comunicações aos Estados e a outros interessados sobre denúncias de violações ou abusos; realizam estudos temáticos e organizam consultas com especialistas e movimentos; contribuem à elaboração de normativas internacionais de direitos humanos, participam em tarefas de promoção, sensibilizam a população e assessoram em matéria de cooperação técnica. Apresentam relatórios anuais ao Conselho e em geral também à Assembleia Geral da ONU. Suas tarefas são definidas nas resoluções em virtude das quais se criam ou se prorrogam os mandatos. Em 30 de setembro de 2016, vigoravam 43 mandatos temáticos e 14 mandatos de país. Para mais detalhes e informações a respeito disso: http://www.ohchr.org/EN/HRBodies/SP/Pages/Introduction.aspx. Acesso em: 5 mai. 2021.

na esfera pública ou privada.[251] Estudo realizado pela então Relatora Especial da ONU sobre Violência contra as Mulheres, suas Causas e Consequências, reforça essa ideia ao afirmar que as violências que as mulheres sofrem não devem ser naturalizadas, pois não são um destino.[252] Destaca-se também a perspectiva da interseccionalidade apontada pela Convenção em seu art. 9º, ao estabelecer que na adoção das medidas para seu cumprimento (arts. 7º e 8º), os Estados devem considerar especialmente a situação da mulher vulnerável à violência por distintos fatores,

---

[251] OEA. *Convenção de Belém do Pará, 1994.* Conforme artigo 1º: "Para os efeitos desta Convenção deve-se entender por violência contra a mulher qualquer ação ou conduta, baseada no gênero, que cause morte, dano ou sofrimento físico, sexual ou psicológico à mulher, tanto no âmbito público como no privado"; e Artigo 8º: "Os Estados Partes convêm em adotar, progressivamente, medidas específicas, inclusive programas destinados a: (...) b. modificar os padrões sociais e culturais de conduta de homens e mulheres, inclusive a formulação de programas formais e não formais adequados a todos os níveis do processo educacional, a fim de combater preconceitos e costumes e todas as outras práticas baseadas na premissa da inferioridade ou superioridade de qualquer dos gêneros ou nos papéis estereotipados para o homem e a mulher, que legitimem ou exacerbem a violência contra a mulher". A Convenção de Belém do Pará também estabelece que a violência contra a mulher é manifestação das relações de poder historicamente desiguais entre mulheres e homens (preâmbulo) e reconhece que o direito de toda mulher a uma vida livre de violência inclui, entre outros, o direito a ser livre de toda forma de discriminação (art. 6º).

[252] "Empowerment discourse through interventions ranging from education, skills training, legal literacy, access to productive resources, among others – aims to enhance women's self-awareness, self-esteem, self-confidence and self-reliance. This enables women to understand that subordination and violence are not fate; to resist internalizing oppression; to develop their capabilities as autonomous beings; and constantly negotiate the terms of their existence in public and private spheres." (ERTÜRK, Yakin. 15 years of the United Nations Special Rapporteur on Violence against Women, Its Causes and Consequences (1994 – 2009). Disponível em: https://digitallibrary.un.org/record/656877. Acesso em: 8 jun. 2021.

incluindo raça, origem étnica, situação socioeconômica desfavorável, entre outros mencionados.[253]

Há também um desenvolvimento de estândares no *sistema interamericano* de direitos humanos vinculados com a igualdade de gênero e os direitos das mulheres; em particular, com as pautas jurídicas fixadas pelo sistema relacionadas à violência e à discriminação contra as mulheres. Esses estândares incluem, por exemplo, decisões de mérito de casos, relatórios temáticos e/ou sobre países, bem como outros pronunciamentos jurídicos da Comissão Interamericana de Direitos Humanos (CIDH); incluem também as sentenças e opiniões consultivas da Corte Interamericana de Direitos Humanos. Igualmente compreendem as disposições contidas nos instrumentos básicos do sistema interamericano, como a Declaração Americana dos Direitos e Deveres do Homem, a Convenção Americana sobre Direitos Humanos (CADH) e a Convenção de Belém do Pará, entre outros instrumentos interamericanos de direitos humanos relevantes para a igualdade de gênero e os direitos das mulheres.[254] Vale destacar a presença da amiga e colega, Professora Dra.

---

[253] OEA. Convenção de Belém do Pará. Artigo 9º Para a adoção das medidas a que se refere este capítulo, os Estados Partes levarão especialmente em conta a situação da mulher vulnerável, a violência por sua raça, origem étnica ou condição de migrante, de refugiada ou de deslocada, entre outros motivos. Também será considerada sujeitada a violência a gestante, deficiente, menor, idosa ou em situação socioeconômica desfavorável, afetada por situações de conflito armado ou de privação da liberdade.

[254] Para mais detalhes a respeito disso: COMISIÓN INTERAMERICANA DE DERECHOS HUMANOS. Estándares jurídicos vinculados a la igualdad de género y a los derechos de las mujeres en el sistema interamericano de derechos humanos: desarrollo y aplicación (OEA Ser.L/V/II.143 Doc.60), 2011. Documento disponível em: https://www.oas.org/es/cidh/mujeres/docs/pdf/ESTANDARES%20JURIDICOS.pdf. Acesso em: 5 mai. 2021.

Flávia Piovesan, como integrante da CIDH e atualmente sua vice-presidente.

Na Comissão Interamericana de Mulheres (CIM), por sua vez, localiza-se o Mecanismo de Seguimento da Implementação da Convenção de Belém do Pará (MESECVI),[255] Comitê integrado por especialistas da área e que conta com a presença da histórica jurista feminista brasileira Leila Linhares Barsted, também amiga querida. Por meio do MESECVI, entre outras atividades, é emitida uma série de observações e recomendações em Relatórios Nacionais específicos aos Estados-parte, Relatórios Hemisféricos sobre a Implementação da Convenção de Belém do Pará e Relatórios de Seguimento das Recomendações do Comitê de Expertas como parte das etapas de cada ronda de avaliação multilateral e seguimento do MESECVI no cumprimento da Convenção pelos Estados.[256]

No final do século XX e início do século XXI é que, de forma mais visível e consistente, as abordagens feministas de gênero transcendem a binariedade e deixam de ser articuladas tão somente à figura da mulher cisgênera e heterossexual, como já foi salientado. Paulatinamente, passam a incorporar o sistema internacional de proteção aos direitos humanos, encontrando fortes e articuladas resistências. Trata-se de um processo contínuo, de avanços e retrocessos na arquitetura de proteção dos direitos humanos, impulsionado pelos movimentos sociais e, inclusive, inspirado em produções teóricas e acadêmicas.

---

[255] O MESECVI é uma metodologia de avaliação multilateral sistemática e permanente, fundamentada em um fórum de intercâmbio e cooperação técnica entre os Estados-parte da Convenção e um Comitê de Especialistas (Expertas).

[256] Para detalhes e acesso a documentos: http://www.oas.org/es/mesecvi/biblioteca.asp. Acesso em: 5 mai. 2021.

Assim, discussões e incorporações relativas à *identidade de gênero* – e, também, à *orientação sexual* –, nas Nações Unidas, são relativamente recentes. De acordo com o relatório da ONU, *Born Free and Equal*, de 2012, durante décadas as palavras "orientação sexual" e "identidade de gênero" foram quase raramente proferidas em encontros formais e intergovernamentais da Organização.[257]

É importante ressaltar que a *identidade de gênero* e os direitos das *pessoas transgêneras* não vêm recebendo a devida atenção. Embora *identidade de gênero* e *orientação sexual* sejam conceitos distintos,[258] na maioria das vezes aparecem associados ou mesmo confundidos em vários textos e contextos.[259]

Os Princípios de Yogyakarta,[260] de 2006, representam marco histórico paradigmático na afirmação dos direitos humanos de milhares de pessoas marginalizadas, devido

---

[257] ONU. *Born free and equal:* sexual orientation and gender identity in international human rights law, 2012. Disponível em: https://www.ohchr.org/documents/publications/bornfreeandequallowres.pdf. Acesso em: 5 mai. 2021, p. 9.

[258] De acordo com os Princípios de Yogyakarta: Orientação sexual: referência à capacidade de cada pessoa de ter uma profunda atração emocional, afetiva ou sexual por indivíduos de gênero diferente, do mesmo gênero ou de mais de um gênero, assim como ter relações íntimas e sexuais com essas pessoas. Identidade de gênero: a profundamente sentida experiência interna e individual do gênero de cada pessoa, que pode ou não corresponder ao sexo atribuído no nascimento, incluindo o senso pessoal do corpo (que pode envolver por livre escolha modificação da aparência ou função corporal por meios médicos, cirúrgicos ou outros) e outras expressões de gênero, inclusive vestimenta, modo de falar e maneirismos.

[259] As questões referentes às pessoas transgêneras, por exemplo, são abordadas conjuntamente com questões de outros grupos que compartilham o fato de ser discriminados em razão de não se adequarem à matriz heteronormativa: é o caso de gays, lésbicas, bissexuais e intersexuais.

[260] Documento disponível na íntegra em português em: http://www.sxpolitics.org/ptbr/wp-content/uploads/2009/05/principios-de-yogyakarta-final.pdf. Acesso em: 5 mai. 2021.

à dissonância de suas vidas com a excludente normativa *binária* de gênero e de orientação sexual divergente da heterossexualidade. É um documento formulado por um grupo de reconhecidos e consagrados juristas e especialistas,[261] que exerce a relevante função de parâmetro para a interpretação e aplicação das normas internacionais e internas que envolvem questões relativas à orientação sexual e identidade de gênero. Até o presente momento, ainda não existe um tratado internacional específico destinado à proteção da identidade de gênero e dos demais direitos da população LGBTI+.

Alguns Comitês das Nações Unidas – intérpretes autorizados das normas do sistema internacional de proteção aos direitos humanos[262] – passaram, paulatinamente, a recomendar aos Estados-parte o reconhecimento da identidade de gênero de pessoas que não se identificam com o gênero que lhes foi atribuído ao nascimento e a refor-

---

[261] Entre 29 eminentes especialistas de 25 países, destaca-se aqui as participações de Sonia Onufer Corrêa (Brasil), pesquisadora associada da Associação Brasileira Interdisciplinar de Aids (Abia) e codiretora do Observatório de Sexualidade e Política (SPW), e de Vitit Muntarbhorn (Tailândia), Relator Especial das Nações Unidas sobre a situação de direitos humanos na República Popular Democrática da Coreia (Coreia do Norte) e professor de direito da Universidade de Chulalongkorn, Tailândia, que atuaram na copresidência do grupo; bem como de Michael O'Flaherty (Irlanda), membro do Comitê de Direitos Humanos das Nações Unidas, professor de Direitos Humanos Aplicados e codiretor do Centro de Direitos Humanos da Universidade de Notthingam, que foi o relator durante a produção dos Princípios de Yogyakarta.

[262] "Os comitês de direitos humanos da ONU foram criados para monitorar a implementação das determinações contidas nos tratados internacionais de direitos humanos por seus Estados-parte. São formados por experts independentes, eleitos em plenária pelos membros dos tratados" (PIMENTEL, Silvia; GREGORUT, Adriana. Humanização do direito internacional: as recomendações gerais dos comitês de direitos humanos da ONU e seu papel crucial na interpretação autorizada das normas de direito internacional. *A interface dos direitos humanos com o direito internacional*, tomo II, 1. ed. Belo Horizonte: Arraes Editores, 2016, p. 267).

mulação de leis que criminalizam a homossexualidade e condutas sexuais com pessoas do mesmo sexo, bem como outros comportamentos não conforme os padrões binários e heterossexuais "homem/mulher"; "masculino/feminino". Tomam-se, como exemplos, o Comentário Geral nº 14 (2000) do Comitê sobre Direitos Econômicos, Sociais e Culturais (Comitê DESC), da ONU, que recomenda a proibição de discriminação por motivo de orientação sexual e identidade de gênero, no tocante ao direito à saúde; e o Comentário Geral nº 20 (2009) do mesmo Comitê DESC, que trata do direito à não discriminação, novamente explicitando essas dimensões. Outro exemplo de relevância é a Recomendação Geral nº 28 (2010), do Comitê sobre a Eliminação da Discriminação contra as Mulheres (Comitê CEDAW), da ONU, que trata das obrigações fundamentais dos Estados signatários da Convenção de combater a discriminação contra a mulher, prevendo de maneira expressa que a discriminação por motivo de sexo e gênero está unida de maneira indivisível com vários outros fatores, tais como a orientação sexual e a identidade de gênero.[263]

---

[263] Conforme o parágrafo 18 da Recomendação Geral nº 28, do Comitê CEDAW: "La interseccionalidad es un concepto básico para comprender el alcance de las obligaciones generales de los Estados partes en virtud del artículo 2. La discriminación de la mujer por motivos de sexo y género está unida de manera indivisible a otros factores que afectan a la mujer, como la raza, el origen étnico, la religión o las creencias, la salud, el estatus, la edad, la clase, la casta, la orientación sexual y la identidad de género. La discriminación por motivos de sexo o género puede afectar a las mujeres de algunos grupos en diferente medida o forma que a los hombres. Los Estados partes deben reconocer y prohibir en sus instrumentos jurídicos estas formas entrecruzadas de discriminación y su impacto negativo combinado en las mujeres afectadas. También deben aprobar y poner en práctica políticas y programas para eliminar estas situaciones y, en particular, cuando corresponda, adoptar medidas especiales de carácter temporal, de conformidad con el párrafo 1 del artículo 4 de la Convención y la Recomendación general Nº 25."

No sistema global de proteção dos direitos humanos, marco jurídico significativo ocorreu em 2011, quando o Conselho de Direitos Humanos da ONU adotou a Resolução A/HRC/RES/17/19 – primeira resolução das Nações Unidas sobre direitos humanos, orientação sexual e identidade de gênero. A resolução foi aprovada por uma pequena mas representativa margem de países de todas as regiões.[264] Essa Resolução determinou a elaboração de um estudo aprofundado sobre leis discriminatórias, práticas e atos de violência contra a população LGBTI+, assim como sobre os meios pelos quais os mecanismos do sistema internacional de direitos humanos podem ser utilizados para erradicar essa violência e discriminação.

No que se refere à *identidade de gênero*, nessa mesma Resolução, o Conselho de Direitos Humanos da ONU expressou preocupação diante da ausência de disposições para garantir o reconhecimento legal das identidades de pessoas transgêneras; instou os Estados a reconhecer o direito desse grupo de mudar o gênero por meio de uma nova certidão de nascimento e observou a necessidade de aprovação de legislação para facilitar o reconhecimento legal de mudança de gênero. Especialmente sobre esse grupo, a recomendação consiste em facilitar o reconhecimento legal do gênero escolhido e estabelecer disposições para permitir que os documentos de identidade sejam expedidos novamente refletindo o gênero e o nome escolhidos, sem infringir outros direitos humanos.

No sistema interamericano de proteção dos direitos humanos, destaca-se a Resolução AG/RES nº 2863 (XLIV-O/14), de 2014, que condena todas as formas de

---

[264] ONU. *Born free and equal:* sexual orientation and gender identity in international human rights law. 2012. Disponível em: https://www.ohchr.org/documents/publications/bornfreeandequallowres.pdf. Acesso em: 5 mai. 2021.

discriminação e violência contra pessoas devido à *orientação sexual* e à *identidade* ou *expressão de gênero*. Insta os Estados membros da OEA a eliminar, onde existirem, as barreiras que lésbicas, gays e pessoas trans, bissexuais e intersexuais (LGTBI) enfrentam no acesso equitativo à participação política e a outros âmbitos da vida pública, além de evitar interferências em sua vida privada. Conclama os Estados membros a considerar a adoção de políticas públicas contra a discriminação de pessoas em razão da orientação sexual e da identidade ou expressão de gênero e a fortalecer suas instituições nacionais, a fim de prevenir a violência e investigar os responsáveis por esses crimes.[265]

A propósito, vale fazer referência ao caso de Karen Atala Riffo contra o Chile, que chegou à Corte Interamericana de Direitos Humanos (Corte IDH), em 2010, após seu trâmite pela Comissão Interamericana de Direitos Humanos (CIDH) entre 2004 e 2009. O caso refere-se à responsabilidade internacional do Estado pelo tratamento discriminatório e pela interferência arbitrária na vida privada e familiar de Karen Atala Riffo, devido à sua orientação sexual, no processo judicial que, em âmbito nacional, chegou à Corte Suprema do Chile e resultou na retirada definitiva da guarda de suas três filhas M., V. e R. O processo de guarda foi interposto perante os tribunais chilenos pelo ex-marido de Karen e pai das meninas, por considerar que sua orientação sexual e sua convivência com uma parceira do mesmo sexo seriam prejudiciais às meninas.

A Corte IDH, em sentença de fevereiro de 2012, declarou o Estado chileno responsável internacionalmente pela violação: i) do direito à igualdade e à não discriminação consagrado no

---

[265] OAS. *More rights for people* [site institucional]. [c2021]. Disponível em: https://www.oas.org/. Acesso em: 5 mai. 2021.

artigo 24 (igualdade perante a lei), em relação com o artigo 1.1 (obrigação de respeito e garantia) da Convenção Americana sobre Direitos Humanos (CADH), em prejuízo de Karen Atala Riffo; ii) do direito à igualdade e à não discriminação consagrado no artigo 24, em relação com os artigos 19 (direitos da criança) e 1.1. da CADH, em prejuízo das meninas M., V. e R.; iii) do direito à vida privada, consagrado no artigo 11.2 (proteção da honra e da dignidade), em relação com o artigo 1.1. da CADH, em prejuízo de Karen Atala Riffo; iv) dos artigos 11.2 (proteção da honra e da dignidade) e 17.1 (proteção da família), em relação com o artigo 1.1. da CADH, em prejuízo de Karen Atala Riffo e das meninas M., V. e R.; v) do direito de ser ouvido, consagrado no artigo 8.1 (garantias judiciais), em relação com os artigos 19 e 1.1. da CADH, em prejuízo das meninas M., V. e R, e vi) da garantia de imparcialidade, consagrada no artigo 8.1, em relação com o artigo 1.1. da CADH, com respeito à investigação disciplinar, em prejuízo de Karen Atala Riffo.[266]

Em 2016, em caso envolvendo o Estado brasileiro, ocorreu a admissão, pela Comissão Interamericana de Direitos Humanos (CIDH), de petição individual sobre violação de identidade de gênero. Os peticionários, representando Luiza Melinho, sustentam que o Estado brasileiro violou os direitos humanos da vítima, ao lhe haver negado a realização de uma cirurgia de redesignação genital por meio do

---

[266] Ver Corte IDH. Caso Atala Riffo e crianças vs. Chile. Mérito, Reparações e Custas. Sentença de 24 de fevereiro de 2012. Série C nº 239, parágrafo 314. Ver a sentença na íntegra, para mais detalhes sobre o caso, argumentos de fato e de direito invocados, analisados, debatidos e fundamentados na decisão, e seus pontos resolutivos, ademais do voto parcialmente dissidente do Juiz Alberto Perez Perez. Documento disponível em: http://www.cnj.jus.br/files/conteudo/arquivo/2016/04/c0dec043db9e912508531a43ab890efb.pdf (em português) e http://corteidh.or.cr/docs/casos/articulos/seriec_239_esp.pdf (em espanhol). Acesso em: 5 mai. 2021.

sistema público de saúde, como também negado a pagar-lhe a realização da cirurgia em um hospital particular.

A CIDH admitiu a petição considerando que, se forem comprovados, os fatos alegados poderiam caracterizar possíveis violações aos direitos protegidos nos artigos 5º (direito à integridade pessoal), 8º (garantias judiciais), 11 (proteção da honra e da dignidade), 24 (igualdade perante a lei) e 25 (proteção judicial) da Convenção Americana sobre Direitos Humanos, em concordância com os artigos 1.1 e 2 desse mesmo tratado. Aguarda-se a continuação da análise do mérito.[267]

As declarações, convenções, recomendações, resoluções e decisões mencionadas, a título de exemplo, demonstram alguns marcos de largos e contínuos esforços no avanço de direitos em processos de incorporação normativa, bem como de desenvolvimento e aplicação dos estândares de direitos humanos, em acordo às reivindicações feministas, em especial, quanto a *gênero*, em **âmbito global e interamericano**.

5.1.1. Convenção sobre a Eliminação de Todas as Formas de Discriminação contra a Mulher (CEDAW/ONU) (1979) e seu Comitê CEDAW/ONU (1999)

Desejo expressar,[268] enquanto pessoa que participou por mais de uma década do Comitê CEDAW, o quanto foi gratificante participar do esforço global no enfrentamento das iniquidades do mundo, especialmente aquelas dirigidas às mulheres. Nada fácil buscar "convencer" os Estados-parte

---

[267] CIDH, *Relatório nº 11/2016*. Petição 362-09. Admissibilidade. Luisa Melinho. Brasil. 14 abril 2016. Disponível em: https://www.oas.org/pt/cidh/decisiones/2016/BRAD362-09PO.pdf. Acesso em: 5 mai. 2021.

[268] Silvia Pimentel, integrante do Comitê CEDAW ONU desde janeiro de 2005 até dezembro de 2016, e presidente nos anos de 2011 e 2012.

do quanto é positivo cumprir seus preceitos convencionais vinculantes, pois representam não apenas um ganho moral, mas também podem significar a melhoria das condições de vida de toda uma nação.

Iniciamos o presente tópico[269] com algumas considerações históricas e críticas sobre o conceito de direitos humanos das mulheres[270], que entendemos basilares à compreensão e contextualização da Convenção sobre a Eliminação de Todas as Formas de Discriminação Contra a Mulher – Convenção CEDAW da ONU, de 1979, que compõe o sistema internacional de proteção aos direitos humanos.

Para alguns teóricos e práticos dos Direitos Humanos, o tema destas considerações iniciais pode soar estranho, visto ser óbvio que os direitos humanos abrangem homens e mulheres. Entretanto, nosso objetivo é revelar que há problemas graves mascarados por essa "obviedade", e que importa que sejam superados.

O conceito de Direitos Humanos é uma construção histórica que vem sendo elaborada e refinada, principalmente ao longo das últimas décadas. Norberto Bobbio descreve o processo de especificação dos direitos humanos de forma brilhante

---

[269] Vale reiterar que grande parte deste livro inspira-se em vários artigos e textos de minha autoria, visto não fazer sentido reescrever *"ab ovo"* aquilo que já escrevemos anteriormente, mas sim com atualizações e acréscimos sempre que oportunos – Silvia Pimentel.

[270] Importa destacar o valor histórico que esse texto tem para a autora, pois escrito anteriormente à Segunda Conferência Mundial de Direitos Humanos, em Viena, 1993. Em artigo originalmente publicado em: PIMENTEL, Silvia. A mulher e os direitos humanos. *In:* TRINDADE, Antônio Augusto Cançado (Org.). *A Proteção Internacional dos Direitos Humanos nos Planos Nacional e Internacional: perspectivas brasileiras.* 1. ed. San José: Instituto Interamericano de Derechos Humanos, 1992, p. 299-318. Novamente publicado em: PIMENTEL, Silvia. *A mulher e os Direitos Humanos* – Tecendo Fios das Críticas Feministas ao Direito no Brasil II, v. 1, p. 20. Ribeirão Preto: FDRP/USP, 2020. Obra que expressa o compromisso do Consórcio Lei Maria da Penha em continuar com as atividades de tecer e de crochetar, com acerto de pontos e em esforços somados de agulhas e linhas, a crítica jurídica feminista brasileira.

e elucidativa em sua clássica obra *A era dos direitos*[271], cuja primeira publicação data de 1990. Não serão mencionadas as importantes e várias manifestações históricas em que já poderiam ser reconhecidos os embriões desse conceito-chave para as relações humanas. Esse texto tem como marco temporal a construção da Organização das Nações Unidas/ONU, em 1945, e a Declaração Universal dos Direitos Humanos, de 1948, fundamento principiológico do arcabouço atual do sistema internacional de proteção aos direitos humanos. O objetivo é apresentar a construção paulatina dos direitos humanos das mulheres, levantando, ao mesmo tempo, alguns questionamentos na perspectiva de gênero, bem como apresentando algumas sugestões, no sentido de contribuir para a concretização cada vez maior desse conceito.

Todo conceito tem um nível de abstração e de generalidade que será maior ou menor à medida que for fruto da ação prática e for constantemente a ela submetido. É precisamente a partir da vivência prática desse conceito de Direitos Humanos que ele tem recebido reinterpretações e redefinições contínuas configuradoras de suas várias gerações:[272] a primeira, dos Direitos Civis e Políticos, em que a liberdade é o seu grande valor fundante; a segunda, dos Direitos Econômicos e Sociais, para os quais é a igualdade o seu grande fundamento; a terceira, dos Direitos Coletivos, em que a fraternidade e a solidariedade seriam os seus grandes valores.

Se crucial o reconhecimento de todos e de cada ser humano, enquanto cidadão, sujeito de direitos e deveres;

---

[271] BOBBIO, Norberto. *A era dos direitos*. Tradução Carlos Nelson Coutinho. Rio de Janeiro: Elsevier, 2004.

[272] O conceito de "geração dos direitos humanos" passou a ser problematizado no seu processo de desenvolvimento, especialmente a partir da Segunda Conferência Mundial de Direitos Humanos, em Viena, 1993, quando foram consagradas a universalidade, a indivisibilidade e a interdependência dos direitos humanos.

se fundamental a liberdade de expressão, o direito de votar e de ser eleito, que são, entre outros, direitos civis e políticos. Estes se revelaram insuficientes e nova geração impôs-se: a dos direitos econômicos e sociais. As pessoas, em sua concretude, precisam alimentar-se, educar-se e contar com determinadas e efetivas condições materiais para uma vida digna. Porém, esses direitos também se revelaram insuficientes, pois a sociedade é mais do que a soma de indivíduos, ela é composta de indivíduos, grupos e segmentos que dialogam e convivem socialmente. Há de se reconhecer, portanto, o direito desses grupos e segmentos. Daí o surgimento dos Direitos Coletivos, o que representou o reconhecimento dos direitos humanos de segmentos e grupos, tais como da população negra, da população indígena, de pessoas homossexuais, de trabalhadores, das pessoas com deficiência, e, especificamente, dos vários grupos de mulheres, com suas particulares necessidades, demandas e desafios.

Paulo Bonavides[273] admite uma quarta e uma quinta geração de direitos humanos. Os direitos de quarta geração seriam aqueles resultantes da globalização, tais como o direito à democracia, à informação, ao pluralismo. Para alguns, como Norberto Bobbio, também a bioética. E ainda acrescentaríamos o meio ambiente e a sustentabilidade. A quinta geração de direitos humanos teria como característica o destaque ao reconhecimento da normatividade do direito à paz.

Buscando aproximar os leitores ao "aqui e agora[274]" do século XXI, quanto ao processo de construção dos direitos humanos, convido-os a conhecer os 8 Objetivos do Milênio (ODM 2000-2015), e os 17 Objetivos de Desenvolvimento Sustentável (ODS

---

[273] BONAVIDES, Paulo. *Curso de Direito Constitucional*. 19. ed., São Paulo: Editora Malheiros, 2006.

[274] HUXLEY, Aldous. *A Ilha*. Tradução Lino Vallandro e Vidal Serrano. 22. ed. São Paulo: Globo, 2014.

2015-2030), dos quais neste texto destacamos apenas aqueles que explicitamente se referem às mulheres, mas lembrando que, por sua vez, estes só podem ser compreendidos no conjunto de todos eles que são voltados a mulheres e homens.

Buscar a "igualdade entre os sexos e a autonomia das mulheres", bem como "melhorar a saúde materna" são 2 dos 8 ODM.[275] "Alcançar a igualdade de gênero e empoderar todas as mulheres e meninas" é um dos 17 ODS[276].

---

[275] "8 Objetivos de Desenvolvimento do Milênio (2000 a 2015): 1. Redução da Pobreza; 2. Atingir o ensino básico universal; 3. Igualdade entre os sexos e a autonomia das mulheres; 4. Reduzir a mortalidade na infância; 5. Melhorar a saúde materna; 6. Combater o HIV/Aids, a malária e outras doenças; 7. Garantir a sustentabilidade ambiental; 8. Estabelecer uma Parceria Mundial para o Desenvolvimento". Programa das Nações Unidas para o Desenvolvimento. Disponível em: https://www.br.undp.org/content/brazil/pt/home/post-2015.html. Acesso em: 5 mai. 2021.

[276] Objetivos de Desenvolvimento Sustentável (2015-2030): 1: Acabar com a pobreza em todas as suas formas, em todos os lugares; 2: Acabar com a fome, alcançar a segurança alimentar e melhoria da nutrição e promover a agricultura sustentável; 3: Assegurar uma vida saudável e promover o bem-estar para todos, em todas as idades; 4: Assegurar a educação inclusiva e equitativa e de qualidade, e promover oportunidades de aprendizagem ao longo da vida para todos; 5: Alcançar a igualdade de gênero e empoderar todas as mulheres e meninas; 6: Garantir disponibilidade e manejo sustentável da água e saneamento para todos; 7: Garantir acesso à energia barata, confiável, sustentável e renovável para todos; 8: Promover o crescimento econômico sustentado, inclusivo e sustentável, emprego pleno e produtivo, e trabalho decente para todos; 9: Construir infraestrutura resiliente, promover a industrialização inclusiva e sustentável, e fomentar a inovação; 10: Reduzir a desigualdade dentro dos países e entre eles; 11: Tornar as cidades e os assentamentos humanos inclusivos, seguros, resilientes e sustentáveis; 12: Assegurar padrões de produção e de consumo sustentáveis; 13: Tomar medidas urgentes para combater a mudança do clima e seus impactos (*); 14: Conservação e uso sustentável dos oceanos, dos mares e dos recursos marinhos para o desenvolvimento sustentável; 15: Proteger, recuperar e promover o uso sustentável dos ecossistemas terrestres, gerir de forma sustentável as florestas, combater a desertificação, deter e reverter a degradação da terra e deter a perda de biodiversidade; 16: Promover sociedades pacíficas e inclusivas para o desenvolvimento sustentável, proporcionar o acesso à justiça para todos e construir instituições eficazes, responsáveis e inclusivas em todos os níveis 17: Fortalecer os meios de implementação e revitalizar a parceria global para o desenvolvimento sustentável. Programa das Nações Unidas para o Desenvolvimento. Disponível em: https://www.br.undp.org/content/brazil/pt/home/post-2015.html. Acesso em: 5 mai. 2021.

Nós, mulheres, se por um lado entendemos que essa contínua elaboração dos Direitos Humanos está aproximando-os cada vez mais de nossas vidas reais, o que inclui nossas aspirações e valores, bem como as mais concretas necessidades biológicas, econômico-sociais e culturais, por outro lado entendemo-la insuficiente. E, assim sendo, apresentamos a questão: como o conceito de Direitos Humanos ainda pode crescer e ser mais bem compreendido, trabalhado e aplicado para efetivamente responder às necessidades e reivindicações das mulheres?

Ora, passamos a considerar a criação da ONU em 1945 e a Declaração Universal dos Direitos Humanos de 1948, que representam o inestimável esforço, depois da catástrofe das 1ª e 2ª Guerras Mundiais, no sentido de obter um consenso universal sobre o valor da vida humana e da dignidade de todos e de cada pessoa. A ideia de igualdade presente neste e em outros documentos dele derivados tem valor histórico e é fundante. No entanto, a realidade é dinâmica e obriga que, continuamente, esses documentos enriqueçam-se com novas ideias a respeito de quais direitos ainda necessitam ser estabelecidos para garantir a dignidade de cada ser humano, considerado em sua complexidade e diversidade.

Nós, mulheres, estamos conscientes de que o desequilíbrio de poder, no que diz respeito à questão de gênero, é o fator responsável pela opressão e subalternidade da grande maioria das mulheres no mundo e de que a superação desse desequilíbrio é condição para que a mulher tenha efetivamente respeitados seus direitos humanos fundamentais.

Na fase de elaboração da Carta da ONU, de 1945, em Nova Iorque, vale ressaltar a presença de mulheres latino-americanas e, muito especialmente, da diplomata brasileira

Bertha Lutz, que foi a responsável pela introdução de referência à igualdade de direito entre homens e mulheres em seu texto.

Em 1948, Eleanor Roosevelt[277] com o apoio de mulheres de todo mundo, inclusive de latino-americanas e caribenhas, conseguiu avanços significativos no conteúdo da Declaração Universal dos Direitos Humanos, no que diz respeito a uma linguagem mais inclusiva de mulheres. No Preâmbulo da Declaração, foi valiosa a inclusão da expressão "a igualdade entre homens e mulheres". Ao longo da Declaração, ao invés de "todos os homens", as mulheres conseguiram que a referência fosse "todos"; também foram introduzidos os direitos iguais no casamento; e "pagamento igual para trabalho igual".

Em meados da década de 1970, na esteira do movimento feminista, e mais especificamente a partir de 1975, início da Década da Mulher, promovida pela ONU, ganhou consistência a crítica às instituições, órgãos e grupos responsáveis pelos assuntos relacionados aos Direitos Humanos, no sentido de que os problemas referentes às mulheres

---

[277] "Eleanor Roosevelt, ex-primeira-dama dos Estados Unidos, liderou o comitê que redigiu a Declaração Universal dos Direitos Humanos. Apesar de diferenças profundas de opinião, ela manteve o comitê unido e conduziu a aprovação da Declaração Universal. Hansa Mehta da Índia conseguiu que o texto fosse alterado de "Todos os homens" para "Todos os seres humanos nascem livres e iguais...". Minerva Bernadino, uma diplomata da República Dominicana, foi essencial na inclusão da expressão "a igualdade entre homens e mulheres" no preâmbulo. Bodil Begtrup da Dinamarca defendeu que a Declaração Universal se referisse a "todos" ao invés de "todos os homens". Begum Shaista Ikramullah, uma delegada do Paquistão, introduziu o artigo 16, sobre direitos iguais no casamento. Marie-Hélène Lefaucheux da França defendeu a inclusão da igualdade de gênero no Artigo 2. Evdokia Uralova, da Belarus, lutou pela inclusão de "pagamento igual para trabalho igual" no artigo 23. Lakshmi Menon, delegada da Índia, defendeu com ardor que o princípio da igualdade de gênero fosse incluído em todo o documento." NAÇÕES UNIDAS. As "mulheres essenciais" na criação da Declaração Universal dos Direitos Humanos. ONU, 10 dezembro 2018. Disponível em: https://news.un.org/pt/story/2018/12/1651161. Acesso em: 5 mai. 2021.

estavam sendo negligenciados e, mesmo, sendo ignoradas graves violações à dignidade das mulheres.

Em 1979, a Assembleia Geral da ONU aprovou a Convenção sobre a Eliminação de Todas as Formas de Discriminação Contra a Mulher, hoje ratificada por 189 países. Define que a discriminação à mulher viola os princípios de igualdade de direitos e respeito à dignidade humana, constitui obstáculo para o aumento do bem-estar da sociedade e da família, e entorpece o pleno desenvolvimento das possibilidades das mulheres para prestar serviços a seu país e à humanidade. Esta representa verdadeira "Carta Universal" dos Direitos das Mulheres, ao definir a discriminação como toda distinção, exclusão ou restrição baseada no sexo que tenha por objetivo ou por resultado menosprezar ou anular o reconhecimento, gozo ou exercício pela mulher de seus direitos humanos e liberdades fundamentais.

Se essa Convenção é o maior e mais importante documento em prol dos direitos das mulheres, ela ainda apresenta omissões graves, como a que existe em relação à problemática da violência doméstica e familiar, bem como à falta de tratamento mais firme e consistente em relação às questões ligadas aos direitos sexuais e reprodutivos. Todos esses temas, à época, eram considerados do âmbito privado representavam até mesmo verdadeiros tabus para grande maioria dos androcêntricos e patriarcais Estados signatários.

Contudo, importa ressaltar que, se a Convenção CEDAW representou importantíssimo reconhecimento dos direitos humanos das mulheres, ainda se está longe de um reconhecimento pleno, global e *interseccional*, levando em consideração os grandes marcadores estruturais da violência contra as mulheres, que são gênero, raça, classe e sexualidade. Esse documento ainda guarda um grande valor formal, abstrato e geral que, em muito, não tem conseguido alcançar a concretude da vida real das mulheres em toda sua pluralidade e diversidade.

Proteger os direitos de metade da população mundial requer vigilância e atuação contínuas em todos os lugares e por todos os níveis governamentais e não governamentais. Exemplar é o slogan da Liga das Mulheres do Congresso Nacional Africano, que teve o icônico Nelson Mandela[278] como presidente: *"Qualquer libertação que não resulte em emancipação da mulher não será mais do que sombra do que poderia, de outra maneira, ser verdadeira libertação".*

Vale enfatizar a importância de que: os grandes instrumentos internacionais em prol dos direitos humanos e dos direitos das mulheres devem ser valorizados, mas não fetichizados; não basta a inclusão jurídica da mulher como sujeito de direitos; deve haver análise cuidadosa do conceito de igualdade e suas implicações, tais como a verificação de até que ponto ele garante efetivamente os direitos das mulheres; devem ser consideradas as diferenças de gênero entre homens e mulheres em suas diversidades, como também as que existem e são próprias de cada pessoa individualmente considerada. Só a partir dessa visão plural e diversa será possível estabelecer novos preceitos que deem conta da problemática particular e diversa das mulheres.

Para Sueli Carneiro:

---

[278] Nelson Mandela, nascido em 18 de julho de 1918, na cidade de Mvezo, foi advogado, líder rebelde contra o Apartheid e o 1º Presidente de África do Sul, de 1994 a 1999. Considerado o líder mais importante da África Negra e vencedor do Prêmio Nobel da Paz, em 1993, Mandela ficou preso durante 18 anos na Ilha de Robben, entre 1964 e 1982. Aos 95 anos, Mandela faleceu na cidade de Joanesburgo, em 5 de dezembro de 2013. Disponível em: https://pt.wikipedia.org/wiki/Nelson_Mandela. Acesso em: 5 mai. 2021.

> o grau de desigualdade social existente entre as mulheres brancas e negras no Brasil é um indicador da distância social entre as mulheres negras e os demais segmentos sociais. Estas desigualdades sociais existentes entre os diferentes segmentos que compõem a população brasileira manifestam-se através dos diversos indicadores sociais, tais como: nível de instrução, participação no mercado formal de trabalho, rendimento mensal auferido e outros.[279]

Os direitos humanos devem abarcar, apesar de o mais das vezes invisíveis, as brutais questões relativas às violências: doméstica e familiar; sexual; moral e psicológica; e patrimonial, como também, entre outras, a problemática da reprodução humana que exige uma abordagem que garanta o exercício dos direitos individuais de todos e, especialmente, os direitos sexuais e reprodutivos das mulheres. A violência digital é muito típica e própria do momento presente, e ocorre com grande perversidade, pois, em geral, dá-se no anonimato.

Valendo-me da Declaração de Princípios do Fórum da Ásia e Pacífico sobre a Mulher, o Direito e o Desenvolvimento, de 1988, ressaltaria que a mulher tem direito de realizar-se em todo o seu potencial com autonomia e autodeterminação; deve ter condições de atuar com confiança em si mesma, consciente de sua força interior, bem como de proclamar uma nova visão de sociedade e desenvolvimento voltada para a pessoa humana.

A noção de direitos humanos tem sua origem na busca de limites aos abusos estatais, garantindo-se a

---

[279] CARNEIRO, Sueli. Mulher Negra. *Revista de Cultura de Vozes*, n. 2, ano 84, março/abril 1990.

todas e todos determinados direitos como fundamentais. Tradicionalmente, é essa abordagem que tem prevalecido, principalmente nos países desenvolvidos, embora importe ressaltar o seu alargamento crescente a partir do hemisfério sul.

O que se observou, em especial na América Latina, nas décadas de 1960/1970/1980, é uma mudança de eixo, um alargamento do conceito de direitos humanos, de forma a resguardar os direitos das cidadãs e dos cidadãos, não apenas em relação ao estado, mas em relação à própria sociedade.

Pode-se dizer que, à época, constatou-se uma tendência de diminuição do autoritarismo e dos abusos estatais em relação aos direitos humanos, na medida em que países como Brasil, Argentina, Chile, Peru e tantos outros superaram governos militares despóticos e passaram a existir sob regimes democráticos. Porém, não se pode dizer que a violência diminuiu. Ao contrário, aumentou e tornou-se mais difusa, pois já eram de diversas ordens suas manifestações: criminalidade, assaltos, roubos, latrocínios, sequestros; aumento de abusos e crimes ambientais por grupos nacionais e transnacionais devastando a natureza e os povos indígenas – o que frequentemente não é tratado como ações criminosas; aumento das atividades do narcotráfico que se espaira cada vez mais em nosso continente, e em especial no Brasil, que passou recentemente a ser rota privilegiada de saída da cocaína da Colômbia, contando, inclusive, com vários centros de refino; aumento da prostituição infantil e do tráfico internacional de mulheres, bem como o aumento da justiça paraestatal.

Hoje, em 2021, lamentavelmente, constata-se no Brasil e também em alguns outros países da América Latina a potenciação das violências elencadas, além de graves retrocessos e abusos estatais contra a democracia e os direitos humanos. Estamos em pleno desmantelamento do Estado de Direito e suas instituições, com nuances fascistoides, colocando em risco os avanços civilizatórios da humanidade em nosso país.

Presente, portanto, hoje, um grande desafio a todos os envolvidos com a causa dos Direitos Humanos: a reconstrução e atualização de sua agenda. E esta passa, necessariamente, no vigente capitalismo selvagem, global e estrutural, por uma reformulação conceitual que venha a expressar renovados direitos de indivíduos, grupos e segmentos nacionais, em especial face aos agentes transnacionais desrespeitadores – muitas vezes criminosos – dos Direitos Humanos, os quais exigem novos olhares, novos conceitos e novas estratégias de enfrentamento.

Têm sido, a América Latina e outros continentes do hemisfério sul, os grandes impulsionadores da reconstrução conceitual e prática dos Direitos Humanos. Se, por origem, sua elaboração foi no hemisfério norte, ocidental, liberal-burguês, individualista, racista, classista, androcêntrico, patriarcal e machista, é nas dificuldades políticas, econômicas, sociais e culturais travadas em nossos continentes do hemisfério sul – que até hoje sofrem os efeitos da colonização europeia – que os direitos humanos estão se reconstruindo, se diversificando e se aprimorando. Os conceitos de solidariedade, paz, ecologia, antifascismo, antirracismo, anticlassismo, antissexismo e feminismo são fulcrais para essa reconstrução.[280]

Aliás, essa reconstrução deve ser um processo contínuo e aberto que possibilite albergar as lutas de todas as pessoas

---

[280] Vide, nos Anexos: PIMENTEL, Silvia. *Carta de Brasileiras Feministas Antirracistas e Antifascistas em Defesa da Democracia*, 2020.

discriminadas, oprimidas, desrespeitadas e despossuídas de poder.

5.1.1.1. Recomendações Gerais do Comitê CEDAW e alguns exemplos emblemáticos

As Recomendações Gerais do Comitê CEDAW, RGs, decorrem do extenso trabalho do Comitê na análise de relatórios dos Estados-parte e de casos individuais, resultando da análise e da reflexão sobre as dificuldades e experiências apresentadas pelos países signatários na efetivação da Convenção CEDAW de 1979. Portanto, as RGs podem ser consideradas como fruto da interpretação viva e dialógica desse instrumento internacional de proteção dos direitos humanos[281].

Contendo certo nível de abstração e generalidade, a interpretação emerge da aplicação concreta das normas gerais e abstratas contidas na Convenção CEDAW, com atenção aos limites, dificuldades e desafios dessa aplicação nos diferentes contextos nacionais e regionais. O Comitê CEDAW, através das suas Recomendações Gerais, tem o desafio de elaborar um instrumento interpretativo e valioso para os Estados-parte, que esclarece e contextualiza os sentidos das normas previstas na Convenção, a natureza particular da discriminação e da violência contra as mulheres, bem como as várias medidas necessárias a serem realizadas por eles.

Vale ressaltar, ainda, que as RGs do Comitê CEDAW têm sido traduzidas para o português, através de valiosos esforços de pessoas acadêmicas, profissionais da área do

---

[281] PIMENTEL, Silvia. Prefácio – Comentários Gerais dos Comitês de Tratados de Direitos Humanos da ONU. *Comitê para a Eliminação da Discriminação contra as Mulheres*. Defensoria Pública do Estado de São Paulo, 2020.

direito e, inclusive, por órgãos que compõem o sistema nacional de justiça. No momento, é possível acessar digitalmente as traduções de 37 das 38 Recomendações Gerais do Comitê CEDAW, presentes em um dos volumes da série "Comentários Gerais dos Comitês de Tratados de Direitos Humanos[282]" dedicado às RGs Comitê para a Eliminação da Discriminação contra as Mulheres.

a) **Recomendação Geral nº 28: Obrigações fundamentais dos Estados-parte que busca clarificar o alcance e o significado do Artigo 2º da Convenção CEDAW**

A **Recomendação Geral nº 28**, de 2010, tem o objetivo de clarificar o escopo e o alcance do significado do artigo 2 da Convenção CEDAW, que trata dos deveres e obrigações, em nível nacional, dos Estados-parte. Ao trazer de forma concreta o sentido das obrigações dos países signatários da Convenção CEDAW, a **RG nº 28** introduz a ideia de que tais normas devem ser interpretadas sistematicamente, levando em consideração todo o arcabouço normativo e interpretativo construído ao longo dos anos, não apenas pelo Comitê CEDAW, mas também por outros órgãos de monitoramento da ONU e todo o sistema internacional de proteção aos direitos humanos. O diálogo entre os Comitês permite avanços importantíssimos na consolidação e ampliação dos direitos humanos das mulheres[283].

---

[282] Os 9 Comitês de Direitos Humanos que monitoram os respectivos Tratados e Convenções do sistema internacional de proteção aos direitos humanos da ONU utilizam a expressão "Comentários Gerais" como sinônimo de Recomendações Gerais.

[283] PIMENTEL, Silvia. Prefácio – Comentários Gerais dos Comitês de Tratados de Direitos Humanos da ONU. *Comitê para a Eliminação da Discriminação contra as Mulheres*. Defensoria Pública do Estado de São Paulo, 2020.

O artigo 2º da Convenção CEDAW, elaborado na **Recomendação Geral nº 28** é essencial e indissociável à plena aplicação da Convenção CEDAW como um todo, uma vez que determina a natureza das obrigações jurídicas gerais dos países signatários. Em síntese, esse artigo determina as seguintes ações pelos Estados-parte: consagrar, em seus ordenamentos jurídicos, e garantir a aplicação do princípio da igualdade do homem e da mulher; adotar medidas adequadas que proíbam toda discriminação contra a mulher e, inclusive, as sanções cabíveis; estabelecer a proteção jurídica dos direitos da mulher contra atos discriminatórios, por meio de tribunais nacionais competentes e de outras instituições públicas; abster-se e zelar quanto a incorrer em todo ato ou prática de discriminação contra a mulher; buscar eliminar a discriminação contra a mulher praticada por qualquer pessoa, organização ou empresa; adotar medidas, inclusive legislativas, para modificar ou derrogar leis, regulamentos, usos e práticas, bem como as disposições penais que constituam discriminação contra as mulheres.

No que tange à interpretação da Convenção CEDAW, a **Recomendação Geral nº 28** parágrafo 5º determina que, embora as normas convencionadas façam menção à discriminação com base no *sexo*, a leitura e a interpretação dessas normas devem considerar também a discriminação com base no *gênero*. Para tanto, restou compreendido que a leitura do artigo 1º da Convenção CEDAW deve ocorrer em paralelo com o parágrafo f) do artigo 2º, e o parágrafo a) do artigo 5º.

A introdução do conceito de *gênero* na **RG nº 28** permitiu a identificação de discriminações também em razão das identidades, funções e papéis sociais determinados às mulheres e aos homens, construídos estruturalmente na sociedade e que contribuem para a manutenção das relações hierárquicas de poder entre eles. Portanto, a definição de gênero permite afirmar que qualquer distinção, exclusão ou restrição que tenha como efeito ou como objetivo comprometer ou destruir o reconhecimento, o gozo ou o exercício pelas mulheres dos direitos humanos e das liberdades fundamentais constitui um ato de discriminação, mesmo que tal ato não seja intencional.

Assim, no parágrafo 18 da **Recomendação Geral nº 28**, a *interseccionalidade* é apresentada como um conceito fundamental para compreender o alcance das obrigações gerais dos Estados-parte ao abrigo do artigo 2º da Convenção CEDAW. Esse dispositivo aborda que a discriminação contra as mulheres, seja relacionada ao *sexo* e/ou ao *gênero*, está indissociavelmente ligada a outros marcadores sociais da discriminação que afetam as mulheres, tais como a *"raça, a origem étnica, a religião ou crença, a saúde, o estado civil, a idade, a classe, a casta, a orientação sexual e a identidade de gênero"*.

Dessa forma, restou entendido que os Estados-parte devem reconhecer e proibir em seus instrumentos jurídicos essas formas *interseccionais* de discriminação e o efeito acumulado e potenciado das suas consequências negativas sobre as mulheres. Devem também aprovar e implementar políticas e programas para eliminar todas as formas de discriminação e adotar, quando apropriado, medidas afirmativas – medidas especiais temporárias –, de acordo com o parágrafo 1º do artigo 4º da Convenção CEDAW e de acordo com a **Recomendação Geral nº 25 sobre o artigo 4º da Convenção CEDAW – medidas especiais temporárias**.

Vale ainda destacar a enunciação apresentada no parágrafo 31 da **Recomendação Geral nº 28** que dispôs sobre a obrigação dos Estados-parte em proteger juridicamente e abolir ou alterar as leis, as normas, os costumes e as práticas discriminatórias como parte da política para eliminar a discriminação contra as mulheres. E mais, entendeu que alguns grupos de mulheres, incluindo aquelas privadas de liberdade, as refugiadas, as requerentes de asilo, as migrantes, as apátridas, as lésbicas, as deficientes, as vítimas do tráfico, as viúvas e as mulheres idosas, são particularmente vulneráveis à discriminação nas leis e normas civis ou penais e nas normas e práticas consuetudinárias. Novamente, essa recomendação enaltece o caráter essencial da *interseccionalidade* para a efetiva proteção e promoção dos direitos das mulheres.

b) **Recomendação Geral nº 33 do Comitê CEDAW sobre o acesso das mulheres à justiça**

A **Recomendação Geral nº 33**, de 2015, determina que o direito de acesso à justiça para as mulheres é essencial à realização de todos os direitos protegidos pela Convenção CEDAW. Sendo um elemento fundamental do Estado de Direito, o direito de acesso à justiça é multidimensional, pois abarca a justiciabilidade, a disponibilidade, a acessibilidade, a boa qualidade, a provisão de remédios para as vítimas e a prestação de contas dos sistemas de justiça.

A elaboração da **RG nº 33** partiu da constatação do Comitê CEDAW sobre a existência de uma série de obstáculos e restrições que impedem as mulheres de exercer o seu livre direito de acesso à justiça. Assim, o Comitê esclarece que esse problema envolve diversos setores do sistema de justiça, devendo os Estados-parte enfrentar os estereótipos de *gênero*, leis discriminatórias, procedimentos cegos às questões de *gênero* e a falha na garantia de plena justiciabilidade para todas as mulheres.

Os direitos tratados pela **Recomendação Geral nº 33** reafirmam o potencial emancipatório e transformador do Direito, ao passo que destacam que a perpetuação das dificuldades no acesso à justiça é resultado de um contexto estrutural de discriminação e desigualdade que atinge às mulheres direta e indiretamente em todos os setores da sociedade. O parágrafo 3º da **RG nº 33**, por exemplo, expõe que os estereótipos de *gênero*, as leis discriminatórias e a discriminação *interseccional* compõem uma série de obstáculos e restrições ao acesso à justiça.

No mesmo sentido, o parágrafo 8º esclarece que a discriminação contra as mulheres baseadas em estereótipos de *gênero*, normas culturais nocivas e patriarcais, a violência com base no *gênero* e a falha em garantir de forma sistemática que os mecanismos judiciais sejam física, econômica, social e culturalmente acessíveis a todas as mulheres. E, ainda, destaca que os marcadores sociais da desigualdade atuam de forma *interseccional* e dificultam ainda mais o acesso das mulheres aos seus direitos, elencando-os:

> [...] *etnia/raça, condição de indígena ou minoria, cor, situação socioeconômica e/ ou casta, língua, religião ou crença, opinião política, origem nacional, estado civil e/ou maternal, idade, localização urbana/ rural, estado de saúde, deficiência, titularidade das propriedades e identidade como mulher lésbica, bissexual ou transgênero ou pessoa intersexual.*

Vale ainda ressaltar outras duas medidas recomendadas na **RG nº 33**, as quais se referem à garantia de oferta de serviços de assistência jurídica e judiciária gratuita, preferencialmente por meio de instituições independentes; e ao oferecimento de recursos humanos, técnicos e financeiros adequados essenciais para garantir um sistema de justiça acessível às mulheres.

c) **Recomendação Geral nº 35 sobre violência de gênero contra as mulheres, atualizando a Recomendação Geral nº 19 sobre a violência contra as mulheres**

A **Recomendação Geral nº 35** sobre violência de *gênero* contra as mulheres, atualizando a **Recomendação Geral nº 19** sobre a violência contra as mulheres, adotada pelo Comitê CEDAW em 2017, inclui violência de gênero à leitura do artigo 1º da Convenção CEDAW. Essa inclusão determina que a interpretação das normas convencionais leve em consideração a *"violência que é dirigida contra a mulher porque ela é mulher ou que afeta as mulheres desproporcionalmente".*

O conceito de *gênero*[284], amplamente discutido pelo movimento feminista, compreende, conforme Joan Scott, a definição de uma categoria de análise histórica, instrumento metodológico útil que permite construir uma nova história das mulheres e da humanidade[285]. A atribuição de *gênero* à interpretação da Convenção CEDAW significa também a adoção de um termo mais preciso e que fortalece ainda mais a compreensão da discriminação sofrida pelas mulheres como um problema social, ao invés de individual, requerendo, assim medidas, adequadas e abrangentes.

---

[284] PIMENTEL, Silvia. Gênero e direito. *Enciclopédia jurídica da PUC-SP*. Celso Fernandes Campilongo, Alvaro de Azevedo Gonzaga e André Luiz Freire (coords.). Tomo: Teoria Geral e Filosofia do Direito. Celso Fernandes Campilongo, Alvaro de Azevedo Gonzaga, André Luiz Freire (coord. de tomo). 1. ed. São Paulo: Pontifícia Universidade Católica de São Paulo, 2017. Disponível em: https://enciclopediajuridica.pucsp.br/verbete/122/edicao-1/genero-e-direito. Acesso em: 5 mai. 2021.

[285] SCOTT, Joan. *Gênero*: uma categoria útil para a análise histórica. *Educação e realidade*, 1995. Disponível em: https://edisciplinas.usp.br/pluginfile.php/185058/mod_resource/content/2/G%C3%AAnero-Joan%20Scott.pdf. Acesso em: 2 jun. 2021.

No mesmo sentido de ampliar a compressão sobre violência contra a mulher, a **RG nº 35** trata, no parágrafo 19, que violência de gênero contra as mulheres está atrelada às questões associadas ao gênero, tais como a ideologia do direito e o privilégio de homens sobre as mulheres; as normas sociais em relação à masculinidade; a necessidade de afirmar o controle ou poder masculino; o reforço aos papéis de gênero; ou a prevenção, o desencorajamento ou a punição por comportamento "inaceitável" para as mulheres. Assim, a **Recomendação Geral nº 35** pretende que a violência de gênero contra as mulheres seja considerada no âmbito público, e não mais como uma questão do âmbito privado e de impunidade generalizada.

O parágrafo 20 traz que a violência de gênero pode ocorrer em todas as esferas da sociedade, seja ela pública ou privada, envolvendo:

> (...) a família, a comunidade, os espaços públicos, o local de trabalho, o lazer, a política, o esporte, os serviços de saúde, as configurações educacionais e sua redefinição através de ambientes mediados por tecnologia.

Ainda, quanto às múltiplas formas que a violência de gênero pode assumir, o parágrafo 14 estabelece que o risco de violência atinge meninas e mulheres durante toda a vida, podendo assumir o caráter de ações ou omissões, abarcando:

> 14. A violência de gênero afeta as mulheres ao longo de seu ciclo de vida, (...) incluindo atos ou omissões destinados ou susceptíveis de causar ou resultar em morte ou dano ou sofrimento físico, sexual, psicológico ou econômico para as mulheres, ameaças

de tais atos, assédio, coerção e privação arbitrária de liberdade. A violência de gênero contra as mulheres é afetada e, muitas vezes, agravada por fatores culturais, econômicos, ideológicos, tecnológicos, políticos, religiosos, sociais e ambientais, como evidenciado, entre outros, nos contextos de deslocamento, migração, globalização crescente das atividades econômicas, incluindo a cadeias globais de abastecimento, indústria extrativista e offshoring, militarização, ocupação estrangeira, conflito armado, extremismo violento e terrorismo. A violência de gênero contra as mulheres também é afetada por crises políticas, econômicas e sociais, agitação civil, emergências humanitárias, desastres naturais, destruição ou degradação de recursos naturais. Práticas prejudiciais e crimes contra as mulheres defensoras dos direitos humanos, políticas, ativistas ou jornalistas também são formas de violência de gênero contra as mulheres afetadas por fatores culturais, ideológicos e políticos.

Ainda, conforme mencionado anteriormente, o Comitê CEDAW reforça a necessidade da aplicação de instrumentos *interseccionais* de análise, ao expor que a violência de gênero é afetada por questões econômicas, sociais e ambientais e ao afirmar que os Estados-parte precisam ampliar a atenção, o conhecimento e as medidas a serem tomadas para a proteção e efetivação dos direitos humanos das mulheres.

d) Breves destaques às Recomendações Gerais nº 24, 36, 37 e 38

Importante destacar, ainda, outras Recomendações Gerais emblemáticas dentro do cenário internacional de proteção aos direitos das mulheres que iluminam as dificuldades enfrentadas em outras esferas sociais.

A **Recomendação Geral nº 24, de 1999**, sobre saúde, foi elaborada com a intenção de ampliar o sentido do artigo 12 da Convenção CEDAW, mediante a apresentação do tema de acesso aos mais diversos serviços de saúde, inclusive aqueles destinados ao planejamento familiar e à saúde reprodutiva. Ao definir maior concretude às obrigações dos Estados-parte, sejam elas legislativas, judiciais, administrativas, orçamentárias ou econômicas, a **RG nº 24** reforça a necessidade de serem maximizados os recursos destinados à garantia de acesso à saúde por todas as mulheres.

Ao reiterar a necessidade de identificação das questões de saúde específicas às mulheres, a **RG nº 24** retoma a importância da sensibilidade à perspectiva de *gênero*. Propondo inovação no tratamento dos direitos sexuais e reprodutivo das mulheres, essa Recomendação aborda os problemas relacionados às doenças sexualmente transmissíveis e às consequências que afetam diretamente as mulheres, assim como acerca da necessidade de garantia de acesso à informação, além da implementação de medidas de prevenção e tratamento adequado e igualitário entre homens e mulheres.

Já em relação à **Recomendação Geral nº 36, de 2017**, sobre o direito das meninas e das mulheres à educação, o Comitê CEDAW tratou sobre a necessidade de garantia de acesso igualitário entre homens e mulheres a todos os níveis de educação. Sendo a educação um importante instrumento para a igualdade de gênero, para a promoção dos valores de direitos humanos e para a capacitação de força de trabalho, a garantia a esse direito é dever dos Estados-parte.

No entanto, conforme o exposto na **RG nº 36,** apesar da existência de países onde as oportunidades educacionais estão disponíveis, as desigualdades persistem impedindo que as mulheres e meninas tenham amplo acesso à educação. Portanto, a Recomendação esclarece as distintas formas de discriminações sofridas por mulheres e meninas em razão do gênero durante o processo de escolarização, e enaltece o papel fundamental e transformador da educação inclusiva e de qualidade na vida e desenvolvimento de todos. Assim, reconhece a existência de lacuna entre o reconhecimento jurídico do direito das meninas e das mulheres à educação e a efetiva implementação desse direito.

Em relação à **Recomendação Geral nº 37, de 2018,** sobre as dimensões da redução do risco de desastres relacionadas ao gênero no contexto das mudanças climáticas, é reforçada a importância dos Estados-parte em reconhecer que esse tipo de situação de risco intensifica desigualdades de gênero preexistentes.

Sobre o reconhecimento do aumento da frequência e severidade das ameaças climáticas e meteorológicas que fazem crescer a vulnerabilidade das comunidades, a **RG nº 37** salienta a relevância da percepção de que os direitos humanos são os principais atingidos por esses desastres. E que isso ocorre, pois as consequências dessas mudanças atingem diretamente a estabilidade política e econômica, o índice de desigualdade, a segurança alimentar e hídrica dos países, além do aumento de ameaças à saúde e à subsistência da população.

Portanto, a **Recomendação Geral nº 37** tratou de clarificar que essas situações de crise contribuem para reforçar os marcadores sociais da desigualdade, uma vez que a análise *interseccional* das discriminações compõe o cenário em que meninas e mulheres são muito mais expostas e afetadas pelos desastres e mudanças climáticas. Dessa forma, sabendo que, em diversos contextos sociais, a discriminação de gênero limita a atuação das mulheres sobre as decisões que gerenciam suas vidas, assim como limitam o seu acesso a recursos essenciais, como alimentação, água, moradia, energia elétrica, educação e saúde, constatou-se que as meninas e mulheres têm menos chances de se adaptarem a essas mudanças.

Por fim, a **Recomendação Geral nº 38, de 2020,** sobre o tráfico de mulheres e meninas em um contexto de migração global. Em reforço ao artigo 6º da Convenção CEDAW sobre a obrigação dos Estados-parte em tomar todas as medidas apropriadas para suprimir todas as formas de tráfico e exploração de mulheres, a **RG nº 38** declara que essa situação persiste e é agravada pelo não reconhecimento da dimensão de gênero no tráfico em geral e em decorrência da larga escala de desigualdade econômica existente entre os países e entre as pessoas.

Consequentemente, essa Recomendação aponta para o dever prioritário dos Estados-parte de prevenir meninas e mulheres dos riscos de exposição, principalmente quanto à ampla vulnerabilidade das meninas, em razão da cumulação dos marcadores sociais *sexo* e *idade*. Para tanto, o Comitê busca destacar a particular vulnerabilidade associada às discriminações de gênero, assim como apontar caminhos para intervenções estatais. Com isso, a **RG nº 38** expõe que a implementação de intervenções antitráfico deve ocorrer a partir da perspectiva *interseccional*, incluindo o maior apoio em proteger sobreviventes do tráfico, além de não permitir a revitimização e assegurar o acesso à justiça e à reparação.

5.1.1.2. Caso brasileiro emblemático analisado pelo Comitê CEDAW/ONU – Caso Alyne Pimentel Teixeira

O caso Alyne Pimentel Teixeira vs. Brasil, com fundamento no Protocolo Facultativo, não é apenas a primeira condenação do país no sistema convencional contencioso quase judicial da ONU, que ocorreu em 10 de agosto de 2011, como também foi a primeira denúncia sobre mortalidade materna acolhida pelo Comitê CEDAW. O Comitê concluiu que o Brasil atuou de forma insuficiente na proteção dos direitos humanos à vida, à saúde, à igualdade e não discriminação no acesso à saúde, bem como falhou ao não garantir à família de Alyne Pimentel Teixeira o efetivo acesso à justiça.

Alyne da Silva Pimentel Teixeira, 28 anos, negra e de baixa renda, estava no sexto mês de gravidez quando, no dia 14 de novembro de 2002, buscou atendimento na maternidade onde realizava o pré-natal, em Belford Roxo, município do Rio de Janeiro. Naquela ocasião, a jovem queixou-se de náuseas e fortes dores abdominais, porém foi apenas medicada com analgésicos e liberada para voltar para casa. Entretanto, com a piora dos sintomas, Alyne retornou à maternidade, momento em que foi constatada a morte do feto e a necessidade de realizar cirurgia para retirada dos restos da placenta.

O parto foi induzido somente após 6 horas de espera, quando o resultado foi a retirada de um feto natimorto. No entanto, o procedimento para a retirada da placenta, que deveria ter ocorrido imediatamente após a indução do parto, aconteceu apenas 14 horas depois, acarretando a piora drástica do estado de saúde de Alyne. Consequentemente, foi solicitada a transferência da paciente para o Hospital

Geral de Nova Iguaçu – RJ, o que somente aconteceu depois de 8 horas de espera.

Assim, apesar de sofrer com uma hemorragia, Alyne Pimentel esperou mais de 21 horas pela transferência e sem receber assistência médica adequada. No dia 16 de novembro de 2002, em decorrência da hemorragia digestiva resultante do parto do feto morto e da precariedade do sistema de saúde pública no estado do Rio de Janeiro, a gestante faleceu, deixando uma filha de 5 anos de idade.

No âmbito nacional, em 2003, foi ajuizada uma ação judicial em nome de Alyne Pimentel e na qual foi requerida a indenização por danos morais e materiais para seu marido e à filha. O julgamento em 1ª instância aconteceu somente depois de 10 anos de mora, em dezembro de 2013, quando o juiz deu provimento à ação e concedeu os danos morais e uma pensão retroativa para a filha de Alyne, porém essa decisão não reconheceu a responsabilidade do Estado brasileiro pela ínfima assistência à saúde prestada[286].

Em novembro de 2007, 4 anos após a propositura de ação judicial no Brasil, o caso Alyne Pimentel foi apresentado no Comitê CEDAW pela mãe de Alyne, Maria de Lourdes da Silva Pimentel, representada pelo Centro de Direitos Reprodutivos e Advocacia Cidadã pelos Direitos Humanos. Em 10 de agosto de 2011, o Comitê proferiu a decisão condenatória a qual recomendou que o Brasil cumprisse uma série de medidas reparatórias, como indenizar a família da vítima, além da obrigação em

---

[286] CENTER FOR REPRODUCTIVE RIGHTS. *Caso de Alyne da Silva Pimentel Teixeira ("Alyne") vs. Brasil*. [s.l] [c1992-2021]. Disponível: http://reproductiverights.org/wp-content/uploads/2018/08/LAC_Alyne_Factsheet_Portuguese_10-24-14_FINAL.pdf. Acesso em: 5 mai. 2021.

garantir o direito das mulheres ao acesso adequado a procedimentos obstétricos.

5.2. Âmbito nacional: resistindo, insistindo e avançando

Gênero é um conceito fulcral que permeia todo este livro. Hoje, gênero abarca uma pluralidade de concepções nas áreas filosófica e científica, advindas da riqueza e abertura do debate nas últimas décadas. O conceito de gênero está sendo incorporado na linguagem da teoria e da prática jurídicas, através de trabalho incessante das feministas da área do Direito. De forma paulatina e constante, as instituições jurídicas têm se aberto ao debate e estão incorporando em sua atuação os novos paradigmas quanto à igualdade de homens e mulheres na perspectiva de gênero. O mesmo tem ocorrido em relação às Faculdades de Direito, ao criar grupos de estudo e pesquisa, disciplinas e discussões transversais sobre Direito e Gênero. Isso tem repercutido de forma bastante acentuada em iniciações científicas, trabalhos de conclusão de curso, dissertações de mestrado e teses de doutorado.

Não obstante todas as dificuldades decorrentes deste momento de emergência de saúde pública de importância internacional, decorrente do coronavírus, responsável pelo surto de 2019[287] e declarado, pela Organização Mundial de Saúde (OMS), como uma pandemia, nós feministas na área do Direito temos construído uma comunicação bastante ágil. Por meio de webinários, *lives* e outras formas on-line, houve um enriquecimento do diálogo nacional entre nós,

---

[287] BRASIL. *Lei nº 13.979, de 6 de fevereiro de 2020*. Dispõe sobre as medidas para enfrentamento da emergência de saúde pública de importância internacional decorrente do coronavírus responsável pelo surto de 2019. Brasília, DF: Presidência da República. Disponível em: http://www.planalto.gov.br/ccivil_03/_ato2019-2022/2020/lei/l13979.htm. Acesso em: 5 mai. 2021.

com um mútuo e criativo intercâmbio de conhecimentos e experiências plurais e diversas, nas perspectivas da interseccionalidade e da interdisciplinariedade.

Importa reiterar que partimos da premissa de que privilegiamos a expressão *feminismos,* e não *feminismo,* porque o plural de *feminismo* expressa muito melhor a pluralidade da luta das mulheres por sua emancipação. Importa, também, reiterar que partimos do pressuposto da *pluralidade* de conceitos de *gênero,* sendo evidente o impacto dessas transformações históricas nas relações intersubjetivas e no aparato jurídico estatal. Entretanto, ressaltamos que, apesar de inúmeros avanços jurídicos formais em nosso país, este ainda se encontra em débito com as mulheres, quanto a seus direitos reprodutivos, bem como com pessoas e grupos vulneráveis, tais como as pessoas com deficiência e a população LGBTQIA+.

No que tange aos direitos civis, nós mulheres conquistamos muito nas últimas décadas, conseguindo a revogação de leis discriminatórias e a adoção de leis igualitárias. No entanto, estamos ainda longe de atingir a igualdade substancial ou material. Há uma grande e perversa lacuna entre a *igualdade de jure* e *de facto* no país, e enormes esforços são necessários para superá-la. Estudo anual do Fórum Econômico Mundial (FEM), publicado no ano de 2021, aponta que, por conta da pandemia de Covid-19, a igualdade de gênero precisará de mais 135,6 anos para ser efetivada em termos globais. De acordo com o relatório, a crise sanitária atrasou em mais de uma geração o tempo necessário para alcançar a paridade entre mulheres e homens.[288] O

---

[288] COM PANDEMIA de Covid-19, igualdade de gênero só será atingida em 135 anos. *Revista Galileu,* 31 março 2021. Disponível em: https://revistagalileu.globo.com/Sociedade/noticia/2021/03/com-pandemia-de--covid-19-igualdade-de-genero-so-sera-atingida-em-135-anos.html. Acesso em: 5 mai. 2021.

Brasil ocupa a 93ª colocação entre 156 países que integram a lista, de acordo com os dados colhidos no ano 2020, tendo caído uma posição em relação ao ano anterior.

As causas que podem explicar as dificuldades de alcançar a tão desejada *igualdade de facto*, em termos reais, são múltiplas e, obviamente, todas elas devem ser objeto de atenção. Contudo, não há dúvida de que buscar a superação da cegueira de gênero, que mina a efetividade dos direitos humanos das mulheres, é não só o grande desafio, mas representa um verdadeiro imperativo, seja à sociedade enquanto um todo, seja especialmente ao Sistema de Justiça.

Desde meados da década de 1970, o movimento brasileiro de mulheres – em particular o feminista – tem consciência da discriminação estrutural contra as mulheres, que atinge as áreas dos direitos civis, políticos, econômicos, sociais e culturais. Entretanto, nossa luta começou focando principalmente as leis discriminatórias – do Código Civil, do Código Penal e da legislação trabalhista[289] – e a questão da violência contra a mulher. Durante as últimas décadas, devido à ação das organizações não governamentais, por todo nosso grande país, por meio de uma perspectiva crítica e firme vontade de transformar ideologias, leis e estruturas patriarcais, alguns canais de comunicação foram abertos com o Sistema de Justiça e com os Poderes Executivo e Legislativo, nas escalas federal, estadual e municipal.

Em 1986, como fruto de campanha muito bem articulada e planejada pelo Conselho Nacional dos Direitos da Mulher, cuja presidente à época era a feminista Jaqueline Pitanguy, milhares de mulheres participaram do processo

---

[289] Os avanços trabalhistas não serão trabalhados por nós, tendo em vista os recortes que estamos fazendo em função das nossas próprias áreas de atuação.

constituinte, que resultou na Constituição da República Federativa do Brasil de 1988, apropriadamente apelidada por Ulysses Guimarães de Constituição Cidadã. Esta representa um marco histórico em termos de democracia, direitos fundamentais, não discriminação e igualdade, tendo, inclusive, introduzido a normativa internacional de Direitos Humanos da ONU no sistema legislativo nacional e adotado grande contingente de nossas propostas, em especial a questão da violência doméstica e familiar, que afeta majoritariamente as mulheres e as meninas, em seu art. 226, § 8º, estabelecendo que: *"O Estado assegurará a assistência à família na pessoa de cada um dos que a integram, criando mecanismos para coibir a violência no âmbito de suas relações."*

Permito-me transcrever neste texto algo que foi por mim, Silvia, registrado no ano de 1987, enquanto participante ativa desse Processo Constituinte[290]:

> CARTA DA MULHER BRASILEIRA AOS CONSTITUINTES
> *"Constituinte para valer tem que ter palavra de mulher."* Com este lema o Conselho Nacional dos Direitos da Mulher lançou a campanha Mulher e Constituinte. Inspiradas por essa convicção, milhares de mulheres brasileiras reuniram-se durante meses, estudaram, debateram e formularam suas reivindicações.
> Os resultados de todos esses debates chegaram a Brasília pelas mãos de mais de mil mulheres de todo o Brasil, no dia 26 de agosto de 1986, e

---

[290] PIMENTEL, Silvia. *A mulher e a Constituinte*: uma contribuição ao debate. 2. ed. São Paulo: Cortez Editora e EDPUC, 1987, p. 72 e 73.

serviram de subsídios para a elaboração da Carta da Mulher Brasileira aos Constituintes.

Esta Carta é, no meu entender, a mais ampla e profunda articulação reivindicatória feminina brasileira. Nada igual nem parecido. É marco histórico da práxis política da mulher, grandemente influenciada pela teoria e prática feministas dos dez anos anteriores.

A mulher urbana e a mulher rural; a mulher dos meios acadêmicos, a semianalfabeta e a analfabeta; a mulher branca e a mulher negra; a mulher jovem, a mulher madura e a mulher idosa; a mulher trabalhadora e a mulher doméstica (patroa ou empregada); a mulher casada, a mulher companheira, a mulher mãe solteira, a mulher bem assalariada e a mulher explorada e despossuída, todas elas estiveram representadas no conjunto de propostas à Constituição Federal de 88.

E a mulher não se limitou às suas especificidades, mostrou que as coloca dentro do contexto mais amplo das questões gerais que interessam a todos, homens e mulheres. Não valem, a meu ver, críticas no sentido do que muito do que foi apresentado não caberia em uma Constituição. O que importa é a mulher brasileira ter expressado com clareza e firmeza suas reivindicações. Todas serão úteis ou para informar diretamente o texto constitucional ou para inspirar legislação complementar e ordinária que deverá necessariamente seguir-se à nova Constituição.

Sugerimos aos leitores e leitoras a leitura integral da "Carta das Mulheres aos Constituintes", que pode ser encontrada no seguinte QR CODE.

Muito mais do que um desafio, é um imperativo ético e jurídico a superação da *cegueira de gênero*, na sua interseccionalidade com *raça, classe, sexualidade*, que mina a efetividade dos direitos humanos das mulheres. *Cegueira*, por parte da sociedade enquanto um todo, *cegueira* dos profissionais de Direito e, inclusive, ainda, *cegueira* de muitas mulheres.

Acrescentaríamos, ainda, que é um imperativo ético e jurídico a superação da *cegueira de gênero*, que, por ignorância ou maldade, mina a efetividade dos direitos humanos de pessoas cuja expressão ou identidade de gênero não corresponda ao sexo a elas atribuído no nascimento.

No momento atual brasileiro, vivemos verdadeiro *tsunami* de conservadorismos e de retrocessos que estão colocando em risco o Estado de Direito que conquistamos após uma ditadura de 21 anos, bem como avanços que nós mulheres e feministas alcançamos, muito especialmente, com a Constituição Federal de 1988. Certos indivíduos, grupos e instituições – que atuam de forma articulada em esferas internacionais, regionais e nacionais – com base meramente em dogmas e sob o manto da expressão que eles designam *"ideologia de gênero"*, distorcem e desqualificam os avanços conceituais feministas e de gênero, assim como sua *práxis*. E isso tem ocorrido e trazido graves consequências para o reconhecimento e a realização dos direitos humanos de quem não se enquadre nas suas crenças e padrões excludentes. A partir das eleições federais de 2018, pode-se afirmar que ocorreu um verdadeiro desmantelamento das políticas públicas de gênero.

Em pleno século XXI, no Brasil, não obstante os avanços quanto à igualdade entre homens e mulheres na Constituição Federal de 1988, bem como na legislação infraconstitucional – que suprimem conceitos discriminatórios e criam leis voltadas à proteção dos direitos das mulheres[291] –, a jurisprudência continua reproduzindo, com frequência, estereótipos, preconceitos e discriminações de gênero, tal como, a título de ilustração, a decisão abaixo, que envolve a discriminação de gênero em relação às mulheres.

O Tribunal de Justiça de Minas Gerais, em 2014, por maioria, deu parcial provimento ao recurso de apelação do réu, reduzindo, drasticamente, a indenização a título de dano moral em caso de *pornografia de vingança*[292].

As partes namoraram durante um ano e a autora teria concordado em transmitir ao réu imagens de cunho erótico, via internet. Tais imagens foram capturadas e retransmitidas a terceiros, causando-lhe danos morais. A autora ingressou com a ação na justiça em 2009, tendo sido o réu condenado, em primeiro grau, ao pagamento de R$ 100.000,00, ao que interpôs recurso de apelação. O Tribunal de Justiça de Minas Gerais deu parcial provimento ao recurso para reduzir, substancialmente, a indenização para R$ 5.000,00, sob o argumento de que a autora teria agido com culpa concorrente na divulgação das imagens íntimas.

Entendeu o desembargador revisor que:

---

[291] Como é o caso da Lei nº 11.340/2006, conhecida como Lei Maria da Penha.

[292] O Fórum Nacional de Juízas e Juízes da Violência Doméstica e Familiar contra a Mulher (FONAVID) recomenda "aos(as) magistrados(as) que evitem a utilização da expressão 'revenge porn' (pornografia de vingança) uma vez que esta desqualifica a mulher.". Disponível em: http://www.tjrj.jus.br/web/guest/observatorio-judicial-violencia-mulher/fonavid-. Acesso em: 5 mai. 2021.

> *Dúvidas existem quanto à moral a ser protegida. Moral é postura absoluta. É regra de postura de conduta – não se admite a sua relativização. Quem tem moral a tem por inteiro. (...) A imagem da autora na sua forma grosseira demonstra não ter ela amor-próprio e autoestima. (...) A postura da autora, entretanto, fragiliza o conceito genérico de moral, o que pôde ter sido, nesse sentido, avaliado pelo réu. Concorreu ela de forma positiva e preponderante. O pudor é relevante e esteve longe (...).*[293]

Após um século dos nefastos comentários do jurista Clóvis Beviláqua ao Código Civil de 1916, *"em tudo aquilo que exigir mais larga e mais intensa manifestação de energia intelectual, moral e física, o homem será mais apto do que a mulher"*[294], constata-se na decisão do TJMG, de 2014, a persistência de estereótipos, preconceitos e discriminações. Constata-se, também, a resistência de boa parte do mundo jurídico aos avanços teóricos e práticos do conceito de gênero e dos feminismos, quanto à emancipação das mulheres e à conquista de igualdade a partir de suas lutas.[295] Vale mencionar duas pesquisas realizadas na década de 1990, acerca de estereótipos,

---

[293] BRASIL. Tribunal de Justiça de Minas Gerais (16. Câmara Cível). *Apelação Cível 1.0701.09.250262-7/001MG*. Des(a). José Marcos Vieira, 09 de agosto de 2013. Disponível em: https://www4.tjmg.jus.br/juridico/sf/proc_complemento2.jsp?listaProcessos=10701092502627001. Acesso em: 5 mai. 2021.

[294] BEVILÁQUA, Clóvis. Código Civil comentado, v. 1, 1916, p. 183, apud PIMENTEL, Silvia. *Evolução dos Direitos da Mulher*: norma, fato, valor. São Paulo: Malheiros, 1978, p. 29.

[295] Apenas em 2009 a arcaica denominação "Crime contra os costumes" contida no Código Penal foi alterada para "Crimes contra a dignidade sexual".

preconceitos e discriminações, seja na área da família[296], seja na área da violência sexual de gênero[297].

No que diz respeito especificamente ao tema da *orientação sexual*, o desembargador Roger Raupp Rios[298] alerta que a ausência de estudos doutrinários, a dificuldade jurisprudencial e posturas preconceituosas em discussões sobre o tema perpetuam um ambiente de discriminação e de violência na prática jurídica e nas instituições acadêmicas, o que compromete a força normativa do direito fundamental de igualdade.[299] Esse alerta pode ser estendido também a temas diversos, entre os quais se incluem as questões de *identidade de gênero*.

A parte que se segue não pretende abranger todas as conquistas amealhadas pelo movimento de mulheres no âmbito do Direito, mas apenas algumas, selecionadas a partir da vivência das autoras enquanto feministas.

5.2.1. *Contribuição fulcral do movimento de mulheres e de feministas juristas brasileiras à igualdade no Direito Civil, em especial na área da família*

A emancipação da mulher brasileira insere-se em um amplo contexto de ordem jurídica, política e social, mas, neste momento, pretendemos, tão somente, destacar o

---

[296] PIMENTEL, Silvia; GIORGI, Beatriz Di; PIOVESAN, Flávia. *A figura personagem mulher em processos de família*. 1. ed. Porto Alegre: Sergio Antonio Fabris Editor, 1993.

[297] PIMENTEL, Silvia; SCHRITZMEYER, Ana Lúcia Pastore; PADJIARDJAN, Valéria. *Estupro: Crime ou Cortesia?* Abordagem sociojurídica de gênero. 1. ed. Porto Alegre: Sergio Antonio Fabris Editor, 1998.

[298] Desembargador do Tribunal Regional Federal da 4ª Região (TRF4).

[299] RIOS, Roger Raupp. *O princípio da igualdade e a discriminação por orientação sexual*. A homossexualidade no direito brasileiro e norte-americano. A homossexualidade no direito brasileiro e norte-americana. São Paulo: Revista dos Tribunais, 2002, p. 178.

Novo Estatuto Civil da Mulher[300], que representa esforços feministas incorporados, praticamente na íntegra, no Código Civil de 2002.

Até 1962, a mulher casada no Brasil era considerada, pelo Código Civil, como relativamente incapaz, assim equiparada aos pródigos, aos silvícolas e aos menores púberes, que deveriam sempre ser assistidos ou autorizados para exercerem atos jurídicos.

Foi graças aos esforços das advogadas Romy Medeiros da Fonseca e Orminda Ribeiro Bastos, as quais, em 1951, apresentaram ao Congresso Nacional a proposta de um novo estatuto jurídico para a mulher casada, que, mais de uma década após, em 1962, foi aprovado, por meio da Lei nº 4.121, conhecida como Estatuto da Mulher Casada.

Esse Estatuto veio corrigir algumas distorções graves em termos de desigualdade, mas não chegou a superar a situação de subalternidade em que as mulheres estiveram colocadas pelos legisladores desde os tempos coloniais.

No que concerne ao século XIX, no nosso mundo ocidental, as relações entre cônjuges passaram por três nítidos estágios:

No primeiro estágio, imperava "o poder do marido sobre a pessoa da mulher". O Código de Napoleão (Código Civil francês, de 1805), no qual o nosso Código Civil de 1916 (já revogado) se inspira, evidenciava grandes resquícios patriarcais e atribuía à mulher "o dever de obediência ao marido". Esse dever de obediência colocava-se como

---

[300] O Novo Estatuto Civil da Mulher foi elaborado pelas juristas feministas Silvia Pimentel e Florisa Verucci, a partir de suas experiências no movimento de mulheres.

prerrogativa de ordem pública, não podendo ser derrogado pelas partes.

No segundo estágio, embora tenha desaparecido o "dever de obediência", permaneceu a "chefia masculina do casal". Não se trata mais de reger a "pessoa da mulher", mas "apenas sua conduta". O poder pessoal do marido foi transformando-se paulatinamente em *autoridade*, já mais próxima à ideia de função.

O terceiro estágio caracterizou-se por legislações mais avançadas, que eliminaram "qualquer supremacia, ainda que funcional, de um cônjuge sobre o outro", superando, assim, o preconceito da inferioridade da mulher. Isso foi alçado, em nosso país, por meio do Código Civil de 2002, valendo registrar o quanto as mulheres brasileiras se empenharam nessa conquista.

Em 1981, juristas feministas brasileiras, acompanhadas por 50 mulheres de todo o Brasil, entregaram pessoalmente, em mãos do Presidente do Congresso Nacional, o Esboço do Novo Estatuto Civil da Mulher.

O objetivo da proposta feminista[301] foi o de conferir à mulher tratamento igualitário por parte do Código Civil de 1916, suprimindo todas as discriminações negativas em relação às mulheres. Foram apresentadas as seguintes alterações fundamentais:

- quanto à chefia masculina da sociedade conjugal, foi proposta a direção e representação da sociedade

---

[301] A proposta em sua íntegra pode ser encontrada na obra: CASTILHO, Ela Wiecko Volkmer de; MATOS, Myllena Calasans de; SEVERI, Fabiana Cristina (orgs.). *Tecendo Fios das Críticas Feministas ao Direito no Brasil II:* direitos humanos das mulheres e violências, v. 1. Ribeirão Preto: FDRP/USP, 2020, p. 163-183. Disponível em: http://www.direitorp.usp.br/lancamento-do-livro-tecendo-fios-os-fios-das-criticas-feministas-ao--direito-no-brasil-ii/. Acesso em: 5 mai. 2021.

conjugal tanto ao homem quanto à mulher, em igualdade de condições;

- quanto ao pátrio poder, privilegiadamente do pai, em que a mãe o exerce apenas secundariamente, foi proposta a autoridade parental, em igualdade de condições do pai e a da mãe;

- quanto à administração dos bens do casal, de masculina, passaria a ser de ambos, homem e mulher;

- quanto à questão do nome no casamento, em que a mulher era obrigada a adotar o sobrenome do marido, tal alteração passaria a ser facultativa a ambos;

- quanto a dispositivos anacrônicos e injustos, como os artigos 178[302] e 219[303], que colocavam a virgindade feminina como qualidade essencial da mulher, com a possibilidade de o marido anular o casamento usando a figura do Código Civil de "erro essencial de pessoa", a proposta foi de revogação;

- quanto a dispositivos referentes a institutos notoriamente em desuso, tal como o Regime Dotal de Bens, a proposta também foi de revogação.

O Novo Estatuto Civil da Mulher entregue pelas feministas, como já mencionado, em 1981, transformou-se, logo em seguida, em mais de dez projetos de lei no Congresso Nacional, que foram apensados ao Projeto de Lei nº 634, de 1975 (Projeto do Novo Código Civil), que já estava em tramitação. E, em 2002, por ocasião da aprovação do novo Código Civil brasileiro, as propostas

---

[302] Código Civil de 1916 (já revogado). Art. 178. Prescreve: [...] § 1º Em dez dias, contados do casamento, a ação do marido para anular o matrimônio contraído com mulher já deflorada (Arts. 218, 219, n. IV, e 220).

[303] Código Civil de 1916 (já revogado). Art. 219. Considera-se erro essencial sobre a pessoa do outro cônjuge: [...] IV - o defloramento da mulher, ignorado pelo marido.

feministas incorporaram-se expressamente ao ordenamento jurídico.

Vale notar que, em termos teóricos jurídicos, as discriminações negativas do Código Civil de 1916 não teriam sido recepcionadas pela nova Constituição de 1988. Entretanto, importa salientar que a atuação dos profissionais de direito no Sistema de Justiça em todo o país nem sempre ocorria e ocorre conforme a teoria, e que foi valiosa a incorporação expressa da proposta feminista de igualdade no novo Código Civil brasileiro, revogando definitivamente as nefandas discriminações negativas em relação às mulheres.

5.2.2. Conquistas acerca do Direito Penal: uma análise sobre as principais discriminações positivas

Uma análise das leis penais brasileiras demonstra que historicamente existiu um tratamento diferenciado para o gênero feminino e sempre no sentido de estabelecer discriminações negativas e, portanto, prejudiciais às mulheres.

Ilustração clássica de uma perspectiva meramente androcêntrica com prejuízo direto às mulheres está presente na exposição de motivos do Código Penal de 1940, onde se lê:

> Item 71: "nos crimes sexuais, nunca o homem é tão algoz, que não possa ser, também, um pouco vítima, e a mulher nem sempre é a maior e a única vítima de seus pretendidos infortúnios sexuais".

Sem dúvida trata-se de linguagem jurídica calcada em estereótipos, sem nenhuma cientificidade e em ideias que não são compartilhadas pelas mulheres. Aliás, vale ressaltar, que foi a conscientização feminista e suas subsequentes ações políticas que trouxeram luzes à construção de novos paradigmas igualitários na área do direito penal.

Tal quadro discriminatório só começou a se alterar a partir da Constituição Federal de 1988, por conta do princípio da igualdade previsto no art. 5º, I, que estabelece que homens e mulheres são iguais em direitos e obrigações e do mesmo princípio de igualdade que se encontra reiterado, no âmbito da família, no art. 226, § 5º (*"os direitos e deveres referentes à sociedade conjugal são exercidos igualmente pelo homem e pela mulher e em relação à violência"*), bem como do § 8º, também do mesmo dispositivo, que prevê que "o Estado assegurará a assistência à família na pessoa de cada um dos que a integram, criando mecanismos para coibir a violência no âmbito de suas relações."

O Código Penal em vigor é de 1940, embora tenha sofrido diversas e importantes alterações em seu texto, com destaque para a reforma de 1984 (Lei nº 7.209/1984), que alterou toda a parte geral do estatuto repressivo. No que se refere à parte especial (que prevê os crimes e suas respectivas penas), de forma bastante lenta e distanciadas no tempo, foram realizadas apenas reformas pontuais, algumas delas, inclusive, para determinar a extinção das discriminações que se dirigiam contra as mulheres.[304]

Algumas dessas discriminações serão apresentadas abaixo, a fim de que se possa compreender o quanto a

---

[304] Conforme levantamento feito por Luiz Flávio Gomes e Luiz Wanderlei Gazzoto, de 1940 a setembro de 2019 foram editadas 161 leis penais. GOMES, Luiz Flávio; GAZOTO, Luiz Wanderley. *Populismo Penal Legislativo:* a tragédia que não assusta as sociedades de massas. Salvador: Juspodivm, 2020.

perspectiva de gênero, desenvolvida a partir de estudos e práticas feministas, contribuiu para a alteração do trato dado aos dispositivos criminais e, como consequência, para as transformações legislativas que passaram a albergar esses novos valores. Foram os estudos de gênero que permitiram uma melhor compreensão dos processos de discriminação, dominação e subjugação das mulheres no Direito, inclusive no âmbito penal.

Movimentos e movimentações feministas atuaram e continuam atuando como canais de denúncia e de pressão, criando, progressivamente, situações que têm permitido avanços significativos, como veremos na sequência, tendo como foco inicial os delitos sexuais, exatamente pelo fato de que foi nessa seara que as evoluções culturais trazidas pelos movimentos feministas operaram de forma mais abrangente, aniquilando total ou parcialmente dispositivos penais que discriminavam negativamente as mulheres.

Não se desconsidera a gravidade da prática de crimes sexuais contra pessoas do sexo masculino; mas o que mais ressalta na legislação brasileira é que a tipificação dos crimes sexuais, até muito recentemente, era basicamente protetora de bens jurídicos diretamente relacionados com determinado modelo de conduta moral e sexual que se esperava das mulheres sem consultá-las. Por essa razão, é relevante abordar as intersecções existentes entre os crimes sexuais e os direitos das mulheres, uma vez que os direitos sexuais e os reprodutivos "estão contidos no rol dos direitos fundamentais, pois envolvem o exercício do respeito à dignidade humana, às liberdades individuais e à intimidade"[305], e são

---

[305] LOBO, Ana Maria; ZAPATER, Maíra. O livre exercício dos direitos reprodutivos: vinculação ao exercício regular(izado) dos direitos sexuais? Uma reflexão. *In:* IKAWA, Daniela; PIOVESAN, Flávia; FACHIN, Melina G. (org.). *Direitos Humanos na ordem contemporânea.* Proteção Nacional, Regional e Global, v. IV. Curitiba: Juruá Editora, 2010, p. 335.

objeto, como visto anteriormente, de instrumentos internacionais de proteção aos direitos das mulheres *"como corolário do direito à liberdade, à dignidade, à intimidade, à saúde e ao planejamento familiar, dentre outros."*[306]

Veremos, então, a seguir, as principais alterações que foram operadas no âmbito dos crimes sexuais.

5.2.2.1. Novos paradigmas culturais inseridos no Código Penal de 1940 por meio das Leis nº 11.106/2005, 12.015/2009 e 13.718/2018

O Código Penal vigente, como já mencionado, data de 1940 e sofreu, ao longo dos anos, inúmeras alterações no seu texto original, sendo que algumas delas foram no sentido de trazer importantes modificações no concernente aos crimes sexuais. Veremos, no presente item, as principais alterações trazidas pelas Leis nº 11.106/2005, 12.015/2009 e 13.718/2018, escolhidas para análise pelo fato de terem modificado, na perspectiva de gênero, de forma significativa, o Código Penal.

- **Lei nº 11.106/2005**

Até o ano de 2005, o Código Penal estabelecia como sendo os "costumes", e não as pessoas, o bem jurídico tutelado nos crimes sexuais. Valia-se do conceito de "mulher honesta" para identificar aquela cuja conduta moral e sexual fosse considerada irrepreensível, condição indispensável para assegurar às mulheres proteção legal contra determinados crimes sexuais.

Ademais disso, decorrente do cenário cultural patriarcalista e machista, o Código Penal de 1940 estabelecia a

---

[306] LOBO; ZAPATER, 2010, p. 341.

possibilidade de um estuprador não ser condenado caso a mulher vítima do estupro viesse a se casar com ele após o crime, pois entendia o legislador de então que a punição se tornaria desnecessária em face da "reparação do dano aos costumes". Frise-se, o bem jurídico tutelado à época eram "os costumes", e não a dignidade sexual da pessoa. No mesmo diapasão, exigia-se da mulher estuprada que viesse a se casar com um terceiro (que não seu estuprador) a comunicação, ao sistema de justiça, de seu interesse no prosseguimento da ação penal do crime de estupro, sendo que a inércia dela tinha como consequência o arquivamento do processo penal.

Ambas as situações somente foram modificadas com a Lei nº 11.106/2005 (dezessete anos após a Constituição Federal de 1988, portanto), que revogou expressamente os dispositivos antes mencionados que continham tais anacronismos.[307]

A Lei nº 11.106/2005, ademais, entre outras coisas, descriminalizou as condutas do adultério[308] e do rapto de mulher honesta[309], sinalizando que uma nova cultura acerca da configuração dos crimes sexuais continuava sendo moldada. Porém, curiosamente, a legislação de 2005 manteve a nomenclatura "Crimes contra os costumes", o

---

[307] Previa o art. 107 do Código Penal:
Art. 107. Extingue-se a punibilidade: [...]
VII – pelo casamento do agente com a vítima, nos crimes contra os costumes, definidos nos Capítulos I, II e III do Título VI a Parte Especial deste Código; (Revogado pela Lei nº 11.106, de 2005)
VIII – pelo casamento da vítima com terceiros, nos crimes referidos no inciso anterior, se cometidos sem violência real ou grave ameaça e desde que a ofendida não requeira o prosseguimento do inquérito policial ou da ação penal no prazo de 60 dias a contar da celebração. (Revogado pela Lei nº 11.106, de 2005)

[308] Art. 240 - Cometer adultério: (Revogado pela Lei nº 11.106, de 2005)
Pena - detenção, de quinze dias a seis meses. (Revogado pela Lei nº 11.106, de 2005)

[309] Art. 219 - Raptar mulher honesta, mediante violência, grave ameaça ou fraude, para fim libidinoso:

que foi objeto de severas críticas dos movimentos feministas na época, mostrando que a normativa mencionada não contemplou toda a pauta trazidas pelas mulheres. Tal terminologia só viria a ser alterada no ano de 2009, pela Lei nº 12.015, conforme veremos a seguir.

- Lei nº 12.015/2009

O moderno entendimento a respeito dos delitos sexuais, e que somente veio à tona quando as mulheres participaram mais ativamente de sua construção, é o de que tais normas de conduta atentavam contra o livre exercício dos direitos sexuais, tanto de homens quanto de mulheres, violando uma relevante dimensão da dignidade da pessoa, que é o livre poder de decisão sobre seu corpo, seus interesses e desejos, no tocante aos relacionamentos de natureza sexual.

Tendo como paradigma essa nova forma de conceber os direitos sexuais, foi muito significativa a alteração trazida pela Lei nº 12.015/2009, quando modificou a nomenclatura utilizada pelo Código Penal ("Crimes contra os costumes") para "Crimes contra a dignidade sexual".

A terminologia originalmente prevista no Código Penal de 1940 evidencia o quanto a legislação privilegiava a questão voltada meramente à proteção dos valores do patriarcado, desconsiderando, por completo, a vítima (normalmente a mulher) do crime sexual.

Destacamos, a seguir, outras alterações introduzidas no Código Penal pela Lei nº 12.015/2009:

- a unificação dos crimes de estupro e de atentado violento ao pudor;
- a criação do crime de Estupro de vulnerável, que prevê a seguinte conduta: "ter conjunção carnal ou praticar outro ato libidinoso com menor de 14 (catorze) anos";

- o fato de tornarem-se hediondos os crimes de estupro (CP, art. 213, caput e §§ 1º e 2º) e o estupro de vulnerável (CP, art. 217-A, caput e §§ 1º, 2º, 3º e 4º).

- Lei nº 13.718/2018

Uma outra importante alteração veio a ocorrer no ano de 2018, ocasião em que a Lei nº 13.718 alterou diversos dispositivos do Código Penal que tratam de crimes sexuais, destacando-se as seguintes:

- a criação do crime de importunação sexual, contemplando como crime a conduta de "praticar contra alguém e sem a sua anuência ato libidinoso com o objetivo de satisfazer a própria lascívia ou a de terceiro" (art. 215-A do Código Penal);

- o estabelecimento de causas de aumento de pena para o estupro coletivo e corretivo;

- a revogação da contravenção da importunação ofensiva ao pudor;

- a modificação da natureza da ação penal condicionada nos crimes sexuais para a de ação pública incondicionada. Assim, o início do processo criminal não precisará mais da iniciativa da vítima, e sim de uma denúncia a ser realizada pelo Ministério Público;

- a inclusão, dentre as causas de aumento de pena, da majoração, pela metade da sanção, nos casos de o autor de crime sexual ser cônjuge ou companheiro da vítima (estupro marital), estabelecendo grau de reprovabilidade maior de tal conduta.

As leis acima citadas foram destacadas pelo impacto significativo que elas causaram no sistema de justiça penal, mas há, além delas, outras leis que também modificaram o Código Penal de 1940 e que impactaram o atual sistema penal relativo aos crimes sexuais. São elas:

- Lei nº 9.281/1996, que aumentou as penas do estupro e do atentado violento ao pudor (arts. 213 e 214 do Código Penal). Posteriormente, em 2005, a Lei nº 11.106 unificou esses dois tipos penais e suas penas, incluindo a conduta do atentado violento ao pudor no âmbito do crime de estupro.

- Lei nº 9.520/1997, que revogou dispositivos processuais penais que impediam que a mulher casada exercesse o direito de queixa criminal sem o consentimento do marido.

- Lei nº 10.224/2001, que criminalizou o assédio sexual, entendo como a conduta de "constranger alguém com o intuito de obter vantagem ou favorecimento sexual, prevalecendo-se o agente da sua condição de superior hierárquico ou ascendência inerentes ao exercício de emprego, cargo ou função" (art. 216-A).

- Lei nº 12.650/2012 – conhecida como Lei Joana Maranhão – que alterou o artigo 111 do Código Penal, no que tange à prescrição de crimes, inclusive sexuais, praticados contra crianças e adolescentes, fixando o termo inicial do prazo prescricional na data em que a vítima completar 18 anos de idade.

- Lei nº 12.978/2014, que alterou o nome jurídico do Código Penal de "favorecimento da prostituição ou outra forma de exploração sexual de vulnerável" para "favorecimento da prostituição ou de outra forma de exploração sexual de criança ou adolescente ou de vulnerável" e classificou como hediondo o crime de favorecimento da prostituição ou de outra forma de exploração sexual de criança ou adolescente ou de vulnerável previsto no art. 218-B, caput, e §§ 1º e 2º do Código Penal.

- Lei nº 13.772/2018, que criou o tipo penal de registro não autorizado da intimidade sexual, passando a constituir crime a seguinte conduta delituosa: "produzir, fotografar, filmar ou registrar, por qualquer meio, conteúdo com cena de nudez ou ato sexual ou libidinoso de caráter íntimo e privado sem autorização dos participantes" (Código Penal, art. 216-B).

Concluímos esta parte dos crimes sexuais com um registro de que a Lei Maria da Penha avança acerca do tema ao conceituar os crimes sexuais como:

> *qualquer conduta que constranja a presenciar, a manter ou a participar de relação sexual não desejada, mediante intimidação, ameaça, coação ou uso da força; que induza a comercializar ou a utilizar, de qualquer modo, a sexualidade, que impeça de usar qualquer método contraceptivo ou que force ao matrimônio, à gravidez, ao aborto ou à prostituição, mediante coação, chantagem, suborno ou manipulação; ou que limite ou anule o exercício de direitos sexuais e reprodutivos (art. 7º, III).*

Essa Lei será tratada no tópico abaixo.

5.3. Lei Maria da Penha: um projeto feminista do Direito[310]

No ano de 2006, foi editada a Lei nº 11.340, conhecida como Lei Maria da Penha. Considerada pelo Fundo de Desenvolvimento das Nações Unidas para a Mulher como uma das três legislações específicas sobre o tema mais avançada do mundo, ela representa um importante exemplo de prática feminista exitosa, uma vez que sua proposta-base é fruto de esforços conjuntos do "Consórcio de Organizações não Governamentais Feministas", formado pelas ONGs

---

[310] Tomamos de empréstimo, para o título do presente item, o nome da seguinte obra: SEVERI, Fabiana Cristina. *Lei Maria da Penha e o projeto jurídico feminista brasileiro*. Rio de Janeiro: Lumen Juris, 2018.

Feministas AGENDE, ADVOCACI, CEPIA, CFEMEA, CLADEM e THEMIS, e por ativistas e pesquisadoras que atuam em defesa dos direitos das mulheres.[311]

Coordenado pela então Ministra Nilcéia Freire[312], foi criado, em 2004, o Grupo de Trabalho Interministerial (Decreto n° 5.030), que recebeu, no mesmo mês de sua criação, proposta de anteprojeto de Lei sobre o enfrentamento da violência doméstica e familiar contra a mulher, elaborada pelo já mencionado "Consórcio de Organizações não Governamentais Feministas" e que foi a base das discussões realizadas e que resultaram no anteprojeto entregue ao Congresso Nacional, posteriormente.

---

[311] As organizações não governamentais que, originariamente, compuseram o Consórcio e suas integrantes são: CEPIA (Leila Linhares Barsted), THEMIS (Carmen Hein de Campos), CLADEM (Silvia Pimentel), CFEMEA (Iáris Ramalho Cortes), ADVOCACI (Beatriz Galli) e AGENDE (Elizabeth Garcez). Participaram também Rosana Alcântara, Rosane Reis Lavigne e Ela Wiecko de Castilho. Cf. CALAZANS, Myllena; CORTES, Iáris Ramalho. O processo de criação, aprovação e implementação da Lei Maria da Penha. *In:* CAMPOS, Carmen Hein de (org.) *Lei Maria da Penha comentada em uma perspectiva jurídico-feminista.* Rio de Janeiro: Lumens Juris, 2011, p. 39-63. Outras participantes: Ela Wiecko de Castilho (Membro do Ministério Público Federal e Professora de Direito Penal da Universidade de Brasília), Ester Kosovski (Professora de Direito Penal da Universidade do Estado do Rio de Janeiro), Leilah Borges da Costa (Membro do Instituto dos Advogados Brasileiros), Rosane Reis Lavigne (Membro da Defensoria Pública do Estado do Rio de Janeiro), Simone Diniz (médica e membro do Coletivo Feminista e Casa Eliana de Grammon) e Wania Pasinato Izumino (socióloga e pesquisadora do NEV), com a colaboração, na fase de elaboração final do anteprojeto, do Assessor Parlamentar da Câmara dos Deputados e advogado Adilson Barbosa, e do jurista Salo de Carvalho. Disponível em: https://www.cfemea.org.br/index.php?option=com_content&view=article&id=1019:projeto-de-combate-a-violencia-domestica-e-familiar-chega-ao-congresso-nacional&catid=123:numero-139-novembrodezembro-de-2004&Itemid=129. Acesso em: 5 mai. 2021.

[312] Ainda sobre a formação e atuação do Consórcio Feminista: CARONE, Renata Rodrigues. A atuação do movimento feminista no legislativo federal: caso da Lei Maria da Penha. *Lua Nova: Revista de Cultura e Política,* setembro-dezembro 2018. Disponível em: https://www.scielo.br/j/ln/a/Qc3SyHMX7tycGfYqVdr3hdp/?lang=pt. Acesso em: 5 mai. 2021.

Integaram o Grupo Interministerial – que contou com a presença do Consórcio em todas suas reuniões – os seguintes órgãos: Secretaria Especial de Políticas para as Mulheres, da Presidência da República, na condição de coordenadora; Casa Civil da Presidência da República; Advocacia-Geral da União; Ministério da Saúde; Secretaria Especial dos Direitos Humanos da Presidência da República; Secretaria Especial de Políticas de Promoção da Igualdade Racial da Presidência da República; Ministério da Justiça e Secretaria Nacional de Segurança Pública/MJ.

A proposta de Lei elaborada pelo Consórcio foi amplamente discutida com representantes da sociedade civil e órgãos diretamente envolvidos na temática, com a participação efetiva do "Consórcio Feminista" nas oitivas, debates, seminários e oficinas realizados.

Os trabalhos do Grupo Interministerial foram concluídos com a remessa, pelo Executivo (através da MSC nº 782, de 03 de dezembro de 2004[313]), para o Congresso Nacional, da proposta de projeto de lei elaborado pelo "Consórcio Feminista", o que veio a coroar anos de trabalho do movimento com a temática da violência.

No Congresso Nacional, foi notável a atuação da relatora do projeto de lei, a deputada Jandira Feghali, impulsionando amplo debate democrático nacional sobre o projeto de lei, que foi aprovado no dia 8 de agosto de 2006, transformando-se na Lei nº 11.304/2006 sobre a Violência Doméstica e Familiar contra as Mulheres – Lei Maria da Penha.

---

[313] BRASIL. *Projeto de lei MSC nº 782, de 03 de dezembro de 2004.* Cria mecanismos para coibir a violência doméstica e familiar contra a mulher, nos termos do § 8º do art. 226 da Constituição Federal, e dá outras providências. Brasília: Poder Executivo, 2004. Disponível em: https://www.camara.leg.br/proposicoesWeb/prop_mostrarintegra;jsessionid=node01v15zqvpuwtk6kjx69a2anrm318471461.node0?codteor=256085&filename=PL+4559/2004. Acesso em: 5 mai. 2021.

O nome que essa lei recebeu representa homenagem a uma mulher vítima de violência por parte de seu marido, que tentou matá-la duas vezes. Mesmo paraplégica, ela redirecionou seu sentimento de vítima, realizando forte reação jurídica e política. A força de Maria da Penha foi o "toque mágico", responsável pelo fato de a lei rapidamente conseguir a atenção e atingir o coração de tantas pessoas, levando-lhes uma mensagem concreta de um "basta de violência" contra as mulheres e meninas. A Lei Maria da Penha foi recebida como instrumento de prevenção, assistência, proteção e punição contra a violência.

Vale registrar que em 1998 – oito anos antes da vigência da Lei – a mulher Maria da Penha, juntamente com o Comitê Latino-Americano e do Caribe para a Defesa dos Direitos da Mulher (CLADEM) e o Centro pela Justiça e o Direito Internacional (CEJIL), encaminhou petição à Comissão Interamericana de Direitos Humanos (CIDH), alegando negligência do Estado brasileiro, pois, inclusive, o criminoso continuava em liberdade. Ganhou a causa. Pela primeira vez, um país foi considerado internacionalmente responsável por omissão e falta de devida diligência quanto à proteção das mulheres no âmbito da violência doméstica e familiar. Além disso, a CIDH recomendou ao Brasil a adoção de diversas medidas de políticas públicas para o enfrentamento da violência doméstica contra as mulheres, bem como medidas de reparação aos danos sofridos por Maria da Penha.

Ninguém melhor que as próprias mulheres para, ao adquirir a consciência feminista, propor estratégias, planos, ações (que incluem a criação e a alteração de leis que contemplem os problemas oriundos da condição de gênero) capazes de promover a emancipação e a libertação feminina. O aumento da consciência feminista foi, assim, pelo que se viu em relação ao histórico de sua criação, o terreno fértil para fazer surgir no Brasil uma normativa como a Lei Maria da Penha.

Desde a sua criação, o "Consórcio Feminista" tem se ampliado e enriquecido com a presença de feministas juristas, especialmente atentas à relevância da efetivação da Lei Maria da Penha, sendo que, atualmente, passou a se chamar "Consórcio Lei Maria da Penha pelo Enfrentamento a Todas as Formas de Violência de Gênero contra as Mulheres".[314]

Todos os esforços para a criação da Lei Maria da Penha continuam necessários para que ela possa efetivar-se, uma vez que foram inúmeros os questionamentos e as declarações acerca de sua inconstitucionalidade, ao ponto de, no ano de 2007, o então presidente da república ter ingressado, no Supremo Tribunal Federal (STF), com uma Ação Declaratória de Constitucionalidade (ADC nº 19/DF). Novamente, o movimento feminista agiu, organizando-se e e apresentando um *amicus curiae*, por meio das seguintes instituições: Themis, Ipê e Antígona e membros do Cladem. Cinco anos depois (2012), o STF, no julgamento da ADC 19/DF, colocou um ponto final a esse tipo de questionamento, declarando ser constitucional a Lei Maria da Penha.

---

[314] O Consórcio possui uma atuação importante junto ao Congresso Nacional, ao analisar e se posicionar em relação a projetos de lei que envolvem temas relativos ao enfrentamento à violência contra a mulher. Entre as inúmeras manifestações, destacamos a Nota Técnica referente aos Projetos de Lei em tramitação no Congresso Nacional sobre medidas para o enfrentamento à violência doméstica e familiar, no contexto do distanciamento social, decorrente da vigência do Estado de Calamidade Pública instituído pelo Decreto nº 6/2020, que pode ser encontrada no seguinte endereço: http://www.direitorp.usp.br/wp-content/uploads/2020/04/Nota-do-Cons%C3%B3rcio-Lei-Maria-da-Penha-COVID.pdf. Além disso, também destacamos a organização da coletânea de artigos encontrados na obra *Tecendo fios das críticas feministas ao direito no Brasil II*, cujos volumes podem ser encontrados nos seguintes links: http://www.direitorp.usp.br/lancamento-do-livro-tecendo-fios-os-fios-das-criticas-feministas-ao-direito-no-brasil-ii/. Acesso em: 5 mai. 2021.

A resistência a essa lei, desde a sua edição e que permanecem até hoje, mostra claramente a necessidade do enfrentamento aos valores culturais patriarcais existentes na sociedade e, inclusive, no Sistema de Justiça (Poder Judiciário, Ministério Público, Defensoria Pública, Advocacia e Polícia). Convém lembrarmos que durante muito tempo a elaboração, a interpretação, a aplicação e a execução as leis (do Direito) foram obras exclusivamente dos homens e, ainda hoje, a atuação masculina é preponderante.

A utilização das teorias feministas do direito, com a aplicação da perspectiva de gênero na produção jurídica, tal qual se deu no momento da elaboração da Lei Maria da Penha é fenômeno ainda raro. Ele decorre de um amadurecimento da forma de ver e de vivenciar das mulheres que possuem consciência feminista, que, de acordo com Rita Moura Sousa, *"consiste na criação de conhecimento pela narrativa e análise sistemática de experiências partilhadas"* e que constituem *"experiências que apesar de inicialmente vivenciadas pelas mulheres como sofrimentos individuais, passam a ser compreendidos como experiências coletivas de opressão."*[315] Quando essa consciência feminista atinge a análise da criação, interpretação e aplicação de normas jurídicas, estamos diante de uma consciência feminista que, ao ser levada para o campo jurídico, constitui-se na base do feminismo jurídico.

O feminismo jurídico, no processo de alteração das estruturas androcêntricas de pensamento, tem tornado possível a ampliação da percepção por parte da sociedade e dos profissionais do Direito, quanto à necessidade ética de criação de leis que garantam a igualdade substancial dos direitos das mulheres, bem como sua efetividade. E,

---

[315] SOUSA, Rita Mota. *Introdução às Teorias Feministas do Direito*. Lisboa: Afrontamento, 2015, p. 63.

ainda, sempre que couber, a criação de leis afirmativas temporárias que estabeleçam discriminações positivas compensatórias em relação às mulheres. É o caso da Lei Maria da Penha, sobre violência de gênero contra as mulheres, que reconhece as particularidades dessa violência que é fruto de uma sociedade estruturalmente assimétrica quanto ao poder de homens e mulheres.

A Lei Maria da Penha traz, para o enfrentamento da violência doméstica e familiar contra a mulher, dispositivos de caráter criminal, trabalhista, previdenciário e administrativo, e (pela primeira vez em uma lei federal) define a violência de gênero contra a mulher em seu art. 5º:

> Art. 5º. Para os efeitos desta Lei, configura violência doméstica e familiar contra a mulher qualquer ação ou omissão baseada no gênero que lhe cause morte, lesão, sofrimento físico, sexual ou psicológico e dano moral ou patrimonial.

São muitas e importantes as inovações trazidas pela Lei Maria da Penha no enfrentamento à violência doméstica e familiar contra as mulheres. Silvia Pimentel e Flávia Piovesan destacam[316]:

> 1) Mudança de paradigma no enfrentamento da violência contra a mulher
> A violência contra mulher era, até o advento da Lei Maria da Penha, tratada como uma infração penal de menor potencial ofensivo, nos termos da

---

[316] PIOVESAN, Flávia; PIMENTEL, Silvia. A Lei Maria da Penha na perspectiva da responsabilidade internacional do Brasil. *In:* CAMPOS, Carmen Hein de. *Lei Maria da Penha comentada em uma perspectiva jurídico-feminista*. Rio de Janeiro: Lumen Juris, 2011, p. 101-116.

Lei 9099/95. Com a nova lei passa a ser concebida como uma violação a direitos humanos, na medida em que a lei reconhece que "a violência doméstica e familiar contra a mulher constitui uma as formas de violação dos direitos humanos" (artigo 6º), sendo expressamente vedada a aplicação da Lei 9099/95.

2) Incorporação da perspectiva de gênero para tratar da violência contra a mulher

Na interpretação da lei devem ser consideradas as condições peculiares das mulheres em situação de violência doméstica e familiar. É prevista a criação de Juizados de Violência Doméstica e Familiar contra a Mulher, com competência cível e criminal, bem como atendimento policial especializado para as mulheres, em particular nas Delegacias de Atendimento à Mulher.

3) Incorporação da ótica preventiva, integrada e multidisciplinar

Para o enfrentamento da violência contra a mulher, a Lei Maria da Penha consagra medidas integradas de prevenção, por meio de um conjunto articulado de ações da União, Estados, Distrito Federal, Municípios e de ações não-governamentais. Sob o prisma multidisciplinar, determina a integração do Poder Judiciário, Ministério Público, Defensoria Pública, com as áreas da segurança pública, assistência social, saúde, educação, trabalho e habitação. Realça a importância da promoção e realização de campanhas educativas de prevenção da violência doméstica e familiar contra a mulher, bem como da difusão da Lei e dos instrumentos de proteção dos direitos humanos das mulheres. Acresce a importância de inserção nos currículos escolares de todos os níveis de ensino para os conteúdos relativos a direitos humanos, à equidade de gênero e de raça, etnia e ao problema da violência doméstica e familiar contra a mulher. Adiciona a necessidade de capacitação permanente dos agentes policiais quanto às questões de gênero e de raça e etnia.

4) Fortalecimento da ótica repressiva

Além da ótica preventiva, a Lei Maria da Penha inova a ótica repressiva, ao romper com a sistemática anterior baseada na Lei 9099/95, que tratava da violência contra a mulher como uma infração de menor potencial ofensivo, sujeita à pena de multa e pena de cesta básica. De acordo com a nova Lei, é proibida, nos casos de violência doméstica e familiar contra a mulher, de penas de cesta básica ou outras de prestação pecuniárias, bem como a substituição de pena que implique o pagamento isolado de multa. Afasta-se, assim, a conivência do Poder Público com a violência contra a mulher.

5) Harmonização com a Convenção Interamericana para Prevenir, Punir e Erradicar a Violência contra a Mulher de Belém do Pará

A Lei "Maria da Penha" cria mecanismos para coibir a violência doméstica e familiar contra a mulher em conformidade com a Convenção Interamericana para Prevenir, Punir e Erradicar a Violência contra a Mulher ("Convenção de Belém do Pará"). Amplia o conceito de violência contra a mulher, compreendendo tal violência como "qualquer ação ou omissão baseada no gênero que lhe *cause morte, lesão, sofrimento físico, sexual ou psicológico e dano moral ou patrimonial", que ocorra no âmbito da unidade doméstica, no âmbito da família ou em qualquer relação íntima de afeto.*

6) Consolidação de um conceito ampliado de família e visibilidade ao direito à livre orientação sexual

A nova Lei consolida, ainda, um conceito ampliado de família, na medida em que afirma que as relações pessoais a que se destina independem da orientação sexual. Reitera que toda mulher, independentemente de orientação sexual, classe, raça, etnia, renda, cultura, nível educacional, idade e religião tem o direito de viver sem violência.

7) Estímulo à criação de bancos de dados e estatísticas

Por fim, a nova Lei prevê a promoção de estudos e pesquisas, estatísticas e outras informações relevantes, com a perspectiva de gênero, raça e etnia, concernentes à causa, às consequências e à frequência da violência doméstica e familiar contra a mulher, com a sistematização de dados e a avaliação periódica dos resultados das medidas adotadas.

Ademais das importantes inovações acima mencionadas, também vale também destacar que a Lei Maria da Penha:
- estabeleceu uma série de políticas públicas assistenciais (de proteção, de assistência social, de saúde e de segurança) voltadas às mulheres em situação de violência doméstica e familiar, inclusive algumas dirigidas aos seus filhos;
- previu a possibilidade de a União os Estados, o Distrito Federal e os Municípios estabelecerem uma dotação

orçamentária específica para implementação das medidas nela estabelecidas;

- determinou que os juízes e juízas que atuem nos Juizados de Violência Doméstica e Familiar contra a Mulher recebam capacitação especial, com perspectiva de gênero;

- instituiu as medidas protetivas de urgência, classificando-as entre aquelas que obrigam o agressor e aquelas que são dirigidas à mulher vítima, estabelecendo, por meio delas, um sistema especial de proteção dos direitos das mulheres que se encontram em situação de violência doméstica e familiar;

- trouxe um elenco de atuações dirigidas à autoridade policial, à advocacia, à defensoria pública, ao ministério público e à magistratura, conferindo-lhes funções atípicas e importantes para maior proteção da vítima. Por conta dessas novas funções direcionadas ao enfrentamento da violência de gênero, as instituições ligadas aos atores antes mencionados elaboraram normativas, pesquisas, estudos, campanhas e orientações acerca da violência de gênero, tema que merecerá de nós uma análise mais detida no tópico seguinte deste trabalho.

5.3.1. Instituições do sistema jurídico brasileiro no enfrentamento à violência de gênero

Desde a edição da Lei nº 11.340/2006 – Lei Maria da Penha, foi reservada aos atores do Sistema de Justiça uma atuação bem específica e destacada no enfrentamento à violência doméstica e familiar contra a mulher, inclusive com orientação no sentido de formação especializada e continuada, a fim de que esses agentes sejam apresentados às inúmeras especificidades da violência doméstica e familiar baseada no gênero e às formas de prevenção e repressão dela, bem como de responsabilização dos autores de violência.

Tal realidade, entretanto, ainda não se faz presente, infelizmente, no cotidiano de muitos dos atores jurídicos, o que gera uma avalanche de interpretações e aplicações enviesadas da Lei Maria da Penha, não permitindo, assim, a efetivação de uma norma considerada uma das três mais avançadas do mundo.

Apesar disso, podemos identificar ações, iniciativas, manifestações e normativas no contexto do enfrentamento à violência doméstica no Sistema de Justiça que contemplam a perspectiva de gênero, conforme veremos a seguir.

5.3.1.1. Delegacia de Polícia

A Lei Maria da Penha determina, no seu art. 8º, a implementação de atendimento policial especializado para as mulheres, bem como que seja realizada *"a capacitação permanente das Polícias Civil e Militar, da Guarda Municipal, do Corpo de Bombeiros [...] quanto às questões de gênero e de raça ou etnia".*

Para dar conta da demanda por um atendimento especializado, a estrutura da Polícia Civil conta com as Delegacias Especializadas de Atendimento à Mulher (DEAMs). Suas ações devem estar voltadas para prevenção, apuração, investigação e enquadramento legal da violência contra a mulher.

A primeira DEAM foi instalada em 1985, em São Paulo (Decreto nº 23.769/1985), e representou fruto dos esforços de mulheres feministas do PMDB-Mulher. No ano de 1997, uma portaria elaborada pelo Delegado Geral de Polícia do Estado de São Paulo estabeleceu que às Delegacias de Defesa da Mulher deverão ser designadas, preferencialmente, a policiais civis do sexo feminino, principalmente para o exercício das funções relacionadas ao atendimento público.

Em relação à composição preferencialmente feminina dos quadros das DEAMs, importante destacar a observação trazida no minucioso trabalho desenvolvido pelo Observe:

> *Mesmo naqueles casos em que o efetivo policial é formado predominantemente por mulheres, sua formação dentro desta instituição faz com que acabem reproduzindo os mesmos valores e estereótipos de gênero de seus colegas homens, o que reforça a necessidade de cursos de formação e especialização que preparem estes profissionais para um atendimento orientado para a especificidade da violência baseada no gênero que se pretende enfrentar.*[317]

Assim, é essencial a capacitação dos profissionais, sejam homens ou mulheres. Com vistas a tal preocupação, foi elaborado um importante documento: a *Norma Técnica de Padronização das DEAMs*.[318]

Um estudo de 2015 do Banco Mundial, realizado em dois mil municípios, atribuiu à presença de delegacias da mulher (denominadas DEAMs ou DDMs, conforme a região do país) uma queda de 17% na taxa de homicídio

---

[317] PASINATO, Wânia. *Condições para aplicação da Lei nº 11.340/2006 (Lei Maria da Penha) nas Delegacias Especializadas de Atendimento à Mulher (DEAMs) e nos Juizados de Violência Doméstica e Familiar nas capitais e no Distrito Federal (relatório final)*. Salvador: Observatório da Lei Maria da Penha – Observe, novembro de 2010. Disponível em: http://www.observe.ufba.br/_ARQ/Relatorio%20apresent%20e%20DEAMs.pdf. p. 60. Acesso em: 16 jan. 2013.

[318] MINISTÉRIO DA JUSTIÇA. *Norma técnica de padronização das delegacias especializadas de atendimento às mulheres – DEAMs*. Brasília, 2010, p. 13. Disponível em: https://prceu.usp.br/wp-content/uploads/2021/03/norma-tecnica-de-padronizacao-das-delegacias-especializadas-de-atendimento-a-mulheres-25-anos-de-conquista.pdf. Acesso em: 5 mai. 2021.

de mulheres vivendo em áreas metropolitanas onde tais delegacias estavam ativas.[319]

Não obstante a importância das DEAMs, dados do IBGE mostraram que, 3 anos depois da criação da Lei Maria da Penha (2009), apenas 395 municípios possuíam delegacias especializadas para o atendimento eventualmente buscado pelas mulheres.[320] No ano de 2014, o número aumentou muito pouco, totalizando 440 cidades.[321] Em 2020, esse número caiu para 427 municípios (representando apenas 7% de um total de 5,5 mil municípios brasileiros).[322]

5.3.1.2. Ordem dos Advogados do Brasil

O Conselho Federal da Ordem dos Advogados do Brasil instituiu, no ano de 2013, a Comissão Nacional da Mulher Advogada (CNMA), que possui por propósito fortalecer a figura da mulher na sociedade brasileira.

---

[319] O estudo está referido no relatório: HUMAN RIGHTS WATCH. *"Um dia eu vou te matar":* impunidade em casos de violência doméstica no estado de Roraima. [s.l]: Human Rights Watch, 2017. Disponível em: https://www.hrw.org/sites/default/files/report_pdf/brazil0617port_web.pdf. Acesso em: 5 mai. 2021., e pode ser encontrado em: PEROVA, Elizaveta; REYNOLDS, Sarah. *Women's Police Stations and Domestic Violence:* Evidence from Brazil. [s.l]: World Bank Policy Research Working Paper nº 7497, november 2015, p. 17. Disponível em: https://elibrary.worldbank.org/doi/pdf/10.1596/1813-9450-7497. Acesso em: 5 jun. 2017.

[320] Pesquisa na íntegra disponível em: http://www.agenciapatriciagalvao.org.br/images/stories/PDF/mulheres_de_olho/munic2009_ibge.pdf. Acesso em: 12 ago. 2012.

[321] ALMEIDA, Rodolfo; ZANLORENSSI, Gabriel. A distribuição de delegacias da mulher pelo Brasil. *Nexo Jornal,* São Paulo, 22 setembro 2017. Disponível em: https://www.nexojornal.com.br/grafico/2017/09/22/A-distribui%C3%A7%C3%A3o-de-delegacias-da-mulher-pelo-Brasil. Acesso em: 5 mai. 2021.

[322] AMOROZO, Marcos; BUONO, Renata; MAZZA, Luigi. No Brasil, só 7% das cidades têm delegacias de atendimento à mulher. *Revista Piauí*, São Paulo, 30 dezembro 2020. Disponível em: https://piaui.folha.uol.com.br/no-brasil-so-7-das-cidades-tem-delegacias-de-atendimento-mulher/. Acesso em: 5 mai. 2021.

Entre as diversas conquistas amealhadas pela CNMA, produto de intensa articulação principalmente das mulheres advogadas, podemos encontrar a alteração do Código de Processo Civil e do Estatuto da Advocacia, trazidas pela Lei nº 13.363, de 28 de novembro de 2016.

Ao Estatuto da Advocacia – Lei nº 8.906/1994 – foi acrescentado o art. 7º-A, que estabeleceu uma série de direitos para a advogada gestante, lactante e adotante.[323]

Por sua vez, no Código de Processo Civil, foram incluídos os seguintes direitos:

- suspensão dos prazos por 30 dias quando a mulher der à luz ou adotar, desde que seja a única advogada de alguma das partes (CPC, art. 313, IX e §6º);

- a suspensão dos prazos em curso, por 8 dias, quando o único advogado de alguma das partes se tornar pai ou adotar (CPC, art. 313, X e §7º).

---

[323] Art. 7º-A. São direitos da advogada:
I - gestante:
a) entrada em tribunais sem ser submetida a detectores de metais e aparelhos de raios X;
b) reserva de vaga em garagens dos fóruns dos tribunais;
II - lactante, adotante ou que der à luz, acesso a creche, onde houver, ou a local adequado ao atendimento das necessidades do bebê;
III - gestante, lactante, adotante ou que der à luz, preferência na ordem das sustentações orais e das audiências a serem realizadas a cada dia, mediante comprovação de sua condição;
IV - adotante ou que der à luz, suspensão de prazos processuais quando for a única patrona da causa, desde que haja notificação por escrito ao cliente.
§ 1º Os direitos previstos à advogada gestante ou lactante aplicam-se enquanto perdurar, respectivamente, o estado gravídico ou o período de amamentação.
§ 2º Os direitos assegurados nos incisos II e III deste artigo à advogada adotante ou que der à luz serão concedidos pelo prazo previsto no art. 392 do Decreto-Lei nº 5.452, de 1º de maio de 1943 (Consolidação das Leis do Trabalho) .
§ 3º O direito assegurado no inciso IV deste artigo à advogada adotante ou que der à luz será concedido pelo prazo previsto no § 6º do art. 313 da Lei nº 13.105, de 16 de março de 2015 (Código de Processo Civil).

Em relação à inscrição nos quadros da OAB, no ano de 2019, foi aprovada, pelo Conselho Federal, a Súmula 09, que possui o seguinte enunciado:

> *INIDONEIDADE MORAL. VIOLÊNCIA CONTRA A MULHER. ANÁLISE DO CONSELHO SECCIONAL DA OAB. Requisitos para a inscrição nos quadros da Ordem dos Advogados do Brasil. Inidoneidade moral. A prática de violência contra a mulher, assim definida na "Convenção Interamericana para Prevenir, Punir e Erradicar a Violência contra a Mulher – 'Convenção de Belém do Pará' (1994)", constitui fator apto a demonstrar a ausência de idoneidade moral para a inscrição de bacharel em Direito nos quadros da OAB, independente da instância criminal, assegurado ao Conselho Seccional a análise de cada caso concreto.*

No ano seguinte (2020), o Conselho Federal da OAB aprovou proposição que obriga a presença, em todos os eventos realizados no âmbito do Conselho e suas respectivas Comissões, na condição de palestrante, de no mínimo 30% e no máximo de 70% de membros de cada gênero.

Também no ano de 2020, após intensa atuação e mobilização das Conselheiras Federais do CFOAB, da Comissão Nacional da Mulher Advogada, e de inúmeras seccionais e subseções da OAB, foi aprovada a paridade de gênero e a cota racial (30%) para as eleições do sistema OAB, com vigência a partir do pleito de 2021. A paridade de gênero e a cota racial são válidas para a composição das chapas nas eleições do Conselho Federal, das seccionais, subseções e Caixas de Assistência.

Em relação aos quadros da OAB, no primeiro semestre de 2021, o número de advogadas ultrapassou o número de advogados, conforme demonstram os dados que constam do quadro da advocacia mantido pela OAB Nacional por estado.[324]

5.3.1.3. Defensoria Pública

A Lei nº 11.340/2006 – Maria da Penha – previu, em seu art, 28, que toda mulher em situação de violência doméstica e familiar tem direito ao adequado acesso aos serviços de Defensoria Pública ou de Assistência Judiciária Gratuita em sede policial e judicial, mediante atendimento específico e humanizado. Tal normativa tem por objetivo orientação e acesso a informações essenciais à proteção da mulher vítima de violência de gênero, bem como garantir a efetivação de seus direitos.

Com tal normativa, a Lei Maria da Penha trouxe uma novidade em relação às funções da Defensoria, pois, até então, não desempenham função no processo penal que não fosse a de assistir o denunciado que não tivesse condições econômicas de contratar um advogado a suas expensas. A partir da Lei Maria da Penha, o(a) defensor(a) passa a alargar o seu âmbito de função, atuando, também, ao lado da vítima.

Um importante documento que traz orientações acerca de atendimento à vítima é o *Protocolo Mínimo de Padronização do Acolhimento e Atendimento da Mulher em Situação de Violência Doméstica e Familiar* – agosto

---

[324] OAB NACIONAL. *Quadro da advocacia.* Brasília: Ordem dos Advogados do Brasil (site institucional). [c2021]. Disponível em: https://www.oab.org.br/institucionalconselhofederal/quadroadvogados. Acesso em: 5 mai. 2021.

de 2014 – de autoria do Colégio Nacional dos Defensores Públicos Gerais (CONDEGE):

> As diretrizes incluídas no documento são resultado de um acordo de cooperação técnica firmado em 2012 entre o CONDEGE e a Secretaria de Políticas para as Mulheres da Presidência da República, com o objetivo de fortalecer a Lei Maria da Penha e aprimorar o trabalho realizado pelas Defensorias. [325]

Dentro das estruturas das Defensoria Públicas dos Estados, podemos encontrar os Núcleos de Defesa da Mulher ou Defensorias Públicas Especializadas no Atendimento da Mulher, denominados em alguns estados de NUDEM e em outros NEAM, mas sempre com o objetivo de oferecer acolhimento adequado às demandas de violência contra a mulher.

No que tange aos quadros da Defensoria Pública em nível nacional, o III Diagnóstico da Defensoria Pública no Brasil já apontava, desde 2009, uma forte equidade na divisão por gênero: 51% de mulheres e 49% de homens[326].

O mesmo, entretanto, não se dá em relação à Defensoria Pública da União:

---

[325] COMPROMISSO E ATITUDE LEI MARIA DA PENHA. *Condege define protocolo de atuação para Defensoria.* [s.l]: ONG Compromisso e Atitude, 20 outubro 2014. Disponível em: http://www.compromissoeatitude.org.br/condege-define-protocolo-de-atuacao-para-defensoria/. Acesso em: 5 mai. 2021.

[326] BRITO, Lany Cristina Silva; FILGUEIRA, Yasmin von Glehn Santos; GONÇALVES, Gabriella Vieira Oliveira (orgs.). *IV diagnóstico da Defensoria Pública no Brasil.* Brasília: Ministério da Justiça, Secretaria de Reforma do Judiciário, 2015, p. 20. Disponível em: http://www.anadep.org.br/wtksite/downloads/iv-diagnostico-da-defensoria-publica-no-brasil.pdf, p. 20. Acesso em: 5 mai. 2021.

> *Seu quadro de Defensores, é formada, majoritariamente, por homens, que representam 67,6% do total. Esse percentual representa quase o dobro da proporção de mulheres Defensoras Públicas Federais, que representam 32,3% do quadro.*[327]

5.3.1.4. Ministério Público

O Ministério Público possui, dentro da sua organização institucional, um órgão especialmente voltado a questões da violência contra a mulher. Trata-se da Comissão Permanente de Combate à Violência Doméstica e Familiar contra a Mulher (COPEVID), que tem por função analisar, discutir e padronizar entendimentos a fim de auxiliar o operador jurídico que milita na área. Para tanto, foi elaborada, entre outros importantes documentos, a cartilha "O enfrentamento à violência doméstica e familiar contra a mulher: Uma construção coletiva", resultado da compilação de cartilhas desenvolvidas por todos os Ministérios Públicos. Além disso, a COPEVID regularmente elabora enunciados, visando a facilitar a interpretação e compreensão da Lei Maria da Penha.

Para conhecer a participação das promotoras e procuradoras em cargos de mando, decisão, chefia e assessoramento na Instituição do Ministério Público, a Comissão de Planejamento Estratégico do Conselho Nacional do Ministério Público (CNMP) elaborou a pesquisa "Cenários de Gênero", que trouxe um levantamento de dados (da Constituição Federal até março/2018) nos ramos e unidades do Ministério Público brasileiro:

---

[327] BRITO; FILGUEIRA; GONÇALVES, 2015, p. 84.

> *O objetivo inicial da pesquisa era a elaboração de relatório que revelasse a existência ou não de acentuada discrepância entre homens e mulheres nos postos superiores de chefia, comando e gestão do Ministério Público brasileiro, a fim de fornecer instrumento apto a propiciar o debate institucional e o desenvolvimento de políticas estratégicas de enfrentamento de eventual desigualdade.*[328]

Os resultados da pesquisa demonstram uma acentuada prevalência de homens nos quadros (Ministério Público da União, Ministério Público Federal, Ministério Público do Trabalho, Ministério Público Militar e Ministério Público do Distrito Federal e Território), com exceção do Ministério Público do Trabalho, que, no ano de 2018, já contava com uma distribuição totalmente equilibrada dos quadros.

A pesquisa mostra também uma sub-representação de mulheres em cargos de poder e mando, bem como nos cargos de confiança e nos Conselhos Superiores, nos Colégios de Procuradores (MPE e MPDFT) e nas Subprocuradorias (MPF, MPT e MPM). No tocante às Ouvidorias, os dados do ano de 2018 são de proporção equilibrada entre os gêneros.

Os resultados trazidos pela pesquisa antes mencionada ("Cenários de Gênero") justificaram, entre outros motivos, a criação da Recomendação nº 79, do ano de 2020, que tratou da importância de instituir de programas e ações sobre equidade gênero e raça no âmbito do Ministério Público da União e dos Estados.

---

[328] CONSELHO NACIONAL DO MINISTÉRIO PÚBLICO. Cenários de gênero. [s.l]: *Cenários, reflexão, pesquisa e realidade*, março 2018. Disponível em: https://www.cnmp.mp.br/portal/images/20180622_CEN%C3%81RIOS_DE_G%C3%8ANERO_v.FINAL_2.pdf. Acesso em: 5 mai. 2021.

Outra importante iniciativa foi a criação da Ouvidoria das Mulheres, também no ano de 2020, por meio da Portaria nº 77. Ela encontra-se vinculada à Ouvidoria Nacional do Ministério Público e é:

> *um canal aberto especializado para incrementar ações de prevenção, proteção e encaminhamento para apuração de violência doméstica e todas as formas de violência contra meninas e mulheres, recebendo também manifestações dos mais variados temas.*[329]

No ano de 2021, veio a lume a Recomendação nº 80 do CNMP, que *"dispõe sobre a necessidade de aprimoramento da atuação do Ministério Público no enfrentamento da violência de gênero e da violência institucional e dá outras providências"*[330]. Entre as recomendações, destacam-se as seguintes:

- que as Procuradorias-Gerais priorizem a temática violência de gênero no planejamento estratégico das unidades e ramos;

- que as Procuradorias-Gerais garantam que todos os procedimentos legais em casos envolvendo alegações de violência de gênero contra as mulheres sejam imparciais e justos e não sejam afetados por estereótipos de gênero

---

[329] CONSELHO NACIONAL DO MINISTÉRIO PÚBLICO. *Ouvidoria da Mulher.* Brasília: CNMP, 2020. Disponível em: https://www.cnmp.mp.br/portal/ouvidoria-ouvidoria-da-mulher/normas-mulher. Acesso em: 5 mai. 2021.

[330] CONSELHO NACIONAL DO MINISTÉRIO PÚBLICO. *Recomendação nº 80*, de 24 de março de 2021. Dispõe sobre a necessidade de aprimoramento da atuação do Ministério Público no enfrentamento da violência de gênero e da violência institucional e dá outras providências. Brasília: CNMP, 2021. Disponível em: https://www.cnmp.mp.br/portal/atos-e-normas/norma/7924/. Acesso em: 5 mai. 2021.

ou interpretações discriminatórias de disposições legais, inclusive de direito internacional;

- que os Diretores dos Centros de Estudos e Aperfeiçoamento Funcional empreendam esforços para a inclusão do tema violência de gênero nos cursos de formação e atualização dos membros do Ministério Público;

- que os membros do Ministério Público adotem as medidas necessárias para proteger de forma efetiva mulheres vítimas e testemunhas de denúncias relacionadas à violência de gênero.

5.3.1.5. Magistratura

A busca de decisões do poder judiciário mais acertada ao caso concreto exige do/a julgador/a um conhecimento profundo das questões de gênero e das características especiais da violência doméstica e familiar contra a mulher. Ademais disso, precisa dominar o conhecimento acerca dos instrumentos destinados ao enfrentamento dessa singular violência.

Além do protagonismo dado aos magistrados e às magistradas, ao chamar à responsabilidade todo o Poder Judiciário, a Lei Maria da Penha impulsionou uma série de medidas que foram, cada vez mais, concretizando-se ao ponto de surgirem Organizações, Campanhas, Coordenadorias, Resoluções do Conselho Nacional de Justiça (CNJ) etc., que implementaram políticas públicas de enfrentamento da violência contra a mulher ou propiciaram que elas fossem criadas.

O CNJ desenvolve e coordena vários programas de âmbito nacional que priorizam determinadas áreas, dentre elas, o Movimento Permanente de Combate à Violência doméstica e Familiar – Lei Maria da Penha:

> Considerando o caráter especial da legislação de enfrentamento à violência doméstica e familiar contra a mulher, o CNJ realiza parcerias com órgãos dos Poderes Executivo e Legislativo, a fim de concretizar medidas e ações articuladas no sentido de promover a efetivação das políticas relacionadas ao assunto. O Conselho, assim, atua com o objetivo de contribuir para o fortalecimento das redes de serviços específicos criadas para proteger a mulher em situação de violência. Para isso, é necessária não apenas a articulação entre Executivo, Legislativo e Judiciário, mas também entre os entes federativos das diferentes esferas de governo, o que permite a implementação das diretrizes da Lei Maria da Penha nos âmbitos federal, estadual e municipal.[331]

Desde 2006, o CNJ promove, anualmente, as "Jornadas da Lei Maria da Penha", com o objetivo de proporcionar a interlocução entre magistrados e magistradas representantes dos 27 tribunais dos estados, demais atores do sistema de justiça e os outros Poderes da República atuantes nas diversas unidades federativas.[332]

Por meio Recomendação nº 9 de 08 de março de 2007, o CNJ recomendou aos Tribunais de Justiça a criação dos

---

[331] CONSELHO NACIONAL DE JUSTIÇA. *O poder judiciário na aplicação da Lei Maria da Penha*. Brasília: CNJ, 2013, p. 20. Disponível em: https://www.cnj.jus.br/wp-content/uploads/2013/03/Maria%20da%20Penha_vis2.pdf. Acesso em: 5 mai. 2021.

[332] CNJ, 2013, p. 20.

Juizados de Violência Doméstica e Familiar contra a Mulher e a adoção de outras medidas, previstas na Lei nº 11.340, de 09 de agosto de 2006, tendentes à implementação das políticas públicas, que visem a garantir os direitos humanos das mulheres no âmbito das relações domésticas e familiares.

No ano de 2011, por meio da Resolução do CNJ de nº 128, foram criadas, no âmbito dos Tribunais de Justiça dos Estados e do Distrito Federal, as Coordenadorias Estaduais das Mulheres em Situação de Violência Doméstica e Familiar. A criação das Coordenadorias decorre do compromisso estabelecido pela LMP aos poderes do Estado (Legislativo, Executivo e Judiciário), no sentido de desenvolver políticas que visem a garantir os direitos humanos das mulheres (LMP, art. 3º, § 1º). Entre as atribuições das Coordenadorias destaca-se a que refere à política pública acerca da violência doméstica e familiar contra a mulher, mostrando o compromisso e o comprometimento do Poder Judiciário em relação ao tema. Anos depois, em 2018, foi fundado o Colégio de Coordenadores de Coordenadorias da Mulher em Situação de Violência Doméstica e Familiar do Poder Judiciário Brasileiro (COCEVID).

Uma outra iniciativa do CNJ foi a criação, no ano de 2015, do programa Justiça pela Paz em Casa. Ele é realizado todos os anos, por meio de três edições (março, agosto e novembro), e conta com a parceria dos Tribunais de Justiça estaduais. Nos períodos da Campanha, os Tribunais de Justiça de todo o País envidam esforços para concretizar a realização do maior número possível de audiências criminais, cíveis ou de família que tenham por objeto a prática de violência doméstica e familiar contra a mulher.

Por meio da Portaria nº 15, de 2017, o CNJ institui a Política Judiciária Nacional de enfrentamento à violência contra as

Mulheres no Poder Judiciário[333]. No ano seguinte, a Resolução nº 254/2018 ampliou um pouco o espectro da sua política institucional:

> *definindo diretrizes e ações de prevenção e combate à violência contra as mulheres e garantindo a adequada solução de conflitos que envolvam mulheres em situação de violência física, psicológica, moral, patrimonial e institucional, nos termos da legislação nacional vigente e das normas internacionais sobre direitos humanos sobre a matéria*[334].

No ano de 2020, foi editada a Recomendação nº 79, dirigida aos tribunais de justiça dos estados, a fim de que realizem:

> *capacitação em direitos fundamentais, desde uma perspectiva de gênero, de todos os juízes e juízas atualmente em exercício em Juizados ou Varas que detenham competência para aplicar a Lei nº 11.340/2006, bem como a inclusão da referida capacitação nos cursos de formação inicial da magistratura.*

---

[333] BRASIL. *Portaria nº 15, de 8 de março de 2017*. Institui a Política Judiciária Nacional de enfrentamento à violência contra as mulheres no poder judiciário e dá outras providências. Brasília: Poder Judiciário, 2017. Disponível em: https://www.cnj.jus.br/wp-content/uploads/2017/03/48676a-321d03656e5e3a4f0aa3519e62.pdf. Acesso em: 5 mai. 2021.

[334] BRASIL. *Resolução nº 254, de 4 de setembro de 2018*. Institui a Política Judiciária Nacional de enfrentamento à violência contra as Mulheres pelo Poder Judiciário e dá outras providências. Brasília: Poder Executivo, 2018. Disponível em: https://atos.cnj.jus.br/atos/detalhar/atos-normativos?documento=2669. Acesso em: 5 mai. 2021.

Também é de 2020 a criação, pela Portaria nº 259, do Grupo de Trabalho para elaboração de estudos e propostas visando ao combate à violência doméstica e familiar contra a mulher.

A preocupação com a paridade de gênero aparece na Resolução nº 85/2021, a qual recomenda aos Tribunais de Justiça dos Estados, aos Tribunais Regionais Federais, aos Tribunais Regionais do Trabalho, aos Tribunais de Justiça Militar dos Estados e ao Superior Tribunal Militar que observem, nas vagas de suas indicações, composição paritária de gênero na formação das Comissões Organizadoras e das Bancas Examinadoras de seus respectivos concursos públicos para ingresso na carreira da magistratura.

É do ano de 2021 a norma do CNJ que reconhece:

> *que é premente e conveniente a adoção de ações com vistas à reafirmação da igualdade de gênero, na linguagem adotada no âmbito profissional, em detrimento da utilização do masculino genérico nas situações de designação de gênero.*

Por conta disso, determina o *"emprego obrigatório da flexão de gênero, profissão ou demais designações, comunicação social e institucional do Poder Judiciário nacional"*[335].

Além das normativas elaboradas no âmbito do Judiciário antes mencionadas, convém destacar, ainda, as contribuições ao tema do enfrentamento da violência contra a mulher trazidos por pesquisas, relatórios e estudos realizados pelo

---

[335] BRASIL. *Resolução nº 376, de 2 de março de 2021.* Dispõe sobre o emprego obrigatório da flexão de gênero para nomear profissão ou demais designações na comunicação social e institucional do Poder Judiciário nacional. Brasília: Poder Judiciário, 2021. Disponível em: https://atos.cnj.jus.br/files/original122936202103056042243Oecd5f.pdf. Acesso em: 5 mai. 2021.

CNJ, como é o caso do "Manual de Rotinas e Estruturação dos Juizados de Violência Doméstica e Familiar contra a Mulher", elaborado em 2010 pelo CNJ, no qual ficou consignado que:

> *Em sua aplicação, destaca-se sobremaneira a atuação do magistrado, cujo papel ultrapassa a adequação da norma ao caso concreto e do qual se exige uma visão abrangente acerca do complexo fenômeno da violência e da necessária integração com todas as atividades, meios e instituições que atuam sobre a questão.*

A mesma tônica foi empreendida no levantamento de informações sobre a "Atuação do Poder Judiciário na aplicação da Lei Maria da Penha[336] – também obra do CNJ, cujos objetivos principais eram:

> *avaliar os níveis de adesão dos Tribunais à Lei 11.340/2006 e a Recomendação 09/2007, e propor uma segunda onda de efetivação da Lei, com foco na interiorização dos Juizados e Varas que processam exclusivamente ações de violência doméstica ou familiar.*

O documento ressalta: (a) a importância da Lei Maria da Penha como instrumento de Política Pública no enfrentamento da violência contra a mulher e (b) como o Poder Judiciário, e por conseguinte, como os/as magistrados/as podem desempenhar um papel fundamental nesse enfrentamento.

No ano de 2019, foi elaborada, pelo CNJ, em conjunto com o IPEA, a pesquisa "O Poder Judiciário no enfrentamento à

---

[336] CNJ, 2013, p. 7.

violência doméstica e familiar contra as mulheres", que teve como objetivo *"avaliar o atendimento prestado pelo Poder Judiciário às mulheres em situação de violência doméstica e familiar, especialmente no que diz respeito ao seu caráter multidisciplinar e integral."*[337] Destacamos a seguir alguns trechos do relatório da pesquisa:

- "As diferentes expressões da violência contra as mulheres evidenciam a estrutura injusta das relações sociais na qual estão inseridas."

- "As mulheres, um dos segmentos mais vulneráveis nos agrupamentos familiares, são atingidas pela violência na vida doméstica tanto por razões socioeconômicas quanto pela construção simbólica do feminino como subordinado ao masculino."

O relatório conclui que o fenômeno da violência doméstica recebe respostas muito heterogêneas por parte do Judiciário, a depender de fatores pessoais e institucionais. Nesse quadro de heterogeneidade, percebem-se variações que afetam desde entendimentos sobre os princípios do Direito Penal até o papel do Judiciário e dos juízes, passando por concepções e valores ligados às relações de gênero. Alguns limites subjetivos para a concreta e correta aplicação da Lei Maria da Penha são apontados pela pesquisa:

> *O valor da família como ente a ser preservado a qualquer custo, os papéis esperados das mulheres na sociedade, a incompreensão sobre o ciclo da violência doméstica, a força do direito patrimonial, a concepção acerca do que é crime e de quem é criminoso.*

---

[337] CONSELHO NACIONAL DE JUSTIÇA. *O poder judiciário no enfrentamento à violência doméstica e familiar contra as mulheres* (relatório). Brasília: CNJ, 2019. Disponível em: https://www.cnj.jus.br/wp-content/uploads/conteudo/arquivo/2019/08/7b7cb6d9ac9042c8d3e40700b80bf207.pdf. Acesso em: 5 mai. 2021.

Em relação ao papel mais efetivo dos/as participantes do Poder Judiciário no que tange, inclusive, à promoção de políticas públicas de enfrentamento à violência contra a mulher, o relatório da pesquisa aponta uma inequívoca resistência de parte dos/as magistrados/as.

A fim de criar instrumentos para a superação da heterogeneidade acerca das questões ligadas à aplicação da Lei Maria da Penha no âmbito do Poder Judiciário[338], importa mencionar a atuação do Fórum Nacional de Juízas e Juízes de Violência Doméstica e Familiar contra a Mulher (FONAVID)[339], criado em 2009, durante a III Jornada Maria da Penha e que congrega magistrados/as de todos os Estados brasileiros e do Distrito Federal envolvidos/as com a temática de violência de gênero. Durante as reuniões do FONAVID, são elaborados enunciados sobre a aplicação, interpretação e execução da Lei Maria da Penha e sobre políticas prevenção e de enfrentamento à violência contra a mulher que têm servido como importante instrumento para uma melhor condução das questões que envolvem a violência de gênero em nosso país.

Por todo o histórico de iniciativas acima, percebe-se o quanto o Poder Judiciário tem se comprometido com a causa da violência contra a mulher.

---

[338] FONAVID. *Missão, Visão e Valores*. [s.l]: site institucional do FONAVID [c2021]. Disponível em: http://www.amb.com.br/fonavid/. Acesso em: 5 mai. 2021.

[339] Quando da sua criação, não fora observada a preocupação com a identidade de gênero, sendo que se originou como Fórum Nacional de Juízes de Violência Doméstica e Familiar Contra a Mulher. Mais recentemente, agregou-se o vocábulo Juízas, com a correta preocupação de inclusão de gênero, elaborando-se, inclusive uma nova identidade visual. Para maiores esclarecimentos, consultar: http://www.amb.com.br/fonavid/identidade_visual.php. Acesso em: 5 mai. 2021.

CAPÍTULO 6

Breves considerações finais

Esperamos ter conseguido apresentar, embora de forma não exaustiva, um caleidoscópio do feminismo. Tomamos aqui de empréstimo a expressão que dá nome ao livro de Antonio Manuel Hespanha, em sua obra *O caleidoscópio do direito*[340]. O caleidoscópio, nesse sentido, seria a lente por meio da qual enxergamos o direito – e, em nosso caso, a lente por meio da qual enxergamos a condição das mulheres e os vários feminismos. Dessa forma, quando nos distanciamos ou nos aproximamos, as imagens mudam constantemente, nos fazendo questionar as aparências daquilo que nos é usualmente colocado como dado, como estabelecido.

Pretendemos ter conseguido ressaltar o quanto o feminismo é linguagem e ação. É discurso político que se baseia nos ideais de justiça social e igualdade material e é prática revolucionária, que busca concretizar esses ideais, por meio da transformação de valores, estruturas, atitudes e comportamentos. Trata-se, portanto, da construção de filosofias, éticas e políticas, bem como de teorias políticas, sociais, econômicas, culturais e jurídicas, que fundamentam uma prática feminista. Esta, por sua vez, se traduz em movimentos e ações emancipatórias, contra-hegemônicas, tanto coletivas quanto individuais: o(s) feminismo(s) representa(m) uma nova forma de ser e estar no mundo.

É nesse sentido que entendemos relevante finalizar este livro com duas manifestações políticas feministas emancipatórias e contra-hegemônicas, elaboradas em 2020, por ocasião do primeiro surto da pandemia da Covid-19. Estas expressam de maneira crítica e corajosa suas convicções sobre a necessária transformação das

---

[340] HESPANHA, António Manuel. *O caleidoscópio do direito*: o direito e a justiça nos dias e no mundo de hoje. 2. ed, reelaborada e ampliada. Coimbra: Edições Almedina, 2009, p. 16.

desigualdades estruturais e estruturantes, no que diz respeito aos marcadores sociais de gênero, raça, classe e sexualidade. As feministas, através da *Carta de Mulheres Brasileiras Feministas Antirracistas e Antifascistas em Defesa da Democracia – BASTA* e do Pronunciamento da Articulação Feminista Marcosul *O Vírus da Desigualdade e o Mundo que Necesitamos Construir*, ambos anexos, expuseram, de forma contundente, o quanto buscam "uma nova forma de ser e estar no mundo".

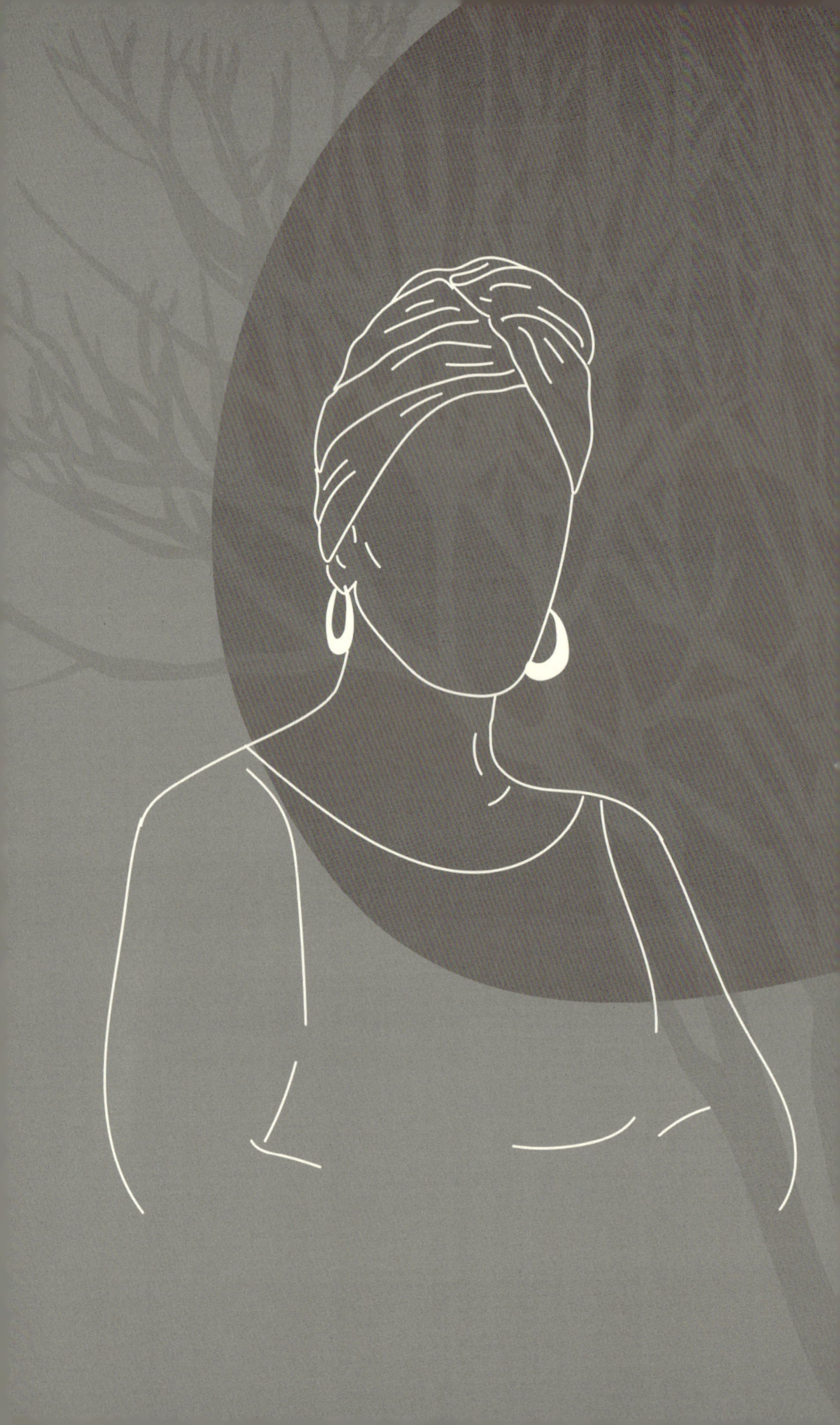

Referências Bibliográficas

BOBBIO, Norberto. **A era dos direitos.** Tradução Carlos Nelson Coutinho. Rio de Janeiro: Elsevier, 2004.

_____. **O terceiro ausente.** São Paulo: Manole, 2009.

BONAVIDES, Paulo. **Curso de Direito Constitucional.** 19. ed. São Paulo: Editora Malheiros, 2006.

CALAZANS, Myllena; CORTES, Iáris Ramalho. O processo de criação, aprovação e implementação da Lei Maria da Penha. *In:* CAMPOS, Carmen Hein de (org.). **Lei Maria da Penha comentada em uma perspectiva jurídico-feminista.** Rio de Janeiro: Lumens Juris, 2011.

CARRARA, Sérgio. **Moralidades, racionalidades e políticas sexuais no Brasil contemporâneo.** Disponível em: https://www.scielo.br/j/mana/a/6D5zmtb3VK98rjtWTQhq8Gg/?lang=pt. Acesso em: 5 mai. 2021.

CARNEIRO, Sueli. Mulher Negra. **Revista de Cultura de Vozes,** n. 2, ano 84, março/abril 1990.

COOK, Rebecca J. Human rights and maternal health: exploring the effectiveness of the alyne decision, global health and the law. **Journal of law, medicine and ethics,** v. 41, issue 1, Spring 2013, p. 103-123. DOI: https://doi.org/10.1111/jlme.12008.

ERTÜRK, Yakin. **15 years of the United Nations Special Rapporteur on Violence against Women, Its Causes and Consequences (1994 – 2009).** Disponível em: https://digitallibrary.un.org/record/656877. Acesso em: 8 jun. 2021.

GOMES, Luiz Flávio; GAZOTO, Luiz Wanderley. **Populismo penal legislativo:** a tragédia que não assusta as sociedades de massas. Salvador: Juspodivm, 2020.

LOBO, Ana Maria; ZAPATER, Maíra. O livre exercício dos direitos reprodutivos: vinculação ao exercício regular(izado) dos direitos sexuais? Uma reflexão. *In:* IKAWA, Daniela, PIOVESAN, Flávia, FACHIN, Melina G. (org.). **Direitos humanos na ordem contemporânea.** Proteção Nacional, Regional e Global, v. IV. Curitiba: Juruá Editora, 2010.

PIMENTEL, Silvia. A mulher e os direitos humanos. *In:* TRINDADE, Antônio Augusto Cançado (Org.). **A Proteção Internacional dos Direitos Humanos nos Planos Nacional e Internacional: perspectivas brasileiras.** 1 ed. San José: Instituto Interamericano de Derechos Humanos, 1992.

_____. A mulher e os Direitos Humanos. *In:* **Tecendo Fios das Críticas Feministas ao Direito no Brasil II**, v. 1. Ribeirão Preto: FDRP/USP, 2020.

_____. **A mulher e a Constituinte:** uma contribuição ao debate. 2. ed. São Paulo: Cortez Editora e EDPUC, 1987.

_____. **Evolução dos Direitos da Mulher:** norma, fato, valor. São Paulo: Malheiros, 1978.

_____. Prefácio – Comentários Gerais dos Comitês de Tratados de Direitos Humanos da ONU. **Comitê para a Eliminação da Discriminação contra as Mulheres.** Defensoria Pública do Estado de São Paulo, 2020.

_____; GREGORUT, Adriana. Humanização do direito internacional: as recomendações gerais dos comitês de direitos humanos da ONU e seu papel crucial na interpretação autorizada das normas de direito internacional. *In:* SOARES, Mário Lúcio Quintão Soares; SOUZA, Mércia Cardoso de (orgs.). **A interface dos direitos humanos com o direito internacional,** tomo II, 1. ed. Belo Horizonte: Arraes Editores, 2016.

_____. **As mulheres e a construção dos direitos humanos.** São Paulo: CLADEM, 1993.

_____; PIOVESAN, Flávia. A Lei Maria da Penha na perspectiva da responsabilidade internacional do Brasil. *In:* CAMPOS, Carmen Hein de. **Lei Maria da Penha comentada em uma perspectiva jurídico-feminista.** Rio de Janeiro: Lumen Juris, 2011.

RIOS, Roger Raupp. **O princípio da igualdade e a discriminação por orientação sexual.** A homossexualidade no direito brasileiro e norte-americano. A homossexualidade no direito brasileiro e norte-americana. São Paulo: Revista dos Tribunais, 2002.

ROUSSEAU, J. J. **Emílio, ou da educação.** São Paulo: Edipro, 2017.

SANTOS, Boaventura de Souza. Por uma concepção multicultural dos Direitos Humanos. **Revista Crítica de Ciências Sociais,** n. 48, junho de 1997.

SCOTT, Joan. Gênero: uma categoria útil para a análise histórica. **Educação e realidade,** 1995. Disponível em: https://edisciplinas.usp.br/pluginfile.php/185058/mod_resource/content/2/G%C3%AAnero-Joan%20Scott.pdf. Acesso em: 2 jun. 2021.

SEVERI, Fabiana Cristina. **Lei Maria da Penha e o projeto jurídico feminista brasileiro.** Rio de Janeiro: Lumen Juris, 2018.

SOUSA, Rita Mota. **Introdução às teorias feministas do direito.** Lisboa: Afrontamento, 2015.

TELES, Amelinha. **Breve história do feminismo no Brasil.** 1. ed. São Paulo: Editora Alameda, 2017.

TRAVITSKY, Betty S; CULLEN, Patrick (general editors). **The early modern Englishwoman:** a facsimile library of essential works. Part 1. Printed writings, 1500-1640. Vol. 8. Margaret Tyler.

VARELA, Nuria. **Feminismo para principiantes.** Barcelona: Ediciones B., 2005.

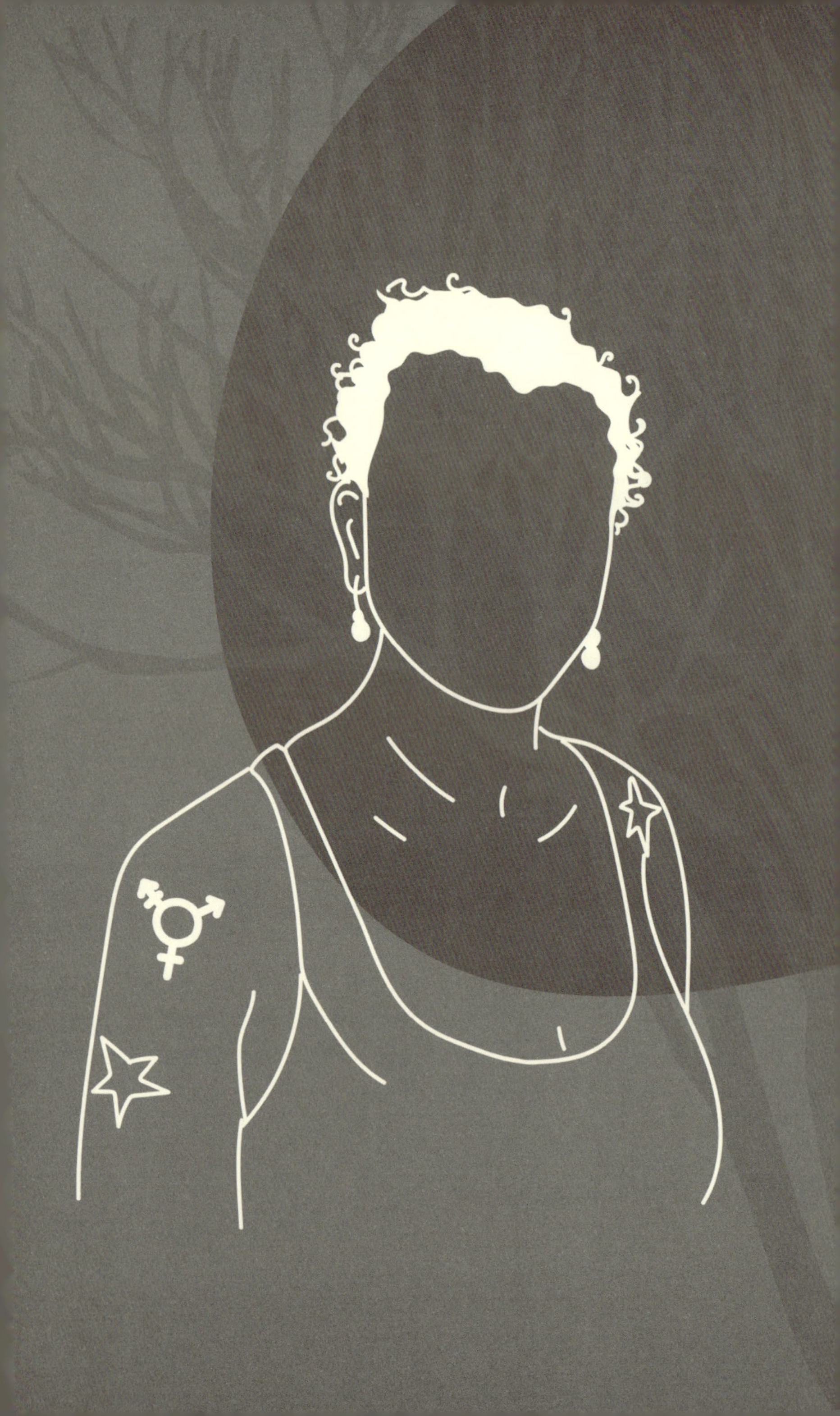

Bibliografia complementar

ALMEIDA, Silvio. **Racismo Estrutural**. *In:* Coleção Feminismos Plurais. 1. ed. São Paulo: Jandaíra, 2019.

ALMEIDA, Suely Souza de; SAFFIOTI, Heleieth. **Violência de gênero:** poder e impotência. Rio de Janeiro: Editora Revinter, 1995.

ALMEIDA, Rodolfo; ZANLORENSSI, Gabriel. A distribuição de delegacias da mulher pelo Brasil. **Nexo Jornal,** São Paulo, 22 setembro 2017. Disponível em: https://www.nexojornal.com.br/grafico/2017/09/22/A-distribui%C3%A7%C3%A3o-de--delegacias-da-mulher-pelo-Brasil. Acesso em: 5 mai. 2021.

ALVAREZ, Sonia E. Para além da sociedade civil: reflexões sobre o campo feminista. Dossiê o gênero da política: feminismos, estado e eleições. **Cadernos Pagu** (43), 2014.

ALVES, Branca Moreira. **Ideologia e feminismo:** a luta da mulher pelo voto no Brasil. Petrópolis: Vozes, 1980.

AMOROZO, Marcos; BUONO, Renata; MAZZA, Luigi. No Brasil, só 7% das cidades têm delegacias de atendimento à mulher. **Revista Piauí,** São Paulo, 30 dezembro 2020. Disponível em: https://piaui.folha.uol.com.br/no-brasil--so-7-das-cidades-tem-delegacias-de-atendimento-mulher/. Acesso em: 5 mai. 2021.

ARAÚJO, Siméia de Mello. Descolonizar a universidade: por uma educação para a prática da liberdade. *In:* MORTARI, Cláudia; WITTMAN, Luisa Tombini. **Narrativas Insurgentes:** decolonizando conhecimentos e entrelaçando mundos. Florianópolis: Rocha Gráfica Editora, 2020.

AS MULHERES da Revolução Cubana. **Nova Cultura,** 23 janeiro 2018. Disponível em: https://www.novacultura.

info/post/2018/01/21/as-mulheres-da-revolucao-cubana. Acesso em: 30 mai. 2021.

ARRUZZA, Cinzia. Considerações sobre gênero: reabrindo o debate sobre patriarcado e/ou capitalismo. **Outubro Revista**, n. 23, p. 33-58, 2015, p. 38. Disponível em: http://outubrorevista.com.br/wp-content/uploads/2015/06/2015_1_04_Cinzia-Arruza.pdf. Acesso em: 5 mai. 2021.

ARRUZZA, Cinzia; BHATTACHARYA, Tithi; FRASER Nancy. **Feminismo para os 99%, um manifesto.** São Paulo: Boitempo, 2019.

A VIDA Invisível. [Filme] Direção: Karim Aïnouz. Produtor: Rodrigo Teixeira. Sony Pictures Movies & Shows. Brasil, 2019 [2h19min].

ÁVILA, M. B. Nas veredas do feminismo materialista. *In:* ÁVILA, M. B. (org.), FERREIRA, V. **Teorias em movimento:** reflexões feministas na articulação feminista Marcosul. Recife: SOS Corpo, 2018.

BARSTED, Leila Linhares. **Os direitos humanos na perspectiva de gênero,** 2011. Disponível em: http://www.dhnet.org.br/direitos/textos/a_pdf/barsted_dh_perspectiva_genero.pdf. Acesso em: 5 mai. 2021.

_____. Lei Maria da Penha: uma experiência bem sucedida de advocacy feminista. *In:* CAMPOS, Carmen Hein de (org.). **Lei Maria da Penha comentada em uma perspectiva jurídico-feminista.** Rio de Janeiro: Lumen Juris, 2011.

_____. O progresso das mulheres no enfrentamento da violência, *In:* BARSTED, Leila; PITANGUY, Jacqueline (orgs.), **O progresso das mulheres no Brasil.** CEPIA/ONU Mulheres, Rio de Janeiro, 2011. Disponível em: www.cepia.org.br. Acesso em: 5 mai. 2021.

_____. Os direitos humanos das meninas e adolescentes. *In:* TAQUETTE, Stella (org.). **Aids e Juventude – gênero,** classe e raça. Rio de Janeiro: UERJ, p. 197-212, 2009.

_____. O reconhecimento de direitos sexuais: possibilidades e limites. *In:* SARMENTO, Daniel; IKAWA, Daniela; PIOVESAN, Flávia (orgs.). **Igualdade, Diferenças e Direitos Humanos.** Rio de Janeiro: Lumen Juris, 2008.

_____. O avanço legislativo contra a violência de gênero: a Lei Maria da Penha. **Revista EMERJ,** v. XV, n. 57 (edição Especial), Rio de Janeiro, 2011.

_____. Mulheres Negras e Indígenas: A Lei e a Realidade. *In:* BARSTED, Leila Linhares; HERMANN, Jacqueline; MELLO, Maria Elvira Vieira (orgs). **As Mulheres e a Legislação contra o Racismo,** CEPIA, Rio de Janeiro, 2001. Disponível em: www.cepia.org.br. Acesso em: 5 mai. 2021.

BATALHA, Martha. **A Vida invisível de Eurídice Gusmão**. 1. ed. São Paulo: Companhia das Letras, 2016.

BEAUVOIR, Simone de. **O segundo sexo:** fatos e mitos. v. I. Tradução Sérgio Milliet. 5. ed. Rio de Janeiro: Nova Fronteira, 2016.

_____. **O segundo sexo:** a experiência vivida v.II. Tradução Sérgio Milliet. 5. ed. Rio de Janeiro: Nova Fronteira, 2016.

BENHABIB, Seyla; BUTLER, Judith; CORNELL, Drucilla; FRASER, Nancy. **Debates Feministas.** Um Intercâmbio Filosófico. Tradução Fernanda Veríssimo. 1. ed. São Paulo: UNESP, 2018.

BENSTON, M. **The political economy of women's liberation.** Boston: New England Free Press, 1969.

BERNARDINO-COSTA, Joabe; TORRES, Nelson Maldonado; GROSFOGUEL, Ramón (Orgs.). **Decolonialidade e pensamento afrodiaspórico.** Belo Horizonte: Editora Autêntica, 2019.

BERTH, Joice. **Empoderamento.** *In*: Coleção Feminismos Plurais. 1. ed. São Paulo: Jandaíra, 2019.

BIANCHINI, Alice; BAZZO, Mariana; CHAKIAN, Silvia. **Crimes contra mulheres.** Lei Maria da Penha, crimes sexuais e feminicídio. 2. ed. Salvador: Juspodivm, 2020.

BIANCHINI, Alice. **Lei Maria da Penha.** Aspectos assistenciais, protetivos e criminais da violência de gênero. 4. ed. São Paulo: Saraiva Jur, 2018.

BORGES, Rosane da Silva. **Sueli Carneiro:** retratos do Brasil Negro. 1. ed. São Paulo: Selo Negro, 2010.

BRANCO, Sophia; LIMA, Cristina. **Nas rodas e nas redes:** uso da internet por mulheres de movimentos populares. Brasília: CFEMEA – Centro Feminista de Estudos e Assessoria, 2020.

BRASIL. **Lei nº 11.340, de 7 de agosto de 2006.** Cria mecanismos para coibir a violência doméstica e familiar contra a mulher, nos termos do § 8º do art. 226 da Constituição Federal, da Convenção sobre a Eliminação de Todas as Formas de Discriminação contra as Mulheres e da Convenção Interamericana para Prevenir, Punir e Erradicar a Violência contra a Mulher; dispõe sobre a criação dos Juizados de Violência Doméstica e Familiar contra a Mulher; altera o Código de Processo Penal, o Código Penal e a Lei de Execução Penal; e dá outras providências. Brasília, DF: Presidência da República. Disponível em: http://www.planalto.gov.br/ccivil_03/_ato2004-2006/2006/lei/l11340.htm. Acesso em: 5 mai. 2021.

_____. Lei nº 13.709, de 14 de agosto de 2018. **Lei Geral de Proteção de Dados Pessoas (LGPD)**. Brasília, DF: Presidência da República. Disponível em: http://www.planalto.gov.br/ccivil_03/_ato2015-2018/2018/lei/l13709.htm. Acesso em: 5 mai. 2021.

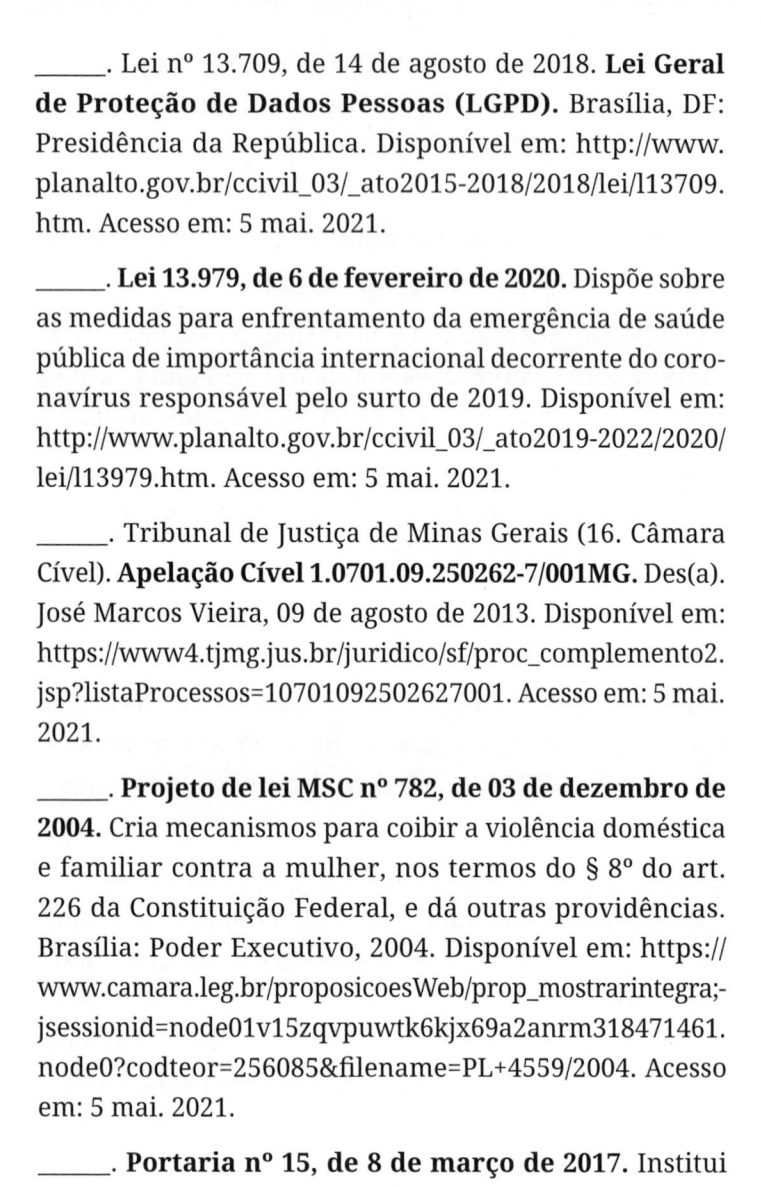

_____. **Lei 13.979, de 6 de fevereiro de 2020**. Dispõe sobre as medidas para enfrentamento da emergência de saúde pública de importância internacional decorrente do coronavírus responsável pelo surto de 2019. Disponível em: http://www.planalto.gov.br/ccivil_03/_ato2019-2022/2020/lei/l13979.htm. Acesso em: 5 mai. 2021.

_____. Tribunal de Justiça de Minas Gerais (16. Câmara Cível). **Apelação Cível 1.0701.09.250262-7/001MG**. Des(a). José Marcos Vieira, 09 de agosto de 2013. Disponível em: https://www4.tjmg.jus.br/juridico/sf/proc_complemento2.jsp?listaProcessos=10701092502627001. Acesso em: 5 mai. 2021.

_____. **Projeto de lei MSC nº 782, de 03 de dezembro de 2004**. Cria mecanismos para coibir a violência doméstica e familiar contra a mulher, nos termos do § 8º do art. 226 da Constituição Federal, e dá outras providências. Brasília: Poder Executivo, 2004. Disponível em: https://www.camara.leg.br/proposicoesWeb/prop_mostrarintegra;jsessionid=node01v15zqvpuwtk6kjx69a2anrm318471461.node0?codteor=256085&filename=PL+4559/2004. Acesso em: 5 mai. 2021.

_____. **Portaria nº 15, de 8 de março de 2017**. Institui a Política Judiciária Nacional de enfrentamento à violência contra as mulheres no poder judiciário e dá outras providências. Brasília: Poder Judiciário, 2017. Disponível em: https://www.cnj.jus.br/wp-content/

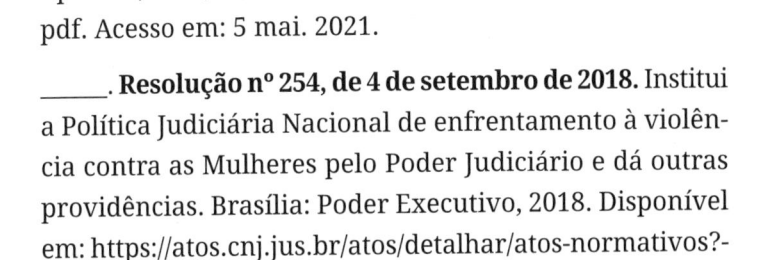

uploads/2017/03/48676a321d03656e5e3a4f0aa3519e62.pdf. Acesso em: 5 mai. 2021.

_____. **Resolução nº 254, de 4 de setembro de 2018.** Institui a Política Judiciária Nacional de enfrentamento à violência contra as Mulheres pelo Poder Judiciário e dá outras providências. Brasília: Poder Executivo, 2018. Disponível em: https://atos.cnj.jus.br/atos/detalhar/atos-normativos?documento=2669. Acesso em: 5 mai. 2021.

_____. **Resolução nº 376, de 2 de março de 2021.** Dispõe sobre o emprego obrigatório da flexão de gênero para nomear profissão ou demais designações na comunicação social e institucional do Poder Judiciário nacional. Brasília: Poder Judiciário, 2021. Disponível em: https://atos.cnj.jus.br/files/original122936202103056042243ecd5f.pdf. Acesso em: 5 mai. 2021.

BRITO, Lany Cristina Silva; FILGUEIRA, Yasmin von Glehn Santos; GONÇALVES, Gabriella Vieira Oliveira (orgs.). **IV diagnóstico da Defensoria Pública no Brasil.** Brasília: Ministério da Justiça, Secretaria de Reforma do Judiciário, 2015. Disponível em: http://www.anadep.org.br/wtksite/downloads/iv-diagnostico-da-defensoria-publica-no-brasil.pdf. Acesso em: 5 mai. 2021.

BUENO, Enrico. Feminismo para os 99%: O Manifesto no contexto da obra de Nancy Fraser. **Blog da SBS,** 16 março 2021. Disponível em: http://www.sbsociologia.com.br/blog/2021/03/16/feminismo-para-os-99-o-manifesto-no-contexto-da-obra-de-nancy-fraser/. Acesso em: 5 mai. 2021.

BUOLAMWINI, Joy; GEBRU, Timnit. Gender shades: intersectional accuracy disparities in commercial gender classification. **Proceedings of Machine Learning Research,**

v. 1, n. 81, p. 1-15, 2018. Disponível em: http://proceedings.mlr.press/v81/buolamwini18a/buolamwini18a.pdf. Acesso em: 5 mai. 2021.

BUTLER, Judith. **Problemas de gênero**. Rio de Janeiro: Civilização Brasileira, 2003.

BUTLER, Judith. Atos performáticos e a formação dos gêneros: um ensaio sobre fenomenologia e teoria feminista. Tradução Jamille Pinheiro Dias. Edições Chão da Feira, 2018. **Caderno de Leitura** n. 78. Disponível em: https://chaodafeira.com/wp-content/uploads/2018/06/caderno_de_leituras_n.78-final.pdf. Acesso em: 9 jun. 2021.

CAMPOS, Carmen Hein de. **Criminologia feminista**. 1 ed. Rio de Janeiro: Lumen Juris, 2017.

_____. (org.). **Lei Maria da Penha comentada em uma perspectiva jurídico-feminista**. 1. ed. Lumen Juris, 2011.

CARNEIRO, Sueli. **Racismo. Sexismo e Desigualdade no Brasil**. São Paulo: Selo Negro, 2011.

CARONE, Renata Rodrigues. A atuação do movimento feminista no legislativo federal: caso da Lei Maria da Penha. **Lua Nova: Revista de Cultura e Política,** setembro-dezembro 2018. Disponível em: https://www.scielo.br/j/ln/a/Qc3SyHMX7tycGfYqVdr3hdp/?lang=pt. Acesso em: 5 mai. 2021.

CARDOSO, Cláudia Pons. A construção da identidade feminista brasileira: experiências de mulheres negras brasileiras. Seminário Internacional Fazendo Gênero 10 (**Anais Eletrônicos**), Florianópolis, 2013. Disponível em: http://www.fg2013.wwc2017.eventos.dype.com.br/resources/anais/20/1373240696_ARQUIVO_texto-ClaudiaPonsCardosoST092.pdf. Acesso em: 31 mai. 2021.

CARVALHO, Flora. Riscos e resistências para mulheres na internet – Possibilidades práticas do ciberfeminismo na era digital. **Instituto de Referência em Internet e Sociedade,** Belo Horizonte. 25 março 2019. Disponível em: https://irisbh.com.br/riscos-e-resistencias-para-mulheres-na-internet--possibilidades-praticas-do-ciberfeminismo-na-era-digital/. Acesso em: 5 mai. 2021.

CARVALHO, Letícia; GUEDES, Maíra; MONTEIRO, Maria Júlia. **Feminismo Popular:** História e Contextos da Luta das Mulheres pelo Poder, 2017. Disponível em: https://www.academia.edu/37144320/Feminismo_Popular_Hist%C3%B3ria_e_contextos_da_luta_das_mulheres_pelo_poder. Acesso em: 8 jun. 2021.

CASADO, Alberto González. **Guerrillera, mujer y comandante de la revolución sandinista:** memorias de Leticia Herrera. Barcelona: Icaria Editorial; 1. ed., 2013.

CASTELLS, Manuel. **Redes de indignação e esperança:** Movimentos sociais na era da internet. 2. ed. Tradução Carlos Alberto Medeiros. Rio de Janeiro: Editora Zahar, 2013.

CASTILHO, Ela Wiecko Volkmer de; MATOS, Myllena Calasans de; SEVERI, Fabiana Cristina (orgs.). **Tecendo Fios das Críticas Feministas ao Direito no Brasil II:** direitos humanos das mulheres e violências, v. 1. Ribeirão Preto: FDRP/USP, 2020. Disponível em: http://www.direitorp.usp.br/lancamento-do-livro-tecendo-fios-os-fios-das-criticas-feministas-ao-direito-no-brasil-ii/. Acesso em: 5 mai. 2021.

CASTILHO-MARTÍN, Márcia; OLIVEIRA, Suely de. (Orgs.) **Marcadas a ferro:** violência contra a mulher – uma visão multidisciplinar. Brasília: Secretaria Especial de Política para as Mulheres, 2005.

CENTRO DE DOCUMENTAÇÃO E MEMÓRIA DA UNESP – REITORIA. **40 anos de Fundação do Movimento Negro Unificado (1978-2018).** São Paulo: UNESP, 29 setembro 2018. Disponível em: https://www.cedem.unesp.br/#!/documento-da-semana/. Acesso em: 26 mai. 2021.

CENTER FOR REPRODUCTIVE RIGHTS. **Caso de Alyne da Silva Pimentel Teixeira ("Alyne") vs. Brasil.** [s.l] [c1992-2021]. Disponível em: http://reproductiverights.org/wp-content/uploads/2018/08/LAC_Alyne_Factsheet_Portuguese_10-24-14_FINAL.pdf. Acesso em: 5 mai. 2021.

CEPAL. **Sobre a CEPAL.** Nações Unidas [s.l] [201-?]. Disponível em: https://www.cepal.org/pt-br/cepal=0-#:~:text-A%20Comiss%C3%A3o%20Econ%C3%B4mica%20para%20a,a%20funcionar%20nesse%20mesmo%20ano. Acesso em: 25 mai. 2021.

CHAKIAN, Silvia. **Construção dos direitos das mulheres:** histórico, limites e diretrizes para uma proteção penal eficiente, 1. ed. Rio de Janeiro: Lumen Juris, 2019.

CODING RIGHTS; INTERNETLAB. **Violências contra mulher na internet:** diagnóstico, soluções e desafios. Contribuição conjunta do Brasil para a relatora especial da ONU sobre violência contra a mulher. São Paulo, 2017.

COLETIVO COMBAHEE RIVER. Manifesto do Coletivo Combahee, Stefani Pereira (trad.), Letícia Simões Gomes (trad.), **Plural:** Revista de Ciências Sociais, v. 26, n. 1, 2019.

COLLINS, Patricia Hill. **Pensamento Feminista Negro.** Conhecimento, Consciência e a Política do Empoderamento. 1. ed. São Paulo: Boitempo, 2019.

_____; BILGE, Sirma. **Interseccionalidade.** São Paulo: Boitempo, 2021.

COM PANDEMIA de Covid-19, igualdade de gênero só será atingida em 135 anos. **Revista Galileu,** 31 março 2021. Disponível em: https://revistagalileu.globo.com/Sociedade/noticia/2021/03/com-pandemia-de-covid-19-igualdade-de--genero-so-sera-atingida-em-135-anos.html. Acesso em: 5 mai. 2021.

COMPROMISSO E ATITUDE LEI MARIA DA PENHA. **Condege define protocolo de atuação para Defensoria.** [s.l]: ONG Compromisso e Atitude, 20 outubro 2014. Disponível em: Disponível em: http://www.compromissoeatitude.org.br/condege-define-protocolo-de-atuacao-para-defensoria/. Acesso em: 5 mai. 2021.

CONSELHO NACIONAL DE JUSTIÇA. **O poder judiciário no enfrentamento à violência doméstica e familiar contra as mulheres (relatório).** Brasília: CNJ, 2019. Disponível em: https://www.cnj.jus.br/wp-content/uploads/conteudo/arquivo/2019/08/7b7cb6d9ac9042c8d3e40700b80bf207.pdf. Acesso em: 5 mai. 2021.

_____. **O poder judiciário na aplicação da Lei Maria da Penha.** Brasília: CNJ, 2013, p. 20. Disponível em: https://www.cnj.jus.br/wp-content/uploads/2013/03/Maria%20da%20Penha_vis2.pdf. Acesso em: 5 mai. 2021.

CONSELHO NACIONAL DO MINISTÉRIO PÚBLICO. Cenários de gênero. [s.l]: **Cenários, reflexão, pesquisa e realidade,** março 2018. Disponível em: https://www.cnmp.mp.br/portal/images/20180622_CEN%C3%81RIOS_DE_G%C3%8ANERO_v.FINAL_2.pdf. Acesso em: 5 mai. 2021.

_____. **Ouvidoria da Mulher.** Brasília: CNMP, 2020. Disponível em: https://www.cnmp.mp.br/portal/

ouvidoria-ouvidoria-da-mulher/normas-mulher. Acesso em: 5 mai. 2021.

_____. **Recomendação nº 80, de 24 de março de 2021.** Dispõe sobre a necessidade de aprimoramento da atuação do Ministério Público no enfrentamento da violência de gênero e da violência institucional e dá outras providências. Brasília: CNMP, 2021. Disponível em: https://www.cnmp.mp.br/portal/atos-e-normas/norma/7924/. Acesso em: 5 mai. 2021.

CRENSHAW, Kimberlé. Documento para o encontro de especialistas em aspectos da discriminação racial relativos ao gênero. **Estudos feministas,** ano 10, setembro 2002. Disponível em: http://fopir.org.br/wp-content/uploads/2017/01/Crenshaw_Kimberl%C3%A9.pdf. Acesso em: 5 mai. 2021.

DALLACOSTA, M. **Family, Welfare and the State:** between progressivism and the New Deal, New York: Common Notions, 2015.

DALLARI, Dalmo de Abreu. **Os Direitos da Mulher e da Cidadã por Olímpia de Gouges.** 1. ed. São Paulo: Saraiva, 2016.

DAVIS, Angela. **Mulheres, raça e classe.** 1. ed. São Paulo: Boitempo, 2016.

_____. **A liberdade é uma luta constante.** 1. ed. São Paulo: Boitempo, 2018.

_____. **Mulheres, cultura e política.** 1. ed. São Paulo: Boitempo, 2016.

DELPHY, C. **Close to home:** a materialist analysis of women's oppression, London: Verso, 2016.

DINIZ, Carlos Alberto Nogueira. O surgimento do Clube de Mães da zona sul de São Paulo sob a influência da teologia da libertação no início da década de 1970. [**Anais**]. Curitiba: V Simpósio Internacional de Educação Sexual, abril 2017. Disponível em: http://www.sies.uem.br/trabalhos/2017/3156.pdf. Acesso em: 26 mai. 2021.

DOMINGUEZ, Magalys Arocha. **Miembro de la Directiva Nacional de la Federación de Mujeres Cubanas.** Disponível em: https://www2.ohchr.org/english/bodies/cedaw/docs/memberscv/MagalysArochaDom%C3%ADnguez.pdf. Acesso em: 25 mai. 2021.

ELWOOD, R. C. **Inessa Armand:** Revolutionary and Feminist, Cambridge: Cambridge University Press, 1992.

ENGELS, Friederich. **A origem da família, da propriedade privada e do Estado.** 8. ed. Rio de Janeiro: BestBolso, 2014.

EVARISTO, Conceição. **Olhos d'água.** 1. ed. Rio de Janeiro: Pallas, 2014.

_____. **Insubmissas Lágrimas de Mulheres.** 2. ed. Rio de Janeiro: Malê, 2016.

_____. **Ponciá Vicêncio.** 3. ed. Rio de Janeiro: Pallas, 2014.

FACIO, Alda; FRIES, Lorena. **Género y Derecho.** Santiago, Chile: La Morada, 1999.

FANON, Frantz. **Pele Negra, máscaras brancas.** Tradução Renato da Silveira. Salvador: EDUFBA, 2018.

_____. **The wretched of the earth.** Translated from French by Richar Philcox. New York: Groove Press, 2004.

FAUSTINO, Devison Mendes. **"Por que Fanon, por que agora?":** Frantz Fanon e os fanonismos no Brasil. Tese

(Doutorado em Sociologia) – Universidade Federal de São Carlos, São Carlos, 2015.

FEDERICI, Silvia. **O ponto zero da revolução:** trabalho doméstico, reprodução e luta feminista. Tradução Coletivo Sycorax. 1. ed. São Paulo: Editora Elefante, 2019.

_____. **O calibã e a bruxa:** mulheres, corpo e acumulação primitiva. Tradução Coletivo Sycorax. 1. ed. São Paulo: Editora Elefante, 2017.

FERREIRA, Aurélio Buarque de Holanda. **Novo dicionário Aurélio da língua portuguesa.** 2. ed. revista e ampliada, 7. impressão. Rio de Janeiro: Nova Fronteira, 1986.

FLORESTA, Nísia. **Direitos das Mulheres e Injustiça dos Homens,** 1832. Disponível em: http://www.dominiopublico.gov.br/download/texto/me4711.pdf. Acesso em: 8 jun. 2021.

FORTUNATI, Leopoldina. **The Arcane of Reproduction.** Estados Unidos da América: Autonomedia, 1995.

FRASER, Nancy. Nancy Fraser propõe o Feminismo para 99%: entrevista a Isabel Valdés, para o El País, tradução Felipe Calabrez. **Outras Palavras,** São Paulo, 24 dezembro 2019. Disponível em: https://outraspalavras.net/feminismos/nancy-fraser-propoe-o-feminismo-para-99/. Acesso em: 8 jun. 2021.

GARRIDO, Jasely Fernández. A mulher cubana, misto de doçura e fortaleza. **Brasil de Fato,** São Paulo, 17 março 2020. Disponível em: https://www.brasildefato.com.br/2020/03/17/a-mulher-cubana-misto-de-docura-e-fortaleza. Acesso em: 25 mai. 2021.

GIMENEZ, M. E. **Marx, Women and Capitalist Social Reproduction:** Marxist Feminist Essays, Chicago: Haymarket Books, 2019.

GOLDENBERG, Mirian; TOSCANO, Moema. **A revolução das mulheres:** um balanço do feminismo no Brasil. Rio de Janeiro: Revan, 1992.

GONZALEZ, Lélia. **Por um feminismo afro-latino-americano.** RIOS, Flávia; LIMA, Márcia (Orgs.). Rio de Janeiro: Editora Zahar, 2020.

GORTÁZAR, Naiara Galarraga. Caso de Madalena, escrava desde os oito anos, expõe legado vivo da escravidão no Brasil. **El País,** 14 janeiro 2021. Disponível em: https://brasil.elpais.com/internacional/2021-01-14/madalena-escrava-desde-os-oito-anos-expoe-caso-extremo-de-racismo-no-brasil-do-seculo-xxi.html. Acesso em: 18 mai. 2021.

GRUPO DE ESTUDIOS CRITICOS. **Reflexiones tras la visita de Nancy Fraser.** Barcelona, 1º abril 2019. Disponível em: http://www.gec-madrid.org/2019/04/01/lo-que-nos-dejo-la-visita-de-nancy-fraser/. Acesso em: 5 mai. 2021.

GUAJAJARA, Sônia. Sônia Guajajara comenta sobre a força das mulheres indígenas. **Combate Racismo Ambiental,** 24 junho 2016. Disponível em: https://racismoambiental.net.br/2016/06/24/sonia-guajajara-comenta-sobre-a-forca-das-mulheres-indigenas/. Acesso em: 24 fev. 2020.

GUILLAUMIN, C. **Racism, sexism, power and ideology.** London: Routledge, 1995.

HARTMANN, H. **Gendering politics and policy: recent developments in Europe, Latin America and the United States,** Londres: Routledge, 2014.

_____. **Women, work and poverty:** women centered research for policy change, Londres: Routledge, 2006.

_____. The unhappy marriage of Marxism and Feminism. Towards a more progressive union. Capital and Class, v. 3, n° 2, p. 1-33. *In:* SARGENT, Lydia. **Women and Revolution.** Boston: South End Press, 1981.

HARTSTOCK, N. **Money, sex and power:** Toward a feminist historical materialism, Northwestern: Northwestern University Press, 1985.

_____. **The feminist standpoint revisited and other essays,** Boulder, CO: Westview Press, 1998.

HENNESSY, R. **Materialist feminism and the politics of discourse.** Londres: Routledge, 2012.

HESPANHA, António Manuel. **O caleidoscópio do direito:** o direito e a justiça nos dias e no mundo de hoje. 2. ed, reelaborada e ampliada. Coimbra: Edições Almedina, 2009.

HIRATA, Helena. Gênero, classe e raça: Interseccionalidade e consubstancialidade das relações sociais. **Revistas USP,** 2014. Disponível em: http://www.revistas.usp.br/ts/article/view/84979. Acesso em: 3 ago. 2020.

HOLLANDA, Heloisa Buarque de. **Explosão feminista:** Arte, cultura, política e universidade. 1. ed. São Paulo: Companhia das Letras, 2018.

_____ (org.). **Pensamento feminista:** conceitos fundamentais. Rio de Janeiro: Bazar do Tempo, 2019.

_____ (org.). **Pensamento feminista brasileiro:** formação e contexto. Rio de Janeiro: Bazar do Tempo, 2019.

_____ (org.). **Pensamento feminista hoje:** perspectivas decoloniais. Rio de Janeiro: Bazar do Tempo, 2020.

HOOKS, bell. **O feminismo é para todo mundo:** políticas arrebatadoras. Tradução Bhuvi Libânio. 1. ed. Rio de Janeiro: Rosa dos Tempos, 2018.

_____. **Erguer a Voz:** pensar como feminista, pensar como negra. Tradução Cátia Bocaiuva Maringolo. São Paulo: Elefante, 2019.

_____. **E eu não sou uma mulher?:** Mulheres negras e feminismo. 4. ed. Rio de Janeiro: Rosa dos Tempos, 2019.

_____. **Ensinando a transgredir:** a educação como prática da liberdade. São Paulo: Editora Martins Fontes, 2013.

_____. Intelectuais negras. **Revista Estudos Feministas,** v. 3, n. 2, 1995. Disponível em: https://periodicos.ufsc.br/index.php/ref/article/view/16465/15035. Acesso em: 7 mar. 2020.

HOLMSTROM, Nancy. Women's Work, the Family and Capitalism. **Science and Society,** v. 45, nº 2, 1981, p. 186-211. Disponível em: https://www.jstor.org/stable/40402313. Acesso em: 5 mai. 2021.

HUMAN RIGHTS WATCH. **"Um dia eu vou te matar":** impunidade em casos de violência doméstica no estado de Roraima. [s.l]: Human Rights Watch, 2017. Disponível em: https://www.hrw.org/sites/default/files/report_pdf/brazil0617port_web.pdf. Acesso em: 5 mai. 2021.

HUXLEY, Aldous. **A Ilha.** Tradução Lino Vallandro e Vidal Serrano. 22. ed. São Paulo: Globo, 2014.

INSTITUTO PATRÍCIA GALVÃO. **Dossiê violência contra as mulheres.** Disponível em: https://dossies.agenciapatriciagalvao.org.br/violencia/violencias/. Acesso em: 5 mai. 2021.

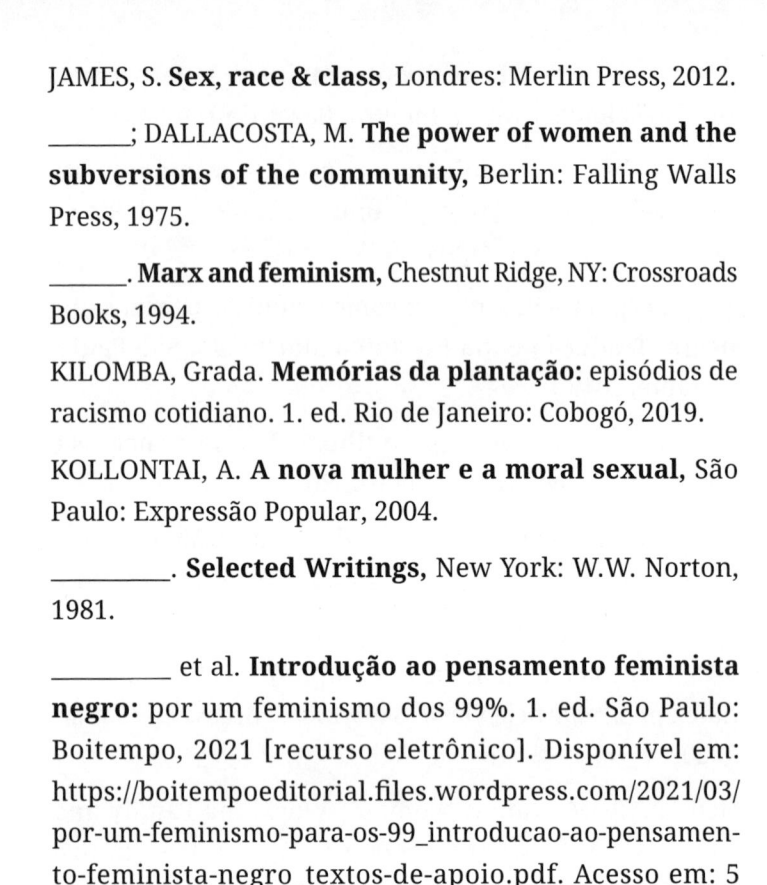

JAMES, S. **Sex, race & class,** Londres: Merlin Press, 2012.

_____; DALLACOSTA, M. **The power of women and the subversions of the community,** Berlin: Falling Walls Press, 1975.

_____. **Marx and feminism,** Chestnut Ridge, NY: Crossroads Books, 1994.

KILOMBA, Grada. **Memórias da plantação:** episódios de racismo cotidiano. 1. ed. Rio de Janeiro: Cobogó, 2019.

KOLLONTAI, A. **A nova mulher e a moral sexual,** São Paulo: Expressão Popular, 2004.

_____. **Selected Writings,** New York: W.W. Norton, 1981.

_____ et al. **Introdução ao pensamento feminista negro:** por um feminismo dos 99%. 1. ed. São Paulo: Boitempo, 2021 [recurso eletrônico]. Disponível em: https://boitempoeditorial.files.wordpress.com/2021/03/por-um-feminismo-para-os-99_introducao-ao-pensamento-feminista-negro_textos-de-apoio.pdf. Acesso em: 5 mai. 2021.

LANZ, Leticia. **O corpo da roupa:** a pessoa transgênera entre a transgressão e a conformidade com as normas de gênero. Uma introdução aos estudos transgêneros. Curitiba: Transgente, 2015.

LAURETIS, Teresa de. **Technologies of Gender:** Essays on Theory, Film, and Fiction. Indiana University Press, 1987.

LIMA, Dulcilei da Conceição. **#Conectadas:** o feminismo negro nas redes sociais. 2020. 232 p. Tese (Doutorado em Ciências Humanas e Sociais) – Universidade Federal do ABC, São Bernardo, 2020.

LOPES, Barbara. Mulheres e a (re)construção da democracia. **Blogueiras Feministas,** [S.l], 05 março 2013. Disponível em: http://blogueirasfeministas.com/2013/03/mulheres-e-a-reconstrucao-da-democracia. Acesso em: 26 mai. 2021.

LUGONES, María. Rumo a um feminismo decolonial. **Estudos feministas,** Florianópolis, v. 22, n. 3, set.-dez. 2014.

MACHADO, Lia Zanotta. **Feminismo em movimento.** 1. ed. São Paulo: Francis, 2010.

MARTÍNEZ, T. O.; GALINDO, M. Z. Leitura crítica de um manifesto feminista populista. **Revista USP,** [S. l.], n. 122, p. 71-86, 2019. DOI: 10.11606/issn.2316-9036.v0i122p71-86. Disponível em: https://www.revistas.usp.br/revusp/article/view/162621. Acesso em: 5 mai. 2021.

MARX, Karl. **Teorias da mais-valia:** Adam Smith e a ideia do trabalho produtivo. São Paulo: Editora Global, 1980.

MATOS, Marlise. A quarta onda feminista e o campo crítico-emancipatório das diferenças no Brasil: entre a destradicionalização social e o neoconservadorismo político. Caxambu, 38º Encontro Anual da ANPOCS [**Anais eletrônicos**], 2014. Disponível em: http://www.anpocs.com/index.php/encontros/papers/38-encontro-anual-da-anpocs/mr-1/mr20/9339-a-quarta-onda-feminista-e-o-campo-critico-emancipatorio-das-diferencas-no-brasil-entre-a-destradicionalizacao-social-e-o-neoconservadorismo-politico. Acesso em: 5 mai. 2021.

MBEMBE, Achille. **Necropolítica:** biopoder, soberania, estado de exceção, política da morte. 1. ed. São Paulo: n-1 edições, 2018.

MCNALLY, David. Intersections and Dialectismos: Critical Reconstructions in Social Reproduction Theory. *In:*

BHATTACHARYA, Tithi. **Social Reproduction Theory:** Remapping Class, Recentering Oppression, p. 107-124. London: Pluto Press.

MENDES, Soraia. **Criminologia feminista:** novos paradigmas. 2. ed. São Paulo: Saraiva Jur, 2017.

MELLO, Michele de. Feminismo popular busca unidade por mais direitos às mulheres na América Latina. **Brasil de Fato,** São Paulo, 09 março 2021. Disponível em: https://www.brasildefato.com.br/2021/03/09/feminismo-popular-busca-unidade-por-mais-direitos-as-mulheres-na-america-latina. Acesso em: 21 jun. 2021.

MINISTÉRIO DA EDUCAÇÃO E FUNDAÇÃO JOAQUIM NABUCO. **Bertha Lutz.** Coleção Educadores MEC, 2010. Disponível em: http://www.dominiopublico.gov.br/download/texto/me4693.pdf. Acesso em: 1º jun. 2021.

MINISTÉRIO DA JUSTIÇA. **Norma técnica de padronização das delegacias especializadas de atendimento às mulheres – DEAMs.** Brasília, 2010, p. 13. Disponível em: https://prceu.usp.br/wp-content/uploads/2021/03/norma-tecnica-de-padronizacao-das-delegacias-especializadas-de-atendimento-a-mulheres-25-anos-de-conquista.pdf. Acesso em: 5 mai. 2021.

MONTANHA, Gisele de Oliveira. **Protagonismo das mulheres Puruborá:** desafios e experiências de luta no movimento indígena. Monografia (Especialização em Gênero e Diversidade na Escola pela Fundação Universidade Federal de Rondônia) – Universidade Federal de Rondônia, Rolim de Moura, 2019.

MONTEIRO, Deborah. *In:* **Coletânea de poemas antifascistas.** 1. ed. São Paulo: Editora Versos em Cantos, 2020.

MORRISON, Toni. **O olho mais azul.** 1. ed. São Paulo: Companhia das Letras, 2019.

MULHERES em marcha. **Marcha Mundial das Mulheres** [2015?]. Disponível em: http://www.marchamundialdasmulheres.org.br/a-marcha/nossa-historia/. Acesso em: 25 mai. 2021.

NAÇÕES UNIDAS. As "mulheres essenciais" na criação da Declaração Universal dos Direitos Humanos. **ONU,** 10 dezembro 2018. Disponível em: https://news.un.org/pt/story/2018/12/1651161. Acesso em: 5 mai. 2021.

NAÇÕES UNIDAS BRASIL. **Protegendo a saúde e os direitos de mulheres e meninas na pandemia.** Disponível em: https://nacoesunidas.org/artigo-protegendo-a-saude-e-os-direitos-de-mulheres-e-meninas-na-pandemia/. Acesso em: 5 mai. 2021.

NATANSOHN, Graciela; ROVETTO, Fiorencia (orgs.). **Internet e feminismos:** olhares sobre violências sexistas desde a América Latina. Salvador: EDUFBA, 2019.

NUNES, Pablo. O algoritmo e racismo nosso de cada dia. **Revista Piauí,** São Paulo, 2 jan. 2021. Disponível em: https://piaui.folha.uol.com.br/o-algoritmo-e-racismo-nosso-de-cada-dia/. Acesso em: 5 mai. 2021.

NYC HUMAN RIGHTS. **Gender Identity/Gender Expression:** Legal Enforcement Guidance. Disponível em: https://www1.nyc.gov/site/cchr/law/legal-guidances-gender-identity-expression. page. Acesso em: 8 jun. 2021.

OAB NACIONAL. **Quadro da advocacia.** Brasília: Ordem dos Advogados do Brasil (site institucional). [c2021]. Disponível em: https://www.oab.org.br/institucionalconselhofederal/quadroadvogados. Acesso em: 5 mai. 2021.

ONU. **Born free and equal:** sexual orientation and gender identity in international human rights law, 2012. Disponível em: https://www.ohchr.org/documents/publications/bornfreeandequallowres.pdf. Acesso em: 5 mai. 2021.

PASSOS, Ana Helena Ithamar. **Um estudo sobre branquitude no contexto de reconfiguração das relações raciais no Brasil:** 2003-2013. Editora Oyá, 2019.

PEREIRA, Rodrigo da Cunha. Para além do binarismo: transexualidades, homoafetividades e intersexualidades. *In:* DIAS, Maria Berenice. **Intersexo.** São Paulo: Revista dos Tribunais, 2018.

PEREZ, Olívia; RICOLDI, Arlene. **A quarta onda do feminismo?:** Reflexões sobre movimentos feministas contemporâneos. Disponível em: https://www.researchgate.net/publication/332639884_A_quarta_onda_do_feminismo. Acesso em: 5 mai. 2021.

PEROVA, Elizaveta; REYNOLDS, Sarah. **Women's Police Stations and Domestic Violence: Evidence from Brazil.** [s.l]: World Bank Policy Research Working Paper nº 7497, november 2015, p. 17. Disponível em: https://elibrary.worldbank.org/doi/pdf/10.1596/1813-9450-7497. Acesso em: 5 jun. 2017.

PERROT, Michelle. **Minha história das mulheres.** Tradução Ângela M. S. Côrrea. 2. ed. 5. reimpressão. São Paulo: Contexto, 2017.

PIMENTEL, Silvia; GIORGI, Beatriz Di; PIOVESAN, Flávia. **A figura/personagem da mulher em processos de família.** 1. ed. Porto Alegre: Sergio Antonio Fabris Editor, 1993.

_____; PANDJIARJIAN. Valéria. **Percepções das mulheres em relação ao direito e à justiça.** 1. ed. Porto Alegre: Sergio Antonio Fabris Editor, 1996.

_____; SCHRITZMEYER, Ana Lúcia; PANDJIARJIAN, Valéria. **Estupro: Crime ou "Cortesia"?** Abordagem sociojurídica de gênero. 1. ed. Porto Alegre: Sergio Antonio Fabris Editor, 1998.

_____; PANDJIARJIAN. Valéria; BELLOQUE, Juliana. **Legítima defesa da honra:** legítima impunidade de assassinos. Um estudo crítico da legislação e jurisprudência na América Latina. São Paulo: Clade, 2004.

_____. Gênero e direito. **Enciclopédia jurídica da PUC-SP.** Celso Fernandes Campilongo, Alvaro de Azevedo Gonzaga e André Luiz Freire (coords.). Tomo: Teoria Geral e Filosofia do Direito. Celso Fernandes Campilongo, Alvaro de Azevedo Gonzaga, André Luiz Freire (coord. de tomo). 1. ed. São Paulo: Pontifícia Universidade Católica de São Paulo, 2017. Disponível em: https://enciclopediajuridica.pucsp.br/verbete/122/edicao-1/genero-e-direito. Acesso em: 5 mai. 2021.

_____; PEREIRA, Beatriz (org.); MELO, Mônica (org.). **Direito, discriminação de gênero e igualdade.** Rio de Janeiro: Lumen Juris, 2017.

_____; PEREIRA, Beatriz, (org.) MELO, Mônica (org.); *et al.* **Estupro:** perspectiva de gênero, interseccionalidade e interdisciplinaridade. 1. ed. Rio de Janeiro: Lumen Juris, 2018

_____; MELLO, Siméia (coord.); *et al.* **Raça e gênero:** discriminações, interseccionalidades e resistências. 1. ed. São Paulo: EDUC, 2020.

PIOVESAN, Flávia. **Direitos humanos e o direito constitucional internacional.** São Paulo: Saraiva Jur, 2021.

PRECIADO, Beatriz. **Manifesto contrassexual:** práticas subversivas de identidade sexual. 1. ed. São Paulo: n-1 edições, 2015.

RATTS, Alex; RIOS, Flavia. **A perspectiva interseccional de Lélia Gonzalez.** 2010. Disponível em: https://estudosetnicosraciais.files.wordpress.com/2018/04/264872160-a--perspectiva-interseccional-de-lelia-gonzalez.pdf. Acesso em: 5 mai. 2021.

_____. **Lélia Gonzalez:** Retratos do Brasil Negro. 1. ed. São Paulo: Selo Negro, 2010.

RIBEIRO, Djamila. **Quem tem medo do feminismo negro?** 1. ed. São Paulo: Companhia das Letras, 2018.

_____. **Pequeno manual antirracista.** 1. ed. São Paulo: Companhia das Letras, 2019.

_____. **Lugar de fala.** *In:* Coleção Feminismos Plurais. 1. ed. São Paulo: Jandaíra, 2019.

_____. **Afasta de mim esse cálice (cale-se):** o silenciamento de mulheres negras em espaços de militância. Disponível em: http://blogueirasnegras.org/racismo-silenciamento-mulheres-negras-espacos-militancia/. Acesso em: 10 fev. 2017.

_____. Doméstica idosa que morreu no Rio cuidava da patroa contagiada pelo coronavírus. **Folha de S. Paulo,** 19 março 2020. Disponível em: https://www1.folha.uol.com.br/colunas/djamila-ribeiro/2020/03/domestica-idosa-que-morreu-no-rio-cuidava-da-patroa-contagiada-pelo-coronavirus.shtml. Acesso em: 18 mai. 2020.

RICKS, Becca; VARON, Joana. Você está vendo isso porque é uma... **Coding Rights,** São Paulo. Disponível em: https://

chupadados.codingrights.org/gendered-targeted-ads/. Acesso em: 5 mai. 2021.

ROCHA, Fernanda de Brito Mota. **A quarta onda do movimento feminista:** o fenômeno do ativismo digital. São Leopoldo, 2017. Disponível em: http://www.repositorio.jesuita.org.br/handle/UNISINOS/6728. Acesso em: 5 mai. 2021.

RODRIGUES, Júlia. Caso Miguel: dor incessante deixada por um ano que clama justiça. **Diário de Pernambuco,** 30 dezembro 2020. Disponível em: https://www.diariodepernambuco.com.br/noticia/vidaurbana/2020/12/caso-miguel-dor-incessante-deixada-por-um-ano-que-clama-por-justica.html. Acesso em: 2 jan. 2021.

SAFFIOTI, Heleieth. **O poder do macho.** 1. ed. São Paulo: Editora Moderna, 1987.

_____. **Mulher na sociedade de classes:** mito e realidade. 3. ed. São Paulo: Expressão Popular, 2013.

_____. **Gênero, patriarcado e violência.** 2. ed. São Paulo: Expressão Popular, 2015.

SANTOS, Giselle Cristina dos Anjos. Os estudos feministas e o racismo epistêmico. **Gênero, Dossiê Mulheres Negras: experiências,** vivências e ativismos, Niterói, v. 16, n. 2, p. 7-32, 2016.

SILVA, Isadora Brandão Araújo da. Mulheres invisíveis, trabalho precário. **Justificando,** São Paulo, 9 dezembro 2016. Disponível em: http://www.justificando.com/2016/12/09/mulheres-invisiveis-trabalho-precario/. Acesso em: 5 mai. 2021.

_____. **Da invisibilidade ao reconhecimento institucional:** limites da proteção jurídica das empregadas domésticas. Belo Horizonte: Letramento, 2019.

SILVA, Salete Maria. **Feminismos jurídicos:** aproximações teóricas, manifestações práticas, reflexões críticas. Curitiba: Instituto Memória, 2021.

SOMBINI, Eduardo. Feminismo neoliberal deixa os 99% para trás, diz Heloisa Buarque de Hollanda. **Folha de S. Paulo,** São Paulo, 23 jan. 2021. Disponível em: https://www1.folha.uol.com.br/ilustrissima/2021/01/feminismo-neoliberal-deixa-os-99-para-tras-diz-heloisa-buarque-de-hollanda.shtml. Acesso em: 5 mai. 2021.

SOUZA, Murilo. Autor da Lei do Divórcio, Nelson Carneiro tem o nome aprovado para o Livro de Heróis da Pátria. **Câmara dos Deputados,** 08 novembro 2018. Disponível em: https://www.camara.leg.br/noticias/547602-autor-da-lei-do-divorcio-nelson-carneiro-tem-o-nome-aprovado-para-o-livro-de-herois-da-patria. Acesso em: 25 mai. 2021.

TIBURI, Márcia. **Feminismo em comum:** Para todas, todes e todos. 9. ed. Rio de Janeiro: Rosa dos Tempos, 2018.

TERRA DE DIREITOS. **Entenda quem é a Via Campesina.** Curitiba, 24 julho 2008. Disponível em: https://terradedireitos.org.br/noticias/noticias/entenda-quem-e-a-via-campesina/1040. Acesso em: 12 abr. 2021.

TUKANO, Daiara. "Nós somos as vítimas do maior genocídio da humanidade", denuncia militante indígena. **MST,** 15 setembro 2015. Disponível em: https://mst.org.br/2015/09/15/nos-somos-as-vitimas-do-maior-genocidio-da-humanidade-denuncia-militante-indigena/. Acesso em: 20 mai. 2021.

UNIVERSIDADE FEDERAL DO RIO GRANDE DO SUL. **Curso de Economia Feminista em São Paulo:** de 2 a 4 de setembro. Porto Alegre: UFRGS, 11 agosto 2005. Disponível em: https://www.ufrgs.br/nph/ong/?p=338. Acesso em: 12 abr. 2014.

VALENTE, Mariana Giorgetti; NERIS, Natália; RUIZ, Juliana Pacetta; BULGARELLI, Lucas. **O Corpo é o código:** estratégias jurídicas de enfrentamento ao revenge porn no Brasil. InternetLab: São Paulo, 2016.

VALMÓRBIDA, J. O. Feminismo para os 99%: um debate. **Cadernos de Filosofia Alemã:** Crítica e Modernidade, [S. l.], v. 25, n. 1, p. 257-264, 2020. DOI: 10.11606/issn.2318-9800. v25i1p257-264. Disponível em: https://www.revistas.usp.br/filosofiaalema/article/view/170235. Acesso em: 5 mai. 2021.

VARELA, Nuria. **Feminismo 4.0.** La cuarta ola (Spanish Edition). 1. ed. Barcelona: Ediciones B., 2019.

VERGÈS, Françoise. **Um feminismo decolonial.** Tradução Jamille Pinheiro Dias e Raquel Camargo. São Paulo: Ubu Editora, 2020.

VOGEL, Lise. **Marxism and the Oppression of Women:** Toward a Unitary Theory. Estados Unidos da América: Haymarket Books, 2014.

WITTIG, M. **As guerrilheiras.** São Paulo: Ubu Editora, 2019.

_____. **The lesbian body.** Boston: Beacon Press, 1986.

WOLLSTONECRAFT, Mary. **Reivindicação dos direitos das mulheres.** Tradução e notas de Andreia Reis do Carmo. 1. ed. São Paulo: Edipro, 2015.

_____. **Reivindicação dos direitos das mulheres.** São Paulo: Boitempo, 2016.

ZETKIN, C. **Lenin on the woman question,** Whitefish, MT: Literary Licensing LLC, 2011.

_____. **Como nasce e morre o fascismo,** São Paulo: Autonomia Literária, 2019.

Anexos

Carta de Mulheres Brasileiras Feministas Antirracistas e Antifascistas em Defesa da Democracia – BASTA, de junho de 2020

A democracia está em risco. BASTA!

Carta de Mulheres Brasileiras Feministas Antirracistas e Antifascistas em Defesa da Democracia

Lançada no grave contexto de expansão da pandemia da Covid-19, que escancara a crise econômica e as violações de direitos humanos, em especial da população negra e dos povos indígenas, com reiteradas sinalizações de ruptura institucional entre os Poderes da República.

22 de junho de 2020.

Nós, mulheres brasileiras feministas antirracistas e antifascistas, com toda a diversidade que nos caracteriza, juntamos nossas vozes a todas as outras que, neste momento de reação política firme e corajosa em nosso país, clamam unidas por democracia na defesa do respeito incondicional à Constituição da República Federativa do Brasil, de 1988, marco jurídico-político histórico na construção do nosso Estado de Direito.

Ecoam, na Constituição, as vozes de pessoas dos mais longínquos rincões do país: urbanas e rurais, jovens, adultas e idosas, acadêmicas, trabalhadoras, sindicalistas, incluídas as vozes de pessoas semianalfabetas e analfabetas, na riqueza de sua pluralidade étnica, racial, de classe social e orientação sexual. Nossa Carta Magna é fruto de um processo participativo em que a ação conjunta de "compartilhamento de palavras e atos", de milhares, criou propostas expressivas de aspirações e demandas cruciais do povo brasileiro, lançadas à sociedade nos históricos comícios das "Diretas Já!" contra a ditadura que por mais de 20 anos ceifou os nossos direitos, torturou e matou.

A Constituição de 1988 é página fundamental na luta das mulheres. A Carta das Mulheres Brasileiras aos Constituintes, de 1987, contempla as reivindicações das mulheres brasileiras mobilizadas pela articulação do Conselho Nacional dos Direitos da Mulher (CNDM), conselhos estaduais e municipais, sindicatos, associações, estudantes e movimentos de mulheres. A Constituição traz a marca da plena igualdade jurídica entre mulheres e homens, atribuindo igualdade de direitos e responsabilidades no casamento, na titularidade da terra, no mercado de trabalho, bem como reconhecendo o papel do Estado na garantia da autonomia reprodutiva das mulheres e na coibição da violência doméstica e familiar.

> **A democracia está em risco. BASTA!**

Por isso dizemos: Não ao retrocesso de nossas conquistas em termos de direitos de cidadania e direitos humanos como garantia e horizonte de não discriminação, igualdade e liberdade. Nos últimos 32 anos, avançamos no âmbito das normas legais e jurídicas que balizam estes princípios constitucionais. Contudo, não superamos desigualdades estruturais de raça, etnia, gênero e classe, nem tampouco os efeitos persistentes de uma cultura patriarcal e econômica capitalista predatória dos recursos naturais e da exploração do trabalho humano, legados da trajetória colonial e pós-colonial do país. Estes efeitos implicaram o genocídio dos povos indígenas, três séculos de tráfico e escravização dos povos africanos, violência que, sob novas máscaras, não se alterou substantivamente nos quase 200 anos de existência do Estado nacional brasileiro.

Em contextos como o que vivemos, em que a violência institucional e a Covid-19 afetam e matam—de forma cruel, seletiva e desproporcional—muito mais pessoas pobres e negras, cabe invocar a voz de Lélia Gonzalez: "Desde a época colonial aos dias de hoje há uma evidente separação quanto ao espaço físico ocupado por dominadores e dominados. O lugar natural do grupo branco dominante são moradias amplas e espaçosas (...) e devidamente protegidas por diferentes tipos de policiamento (...). No caso do grupo dominado o que se constata são famílias inteiras amontoadas em cubículos cujas condições de higiene e saúde são as mais precárias (...) aqui também se tem a presença policial: só que não é para proteger, mas para reprimir, violentar e amedrontar".

Denunciamos e exigimos medidas efetivas contra o genocídio e a destruição do meio ambiente e dos meios de vida dos povos indígenas. Denunciamos o racismo estrutural que tem sua expressão mais dramática nos assassinatos e no encarceramento da população pobre e negra por forças policiais militarizadas. Lutamos pela devida investigação e processo criminal, para que finalmente seja punido quem mandou matar Marielle Franco.

É preciso resgatar com força as palavras do deputado Ulysses Guimarães, no momento da promulgação do texto constitucional de 1988: "A Constituição certamente não é perfeita (...). Quanto a ela, discordar, sim. Divergir, sim. Descumprir, jamais. Afrontá-la, nunca. Traidor da Constituição é traidor da Pátria. Conhecemos o caminho maldito: rasgar a Constituição, trancar as portas do Parlamento, garrotear a liberdade, mandar os patriotas para a cadeia, o exílio, o cemitério. A persistência da Constituição é a sobrevivência da democracia (...) temos ódio à ditadura. Ódio e nojo. Amaldiçoamos a tirania (...)".

A democracia está em risco. BASTA!

A democracia brasileira está em risco. Cada vez mais distantes do Estado de Direito e de uma democracia substantiva, lutamos contra um governo federal dominado ideologicamente por concepções fundamentalistas, discriminatórias, preconceituosas, irracionais e obtusas, ao ponto de negar a gravidade da pandemia da Covid-19 em nosso país.

Lutamos contra um governo que se empenha em retirar nossos direitos conquistados e em nos manter cada vez mais distantes de nossa emancipação política e social. Lutamos contra a escalada fascista em nosso país, sinalizando uma verdadeira distopia.

Lutamos contra uma gestão (des)governada e caótica ultraneoliberal que leva à expansão dos discursos ideológicos de ódio, ao avanço do racismo, do sexismo, da LGBTfobia, ao desprezo pelos pobres, pela população negra e pelos povos indígenas, pelos quilombolas e por todas e todos que são alvos das reiteradas práticas neofascistas.

Lutamos contra o desmantelamento estratégico das políticas de atenção à saúde sexual e reprodutiva de mulheres e meninas e de prevenção e proteção contra a violência de gênero, com graves impactos, em para as mulheres e meninas negras e indígenas e mulheres com deficiência. Nossa solidariedade e nosso apoio às mulheres vítimas de violência doméstico-familiar e de feminicídio, exponenciais nesta quarentena.

Lutamos contra o negacionismo da ciência e das evidências empíricas, a negação dos dados epidemiológicos, marcadores de uma verdadeira batalha de retrocesso histórico antirracional. Lutamos contra uma política neodarwinista de aviltamento da saúde, concretizada pelo desprezo presidencial cínico e desumano com os que adoecem e morrem pela pandemia da Covid-19. Nossa solidariedade aos familiares e pessoas amigas das mais de mil vítimas diárias do desgoverno sanitário deste país.

Lutamos contra a perpetuação da desigualdade social que se amplia com os cortes nos orçamentos da saúde e da educação, do saneamento básico e de programas sociais conquistados em passado recente. E, enlutadas, lutamos contra a surreal e desumana necropolítica vertical estabelecida em nosso país.

A democracia está em risco. BASTA!

A democracia brasileira está em risco. Abriu-se a caixa dos horrores que coloca toda a sociedade–e as mulheres em particular–em risco. Mas na Caixa de Pandora ficaram guardadas a esperança e nossa inesgotável capacidade de luta. Com elas reagimos.

BASTA!

"A voz de minha filha recolhe em si a fala e o ato.
O ontem – o hoje – o agora.
Na voz de minha filha se fará ouvir a ressonância
O eco da vida-liberdade."
Vozes-Mulheres, por Conceição Evaristo

Iniciadoras:

- **Silvia Pimentel** – Ex-integrante e ex-presidente do Comitê CEDAW, da ONU. Cofundadora do CLADEM, Integra a CCR - Comissão de Cidadania e Reprodução e o Consórcio Lei Maria da Penha. Faculdade de Direito da PUC/SP
- **Edna Maria Santos Roland** – Grupo de Especialistas Eminentes Independentes das Nações Unidas para a Declaração e Programa de Ação de Durban e CCR
- **Sueli Carneiro** – Geledés – Instituto da Mulher Negra
- **Jacqueline Pitanguy** – Cepia e CCR
- **Leila Linhares Barsted** – Cepia e Consórcio Lei Maria da Penha pelo enfrentamento de todas as formas de violência de gênero contra as mulheres
- **Maria Sylvia Oliveira** – Geledés - Instituto da Mulher Negra
- **Sonia Corrêa** – ABIA/SPW - Observatório de Sexualidade e Política e CCR
- **Margareth Arilha** – Psicanalista e Pesquisadora. Integrante da CCR – Comissão de Cidadania e Reprodução
- **Jacira Vieira de Melo** – Instituto Patrícia Galvão - Mídia e Direitos
- **Lucia Xavier** – Criola
- **Schuma Schumaher** – Rede de Desenvolvimento Humano / REDEH
- **Maria Lúcia da Silva** – AMMA, psicóloga e psicanalista
- **Maria Amelia de Almeida Teles** – União de Mulheres de São Paulo/Promotoras Legais Populares
- **Elza Berquó** – Cebrap - Centro Brasileiro de Análise e Planejamento e Comissão de Cidadania e Reprodução e CCR
- **Eva Blay** – Professora Emérita da Universidade de São Paulo
- **Claudia Patricia de Luna** – OAB /SP Comissão da Mulher Advogada

A democracia está em risco. BASTA!

- **Myllena Calasans de Matos** – Advogada e colaboradora do CLADEM/Brasil
- **Alice Bianchini** – Advogada e professora universitária
- **Carla Gisele Batista** – Historiadora
- **Rubia Abs da Cruz** – Advogada e do CLADEM - Comitê Latino-Americano e do Caribe para a Defesa dos Direitos da Mulher
- **Maria José Rosado** – Católicas pelo Direito de Decidir / Socióloga - Professora e pesquisadora PUC/SP
- **Clair Castilhos** – Presidenta da Associação da Casa da Mulher Catarina. Ex-secretária-executiva da Rede Nacional Feminista de Saúde e Direitos Sexuais e Direitos Reprodutivos.
- **Fabiana Cristina Severi** – Consórcio Lei Maria da Penha pelo enfrentamento de todas as formas de violência de gênero contra as mulheres. Faculdade de Direito de Ribeirão Preto da USP
- **Beatriz Galli** – Relatora Nacional Plataforma de Direitos Humanos Dhesca Brasil
- **Ingrid Leão** – CLADEM/Advogada e Professora
- **Silmara Conchão** – Professora Universitária e Presidenta do Cesco - Centro de Estudos de Saúde Coletiva - FMABC
- **Adriana Gragnani** – Advogada
- **Anita Hitelman** – Bióloga
- **Sandra Lia Leda Bazzo Barwinski** – Comitê Latino-Americano e do Caribe para a Defesa dos Direitos da Mulheres (CLADEM/Brasil)

Para assinar a carta, acesse o site:
https://forms.gle/5uKda2A5kDtSMGEv

ARTICULACIÓN FEMINISTA MARCOSUR – El vírus de la desigualdad y el mundo que necesitamos construir, de junho de 2020

O VÍRUS DA DESIGUALDADE E O MUNDO QUE NECESSITAMOS CONSTRUIR

A pandemia de COVID-19 produziu grandes e rápidas mudanças nas formas de nos relacionarmos, conviver e trabalhar. Ficou claro que não se trata, somente, de uma emergência sanitária e seus efeitos com a perda de centenas de milhares de vidas humanas. O que se desnudou foi uma crise de caráter civilizatório, que põe em questão os fundamentos do atual modelo econômico, político, social, cultural e ambiental.

Esta crise evidenciou a essência do capitalismo, sua necessidade de assegurar a acumulação de riqueza, de poder e controle político através da super-exploração do trabalho e da destruição da natureza. Nos revelou o quão entrelaçados estão o patriarcado, o racismo e o colonialismo, traduzidos em pobreza, desigualdade, misoginia, lesbofobia, homofobia, entre outros sintomas da busca implacável de dar continuidade a um tipo de desenvolvimento "sem fim", que consagra modos de vida inviáveis, não apenas para a humanidade como um todo, senão para a própria sobrevivência do planeta.

A pandemia afeta a todas as pessoas

Mas não da mesma maneira. Deixou expostas as enormes desigualdades existentes no mundo, entre regiões, entre países, entre pessoas. A desigualdade que caracteriza e pesa sobre a América Latina e o Caribe se amplificou em tempos de pandemia. Seus efeitos são cruéis com os setores da população que sofrem historicamente exclusões e privações, com quem vive em condições precárias e se encontra em maior vulnerabilidade, com quem trabalha na informalidade, com quem, devido à idade, orientação sexual, identidade de gênero, origem étnica, vê suas possibilidades de reagir limitadas e seus direitos cada vez mais restritos.

Apesar do progressivo enfraquecimento dos Estados em promover os direitos sociais e coletivos, os efeitos da pandemia demonstraram que são fundamentais para enfrentar a crise e assegurar a prestação de serviços básicos e proteção social. No entanto, suas capacidades foram sobrecarregadas pela emergência sanitária e corroídas pela progressiva diminuição de seu papel regulador e pela redução dos orçamentos alocados à saúde pública, educação e emprego. Em muitos deles, a ausência de mecanismos eficazes de controle e prestação de contas expôs a ineficiência e a corrupção de políticos e empresários que subordinam os direitos das cidadanias às exigencias do mercado.

A pandemia tem sido utilizada como pretexto para avançar em direção ao autoritarismo estatal, que em vários países da região já vinha se manifestando com repressões violentas e visões fundamentalistas e anti-direitos. A presença de policiais e militares nas ruas, como medidas biopolíticas que assegurem a prevenção contra o vírus, corre o risco de permanecer após a pandemia ser superada. Em vários países, são utilizados para reprimir movimentos e protestos sociais, restringindo os direitos humanos e expandindo mecanismos de controle sobre a população, sobretudo nos bairros populares e contra a população negra e empobrecida, no quadro de democracias já debilitadas.

É muito fácil falar

A quarentena foi priorizada como uma das medidas mais eficazes para combater o vírus, mas "Fique em casa" tem um significado diferente para aqueles que não a têm, para aqueles que vivem em uma situação de superlotação ou não podem permanecer em casa porque o sustento da família depende da renda diária ganha na rua. "Lave as mãos" é muito fácil de dizer, mas tem um sentido diferente para aqueles que não têm água corrente, eletricidade ou outros serviços básicos e não podem acompanhar a educação a distância porque não têm computador, smartphone ou acesso à Internet.

É fácil dizer "Fique em casa". Mas as casas podem ser o local menos seguro para milhares de mulheres, meninas e meninos: a maioria de seus agressores está no entorno familiar. Alguns países viram duplicar os registros de violência doméstica e o número de feminicídios e violência sexual aumentarem de forma alarmante durante o confinamento.

Os insuficientes esforços feitos pelos Estados para enfrentar a violência de gênero, tornaram-se mais uma vez evidentes: os direitos das mulheres não são considerados prioritários para as autoridades em tempos de "normalidade", muito menos em tempos de pandemia.

A quarentena tem sido usada como pretexto para suspender os serviços de saúde sexual e reprodutiva, a atenção gineco-obstétrica ou o fornecimento de contracepção, e é quase impossível acessar o aborto, mesmo nos casos previstos em lei.

Setores fundamentalistas aproveitaram o contexto da crise sanitária para reiniciar os ataques contra a igualdade de gênero e impor visões conservadoras e contrárias aos direitos das mulheres e das diversidades sexuais não-hegemônicas. Há um aumento da vulnerabilidade das profissionais do sexo e das mulheres trans envolvidas no trabalho sexual.

Ao lado da violência simbólica, o contexto de medo do contágio tem sido o terreno fértil para exacerbar e ampliar discursos de ódio, reproduzir preconceitos e práticas discriminatórias contra pessoas e povos indígenas, afrodescendentes e as diversidades sexuais não-hegemônicas.

Cuidando do trabalho. O trabalho do cuidado.

O mundo do trabalho está se reestruturando para manter o sistema intacto, consubstancialmente racista e patriarcal. No contexto de pandemia e confinamento, esta dinâmica se amplia e leva a uma exploração muito mais aguda do tempo de trabalho e das subjetividades da classe trabalhadora, em especial das mulheres, com suas extensas e intensas jornadas, muitas vezes simultâneas, entre trabalho "reprodutivo" e trabalho "produtivo".

As atividades do cuidado nunca pararam. Ficou demonstrado que o trabalho doméstico não remunerado sustenta o coração da vida cotidiana e tem um valor econômico que deveria ser medido e reconhecido. Esse trabalho recai injustamente sobre as mulheres, às quais historicamente foi imposta esta responsabilidade e que a realizam de forma gratuita dentro de casa, ou remunerada, quando o fazem na casa de outras pessoas. As Trabalhadoras domésticas remuneradas, em geral expostas a formas já precárias de trabalho, no contexto da pandemia, estão sujeitas a práticas abusivas que vão desde a perda de seus empregos, até o confinamento nas casas dos/as empregadores/as com seus direitos laborais vulnerabilizados.

O trabalho comunitário das mulheres no fornecimento de alimentos, através das cozinhas populares, tem sido essencial para sustentar o confinamento e os efeitos da queda das economias, mas este trabalho não é reconhecido, ou valorizado como tal, pela via dos direitos.

Nesta crise, a importância absoluta do trabalho e, portanto, da classe trabalhadora, é mais evidente do que nunca, e a importância do trabalho doméstico se revela claramente.

De que "normalidade" estão falando?

O discurso estatal quer nos levar a uma "nova normalidade". Mas de que normalidade estão falando? É normal um sistema que prioriza o consumo e o lucro sobre as necessidades das pessoas? Que existam fortunas incalculáveis que não pagam impostos? É normal que centenas de milhares de pessoas vivam na miséria? É normal que as mulheres tenham menos direitos que os homens? Que a terra que habitamos seja tão espoliada que nem o ar que respiramos nem os alimentos que comemos sejam "normais"?

A crise atual se converte em uma oportunidade única para construir outro tipo de vida, outro tipo de Estado e de instituições. Implica uma disputa de sentidos sobre o mundo que queremos. Nos convida a confrontar o capitalismo heteropatriarcal, racista e colonial para criar novos imaginários coletivos.

Os movimentos sociais e - entre eles - o movimento feminista em sua pluralidade, em todos os continentes, denunciaram o processo de mercantilização da política, erosionando a perspectiva hegemônica que reduz a democracia aos processos eleitorais mas desconhece as outras múltiplas dimensões das relações sociais. O feminismo colocou a vida cotidiana como uma dimensão da democracia, como uma forma de organizar a vida social. Requer narrativas, ações e propostas, forjadas na pluralidade de práticas e a partir da experiência concreta da vida de todos e de todas, marcada por desigualdades de classe, de raça, de etnia, de sexo, de gênero. É necessário avançar em direção a uma democratização da democracia, que recupere seu sentido de justiça, igualdade e liberdade para todas as pessoas, e que coloque no centro da política a sustentabilidade da vida.

Não queremos uma "nova normalidade" que mantenha as desigualdades e privilégios de sempre, com a máscara posta. Queremos políticas que promovam transformações capazes de gerar mudanças estruturais.

Devemos pensar em um modelo que coloque as relações sociais e com a natureza em uma dimensão central; que promova mudanças consistentes nas políticas de redistribuição da riqueza e nas dinâmicas do consumo, que priorize o bem comum e não a acumulação, e que garanta a liberdade na vida sexual e reprodutiva como uma dimensão da cidadania. Um modelo em que o papel do cuidado que as mulheres "naturalmente" fazem, se converta no trabalho mais importante e necessário, e que o trabalho produtivo e reprodutivo seja realizado de forma compartilhada como uma prática social livre e plena de sentido. O cuidado se propõe como um direito universal, transversal e intercultural, e abre a possibilidade de recuperar noções como solidariedade, reciprocidade e interdependência entre os seres humanos e entre estes e a natureza, para reinventar as formas de viver, sonhar e preservar a vida.

Como corrente feminista de pensamento e ação, afirmamos nossa determinação em avançar no fortalecimento e na luta do movimento de mulheres para transformar o mundo, o que requer urgentemente:

- Universalização de sistemas corresponsáveis de cuidados
- Reconhecimento do trabalho não remunerado das mulheres e sua integração nas contas nacionais
- Renda básica universal
- Liberação de patentes para medicamentos
- Soberania alimentar e formas sustentáveis de produção e consumo
- Assegurar o direito dos povos a seus territórios
- Proteção e acesso aos bens comuns e preservação da natureza
- Garantia universal dos direitos econômicos, sociais, políticos e culturais
- Sistemas públicos de saúde, educação e seguridade social
- Erradicação de todas as formas de discriminação e violência contra as mulheres
- Erradicação do racismo
- Garantir o exercício pleno dos direitos sexuais e dos direitos reprodutivos.

NOSSA VOZ NÃO ESTÁ EM QUARENTENA

EXIGIMOS O FIM DE TODAS AS FORMAS DE CRIMINALIZAÇÃO POLÍTICA.

ARTICULACION FEMINISTA MARCOSUR

4